本书受福建省 2019 年度社科基金一般项目"基于支农支小视角的福建省落实普惠金融与减税降费政策协调机制及其效应研究"资助（项目编号：FJ2019B097），2018 福建省高校杰出青年科研人才培育计划项目"我国大银行对涉农中小企业'关系型贷款'定价机制研究"资助。

U0745014

Research on the rate setting of open-end fund in China under the background of tax cut and fee reduction

减税降费背景下
我国开放式基金费率设定研究

·李 峰 著

厦门大学出版社　国家一级出版社
XIAMEN UNIVERSITY PRESS　全国百佳图书出版单位

图书在版编目(CIP)数据

减税降费背景下我国开放式基金费率设定研究/李峰著.—厦门:厦门大学出版社,2021.2
ISBN 978-7-5615-7474-4

Ⅰ.①减⋯　Ⅱ.①李⋯　Ⅲ.①投资基金—研究—中国　Ⅳ.①F832.51

中国版本图书馆 CIP 数据核字(2021)第 028244 号

出 版 人	郑文礼
责任编辑	潘　瑛
封面设计	李嘉彬
技术编辑	朱　楷

出版发行　厦门大学出版社

社　　　址	厦门市软件园二期望海路 39 号	
邮政编码	361008	
总　　　机	0592-2181111　0592-2181406(传真)	
营销中心	0592-2184458　0592-2181365	
网　　　址	http://www.xmupress.com	
邮　　　箱	xmup@xmupress.com	
印　　　刷	广东虎彩云印刷有限公司	

开本	720 mm×1 000 mm　1/16
印张	14.75
插页	1
字数	232 千字
版次	2021 年 2 月第 1 版
印次	2021 年 2 月第 1 次印刷
定价	66.00 元

本书如有印装质量问题请直接寄承印厂调换

厦门大学出版社
微信二维码

厦门大学出版社
微博二维码

前　言

Preface

　　本书是关于我国开放式基金费率设定问题的研究。投资者对投入产出比即费率的关注、费率设定模式对基金业发展的贡献以及费率定量研究的缺乏是本研究论题提出的出发点。近几年,随着开放式基金产品之间竞争的加剧,费率问题逐渐成为基金产品间博弈的焦点,而国家层面对减税降费政策的提出更促使人们重新审视现有基金费率的设定模式。

　　目前我国的费率结构存在较大的不合理性,费率市场还远未达到均衡状态。本书借鉴国内外已有的研究成果,从基金公司寻求经济效益和社会责任综合目标最大化出发,在减税降费这一宏观背景下,探索性地构建了开放式基金费率设计的分析框架并给出费率定价模型,由此计算出我国开放式基金的均衡费率。具体过程如下:通过对企业经济效益、社会责任、交易成本、开放式基金费率等相关文献的回顾,为我国开放式基金费率设定问题的研究提供理论依据;探讨了多元目标导向下的开放式基金费率问题,为全书提供了一个总的分析框架;采取递进式的分析方法,通过逐步放松约束,分别从存在收益下限、存在收益上限、可动态赎回、考虑分红因素等角度对开放式基金费率由浅入深地进行结构设计,给出费率定价模型;以国内开放式基金为例,计算其均衡费率,并通过同真实费率的比较,发现现有费率设计的缺陷,提出了相关的政策建议。本书主要创新点及结论概括如下:

　　第一,在实证分析的基础上,提出了从经济效益和社会责任双重导向下设计我国开放式基金费率结构的思路,开辟了研究费率问题的新视角。

第二，区别于以往从成本/风险角度思考费率的传统观点，本书运用期权定价方法，通过引入无风险套利这一现代金融市场的主导定价模式，推动金融市场的趋向均衡。

第三，以买入欧式看跌期权计算存在收益下限的基金费率，以卖出欧式看涨期权计算存在收益上限的基金费率，初步建立了开放式基金费率的定价模型。

第四，结合开放式基金赎回期限的特征，引入美式期权概念，弥补了欧式期权在分析这类产品方面的不足。

第五，基金产品的分红也将影响费率结构的设计，通过对分红型开放式基金现金流向的分析，建立了相应产品的费率计算公式，完善了开放式基金费率设计体系。

第六，综合存在收益上、下限开放式基金的特征，结合我国开放式基金的实际数据，通过费率定价模型计算其均衡费率。

第七，将均衡费率同实际费率相比较，通过对差异性的分析，挖掘定价模式的优劣性，并提出相应的改进措施。

目 录

Contents

◆ 第 1 章 ◆

绪 论

近年来,基金行业竞争日趋激烈,如何培养自身基金产品的竞争力,是各家基金公司的共识。而基金的费率创新作为基金销售的一个关键因素,也成为各家基金公司,尤其是中小基金公司业务拓展创新的重点领域。成功的费率设计能够为基金公司争取到更多优质客户的同时带来更多的收益,尤其是在当下宏观层面减税降费政策提出的大背景下,研究基金费率的设定问题具有重大的历史意义。

学界目前在基金的投资方向、收益评估、理财产品管理机制建立以及流动性风险测算等领域取得了大量的研究成果,而在费率创新层面的探讨则相对缺乏,这就使研究开放式基金的费率具有深刻的理论价值和现实意义。

作为绪论,本章将首先分析本研究的研究背景,提出主要研究的问题;其次阐述本研究的研究方法;然后介绍研究目标及意义;第四部分给出本研究的研究思路、内容和技术路线;最后指出本研究的主要创新点。

1.1 选题背景

在中国的金融市场上,大多数投资者进行投资的目的就是使现有财富不断增值,传统的存款利息显然已不能满足居民对于金融资产保值增值的要求,理财产品由此应运而生。自 2001 年华安基金发行第一只开放式基金以来,历经十余年的快速发展,我国的开放式基金无论品种数量还是发行规模都增长迅猛,截至 2012 年年底,开放式基金(不包括 QDII,合格境内机构投资者)总净值规模达到 2.8 万亿元。富裕居民以及高端富有人群数量扩大的同时,人们的理财理念与理财需求不断提升,为我国基金行业的发展提供了巨大的内在推动力;而与此同时,随着基金业的全面开放,我国基金行业正面临着国内外同行的全面竞争。在这种内在需求急剧增加与外部竞争不断加大的双重推力作用下,开放式基金引起了国内理论研究者和实践者的关注,且在基金的投资方向、收益评估、理财产品管理机制建立以及流动性风险测算等领域取得了大量的研究成果。但随着近年我国经济的飞速发展以及众多基金公司之间在基金产品和费率上的竞争不断加剧,投资者为了自己资产的保值增值也开始越来越关注各类基金的产品特点、费率水平等,但查阅目前国内学界针对开放式基金的费率设计方面的研究成果却不甚多,仅有的一些也只是从双方经济效益导向视角下的研究,几乎没有涉及基金公司所承担的社会责任(基金费率的外部性)和费率之间的关系。

由于缺乏对开放式基金费率的思考,导致我国投资者对开放式基金相对单调的产品设计和相对固定的费率结构颇有微词,在开放式基金经历了快速膨胀期后,发展的瓶颈已凸显,投资者迫切希望开放式基金的费率结构有深入的革新。

基金的费率设定是开放式基金的一个核心问题,费率的高低既直接影响到投资者的购买决策,也与基金公司推出的基金产品本身能否成功募集以及和未来基金运作的成本和效率密切相关。投资者在选择开放式基金时,除了对开放式基金的预期收益率重视外,还应该考虑的一个重要的可量化因素就是开放式基金的费率水平,因为基金的费率水平直接与投资者的预期收益直接相关。由于预期收益率存在较大的不确定性,购买基金的成本自然成为投资者首要考虑的因素。鉴于此,开放式基金费率水平的设定历来被基金公司作为其定价策略,是基金产品设计的核心。好的费率设计应该起到促进开放式基金的销售、增加投资者的稳定性、降低开放式基金的流动性风险等作用。基金公司及其代销机构(商业银行及证券公司)在基金募集成功前在人员培训、技术实施和投资者教育等方面一般都有较大的成本投入和后期的日常客户服务成本,如果基金销售费用设定较低就很难做到收支平衡。同时,从对基金销售业绩考核及激励角度考虑,设定过低的基金费率也易导致基金销售和基金管理公司在投资运作中发生一些非理性、不规范的行为,若各家基金公司或其代销机构如很多商业银行为了创自己的品牌,抢占销售市场,容易发生内耗或低价竞争战,甚至会利用其自身的客户资源进行一些不合规范的行为,从而在银行内部及社会上造成一定的负面影响。而基金管理公司本身也会为了片面追求首次发行规模,利用自身资源进行一些不合规行为。如果任由这种状况继续下去,极易引发整个基金市场的恶性竞争,必然会对进一步健康发展我国基金市场造成消极的影响。简言之,费率设计不当会导致一系列不利于开放式基金发展的问题:费率过低可能引发过度竞争,不利于新兴市场的发展壮大,而我国开放式基金市场则正处于新兴发展阶段,费率过低显然难以保证开放式基金行业链相关公司的生存空间,是一种低效率的方式;但同时过高的费率又会引发投资者用脚投票。

需要指出的是,目前开放式基金类型层出不穷,但配套的灵活多变的费率结构设计却远远未完成,已有的研究主要基于基金发行方的经济效益导向研究费率设定问题,忽视费率的外部性。随着社会责任概念在经济问题研究当中受到关注的程度加强,从经济效益和社会责任双重视角研究开放式基金的费率设定问题对于基金公司的产品开放和基金业的长足发展有着较强的现实意义。

从国际和国内两方面来看,本研究的研究背景主要包含以下几个方面:

第一,金融危机下资产定价模式的重新思考。

2007年爆发的次贷危机引发了自1929年"大萧条"以来最严重的全球经济危机,从次贷危机演变的过程看,金融产品定价错误是诱发危机的主要因素之一。次贷危机实质上是对金融市场系统性定价错误的纠错过程,只不过这一过程以特别剧烈的方式进行,短时间内就重创了全球金融体系。从陷入危机的程度看,受损最严重的是顶尖金融机构,如花旗基金公司、雷曼、AIG、贝尔斯登等。要理解这些拥有最先进的金融产品定价技术的金融机构为何会发生如此系统、广泛的定价错误,就必须要深刻认识金融产品定价模式近几十年来发生的根本变化。

作为现代金融学的核心研究领域之一,资产定价理论旨在研究具有不确定未来收益的索偿权的价值或价格,它的发展对金融市场结构和定价模式影响巨大,也使得资产定价成为与市场实践结合最为紧密的研究领域。从资产定价理论的研究内容看,核心是理解随机贴现因子这个资产定价的核心因素。金融经济学家的不懈努力,在很大程度上标准化了随机贴现因子存在的条件,使得现实经济、金融数据得以更有效地应用于理论研究和市场实践。资产定价理论以马科维茨在1952年提出资产组合理论为发端,它界定了收益和风险两个定价关键因素的一般形式,为用数学方法有效衡量资产价格奠定了基础。

为了克服资产定价中的可计算性问题,1964年夏普在马科维茨和托宾资产组合理论的基础上,通过引入市场组合的概念,并假定资产收益与市场组合线性相关,建立了CAPM理论。CAPM的核心思想是单个资产或证券组合的预期收益与其系统性风险线性相关。CAPM对金融实践产生了巨大影响,在该理论下,任何证券组合都可视为市场组合与单个资产的混合体,从而大大简化了投资基金的管理工作,促进了共同基金的飞速发展。

CAPM本质上属于绝对定价法,即以单项资产的预期收益和风险水平(与市场组合相比)来定价,其实际运用由于严格的假设条件受到了很大限制,并且由于市场组合的选取和范围都很模糊,因此被很多金融经济学家批评。1976年,罗尔(Roll)提出了多因素定价理论——套利定价理论(APT),其理论基础是不存在无风险套利机会,核心思想是影响随机贴现因子的所有因素都被恰当地体现在资产价格上,如果有因素被不恰当定价,套利者可以通过低买高卖获得无风险收益,并使资产价格回到均衡水平。APT属于相对定价法,即以受相同因素影响的一类资产之间比价关系确定资产价格。APT大大扩展了资产定价理论的适用性,投资者可以按照自己的偏好跟踪特定资产和特定因素,寻找套利机会,这也是很多共同基金和交易模型设计的基础。

在资产定价理论发展的支持下,套利定价方法得到广泛应用,形成了现代金融市场的主导定价模式,替代了以会计信息为基础、经验导向的传统定价模式,定量化、模型化成为金融产品定价的基本趋势。从近几十年的金融产品定价模式变迁历程看,最主要特点是从传统的风险定价主导转化为套利定价主导,从绝对定价法向相对定价法转变。

套利业务较传统的持有资产业务能够更多、更快地获得收益,使得金融机构越来越多地把资本配置到套利业务上，以套利交易为主的衍生市场扩展速度不断加快，发掘新的套利机会成为金融创新的主要动力。金融产品定价模式的变迁在推动金融创新与发展的同时，也深刻地改变了金融体系的运行规则，并从根本上改变了国际金融市场系统性风险的结构和状况。在套利定价模式的推动下，金融资产的品种大量增加，规模迅速扩张，参与者特征快速变动，总体趋势呈现出衍生化、高杠杆化和场外化，改变了金融资产结构与性质，特别是以套利交易为主的衍生市场扩展速度不断加快，庞大的跨市场套利交易使各种金融资产的相关性明显增强，从而改变了金融市场系统性风险的整体状况。金融市场规模迅速膨胀，已经远远脱离了实体经济，并成为凌驾于实体经济之上的汲取者，扭曲了金融服务经济的基础功能。

次贷危机的演变过程充分反映了定价模式变迁对金融市场风险状况评估的变化。美国次级房贷的最大金额不过 3000 亿美元，在传统的持有到期经营模式下，即使全部损失也很难造成系统性的金融危机，但在套利定价模式下，这些次级贷款创造了巨量的衍生产品，这些衍生产品又成为各金融机构持有资产组合的重要组成部分，从而成为全球金融资产组合的"定时炸弹"。当次级贷款的信用风险暴露，就造成相关衍生产品市价大幅下跌，并且在套利定价模式下，这种下跌会迅速导致大量套利资产组合的连锁反应，并最终发展成为席卷全球的金融危机，导致实体经济陷入衰退。

套利定价模式在产品创新、定价模型、风险管理、交易规则中的广泛应用，进一步强化了国际金融市场的正反馈机制，过强的正反馈迅速加剧了系统的不稳定性，在出现很小偏差的情况下使得金融系统崩溃。次贷危机中，在金融机构去杠杆化的浪潮中，金融市场规模随即出现大幅萎缩，进一步验证了套利定价模式在强化金融市场正反馈机制上的威力。由此启发我们，现代金融体系需要强化有关风险控制、资本约束、交易行为、激励约束等方面的负反馈机制，使得整个系统回到良好的动态平衡状态。在套利定价模式被滥用、误用并导致系统性金融危机的背景下，应当修正现有的金融产品定价模式，这一过程需要金融机构、投资者、交易所、监管部门等主体的共同参与。

金融危机证明现在使用的各类主流定价模式在衡量产品风险和收益的同时，忽略了对市场乃至相关社会层面的影响。在制定新的定价模式时需要将其外部性充分考虑进来，融合定价模式的经济功能和社会功能，通过多元目标的设定，挖掘金融机构的经济趋利动机和社会责任担当。由此启发相关人员在设计开放式基金费率时，必须充分考虑开放式基金寻求以上综合目标最大化这一根本因素，结合减税降费的政策号召，为下一步我国金融市场的深化和金融产品的创新提供思路。

第二，现有开放式基金费率设定的缺陷。

开放式基金费率的设定，本质上是对开放式基金交易费用的定价。科斯在著名的《企业的性质》一文中研究了企业存在的根本原因和企业扩张的边界，提出了交易费用这一概念，从而创立了交易费用理论。科斯认为交易费用就是利用价格机制的费用，是获得准确的市场信息所付出的费用，以及谈判和经常性契约的费用。从交易费用的角度分析，进行开放式基金交易当然也就会产生金融交易费用。金融交易费用的具体内容大致包含以下几个部分：一是信息费用，包括搜寻金融交易对象的费用，收集项目情报的费用等；二是监督费用，包括金融交易谈判费用，为避免信用违约而产生的签订和维护金融交易履约的费用，设立金融监管制度与组织的费用，以及由经济环境因素所导致的金融风险防范费用等；三是界定和保护产权的费用，主要指为界定和保护金融资产产权而制定规则、法律，设置各种监督及中介组织的费用；四是保险费用，即用于降低交易的不确定性和交易风险而设立保险机制与组织（如存款保险机构），以约束和保护债权债务关系的费用。

我国目前的开放式基金费率的设定主要基于成本角度，分为单一费率制和差异化费率制两种。首先按照基金产品的风险—收益特征划分成不同的大类，各大类产品系列间的费率存在差异；其次对某一大类产品内的子产品，则无论业绩优劣，均收取固定费用，采用单一费率制。

单一费率制，是指开放式基金的收费与其计算基础（通常为发行额度）之比为一定值，即各基金之间实行固定的无差别费率。单一费率的定价并没有排除对风险因素的考虑，其定价依据主要体现在按大数定理和建立时间序列函数对目标基金所面临的系统风险进行估算，系统风险的统计数据源于目标基金或相关产品的经验资料，并根据系统风险发展演变特征对数据资料不断修改，来动态调整费率水平，也就是说，单一费率是不同基金在同一时间内的统一，但随着时间的推移，不同基金将进行相同幅度的调整，以保持统一性。

单一费率定价的好处是不考虑对不同风险类型的基金制定差异化的费率标准，而仅仅将不同的基金风险类型作为估算总体风险的考察指标。这种统一的费率标准对基金公司而言，有利于节约风险计量成本，方便产品费用的征缴。对金融监管机构而言，便于对基金产品统一考核和监控。在以往金融承受过多管制和金融抑制时代，各基金产品之间风险差异不大，因此面临的系统性风险概率较低，单一费率与各基金产品风险差异性之间的矛盾不是很突出，这种单一费率有其存在的合理性。

基金产品可简单分为三类：大规模基金产品、中等规模基金产品和小规模基金产品（在大、中规模基金产品之间和中、小规模基金产品之间都有一个风险层次的渐变区，渐变区分布的是风险不一的各个基金产品）。由于发行规模大的基金筹集的资金雄厚，可充分在本产品内灵活调剂资金，来及时化解可能出现的赎回压力；再者，规模大的基金在一定程度上可以影响金融市场，使后者朝着有利于该产品的方向发展；此外，基金产品规模越大，越容易引起系统性风险，给经济和社会稳定带来负面影响，国家在必要时可能会提供信用支持，如政府在必要时仍会对影响范围广的基金产品兜底，以排除因赎回压力可能导致的金融机构倒闭风险。因此，一般而言，大规模基金的风险是最小的（同时也意味着对风险的补偿即预期收益最低，在市场不存在无风险套利的前提下，产品的相应费率也应最低），中等规模基金次之，小规模基金最大。显然，在单一费率定价模式下，投资者认为，大规模基金产品的费率过高，中等规模基金产品次之，小规模基金产品偏低。市场选择的结果是大规模基金产品退出市场，整个基金市场的风险程度因缺乏大规模基金产品的稀释作用而增加。而基金公司又会根据现有基金产品的风险指标重新进行统计预测，提高现有的产品费率。新费率相对于中等规模金融产品又会过高，于是中等规模基金产品也会退出保险市场。最后基金产品市场只留下风险高的小规模基金产品。在自由选择制度下，费率的单一性将导致投资者无法根据自身偏好购买基金产品,出现"劣币驱逐良币"的柠檬现象。

差别费率制,又称风险调整费率,是指按各种基金产品特定风险水平来设定不同的费率标准。相对单一费率来说,这种费率制度更公平合理,政策效果更强,溢出效应也较小。全球金融危机以来,金融产品的风险加大,金融机构破产事件时有发生,单一费率制由于同金融产品的风险水平相脱节,已难以适应形势发展要求,而差别费率制有利于将金融产品的购买成本同其风险状况相联系,因而越来越受到关注,成为各国费率制度改革的方向。

差别费率制是基于风险—收益关系,在确定某类基金产品风险的基础上制定其费率。这一方法假定风险是外生的,可以精确计量,这与事实相悖:由于信息垄断行为会为基金公司带来信息租金,因此期望通过基金公司的信息披露来解决基金产品风险计量问题,这其中涉及信用体系的制度化建设和公司治理等问题,面临着更多不确定性。此外,基金公司风险衡量方法的选择也存在困难。这就意味着,相比单一费率制,差别费率制定价方法也存在诸多弊端。

综合单一费率制和差别费率制的优缺点,我国在制定开放式基金产品费率时,必须结合我国的金融体制改革实际,采取过渡的方式进行适当的政策选择。一个突出的特点是,我国的众多基金公司往往存在政府的隐性担保,作为回报,其经营目标中对政府的偏向也是显著的,而要成为真正的独立金融企业,国家信誉担保的退出是必然的。但是,在金融机构资本金不足、不良资产比重过高和产权改革未有实质性突破等问题没有得到有效解决之前,国家信誉担保又不能马上退出,只能逐渐淡出,这是制定我国开放式基金产品差别费率时不可忽视的一个现实前提。

第三,金融机构目标导向的引入。

基金产品费率的设定,初始的动力来源于基金公司自身的目标导向。基金公司是金融市场的参与主体,这就决定了其在本质上属于企业范畴。因此,对于金融机构目标的探讨,无法回避一般意义上企业目标这一最初起点。对企业目标的认定,主要有如下两类:经济目标和非经济目标。一般而言,经济目标适用于独立金融企业,即私人控股的基金公司,而存在政府隐性担保的比如国有控股基金公司应该追求非经济化目标。围绕这个观点,形成了两派最具代表性的观点,前者认为两类企业目标有根本区别,后者则认为两类企业目标有同质性,分别记作"目标异质论"和"目标同质论"。

迄今为止,目标同质论和目标异质论都是理论家们各执一词的假说。在对解释力有限的目标同质论和内容含糊不清的目标异质论进行批判与综合的过程中,目标权变论日渐成形。目标权变论的立论基础:一是国有企业的内涵是权变的。不同时期、不同国别、不同的人,对国有企业的定义的理解,各有不同;即便是同一个人,他对国有企业这个概念的认识,也会随时代、个人经历的改变及政治经济环境的变化而发生变化。二是经济性的内涵也是权变的。以"经济"或"非经济"作为国有企业目标属性或作为国有企业目标区分于私有企业目标与否的准绳,不够纯粹。什么是经济的?是短期的,中期的,还是长期的?国有企业在今天致力于解决的非经济问题,在明天就有可能成为经济问题。如果脱离一个具体的时点,脱离对一个具体的国家社会经济背景,要想作出国有企业的某种行为是否符合经济或非经济目标要求这样一个判断,无异于缘木求鱼。

一言概之,目标权变论把目标同质论和目标异质论这两个对立面统一在一起,没有直接为上述问题给出答案,但它采用了这样一种应对策略:如果可以用一组目标去概括企业的目标,显然会比自囿于只能用一个目标去概括企业的目标更好。由此启示基金公司,在设定基金费率时,可结合多元目标导向,从经济效益和社会责任双重视角出发,针对不同基金公司在经济和非经济指标方面的偏向性,设计开放式基金费率定价的新模式。

1.2 研究方法

根据研究目的和研究思路,本研究主要采用以下几种研究方法:

第一,规范研究与实证研究相结合。任何经济研究都不能是纯粹的规范研究或实证研究,经济研究应以事实为依据,但同时也必须以一定的价值规范为前提和最终目的,二者互为前提和因果。本研究首先分类型考察我国开放式基金的特性,这一过程涉及一系列现代经济学方法的运用,属于中立性描述;其次,通过实证检验,表明开放基金费率对基金公司经济效益和社会责任存在显著影响,由此建立了一个基金公司目标导向型的开放式基金费率设置模型,搭建了用于分析开放式基金费率调整的框架,由此引出从收益率上下限角度,系统地探讨开放式基金费率的定价机制;最后以某一款开放式基金为例,对我国开放式基金的费率进行了实证分析。规范研究与实证研究相结合的研究方法使得本研究的结论具有翔实性、可靠性和科学性。

第二,理论研究与对策研究相结合。本研究不仅对我国开放式基金费率给出了一个分析框架,在此基础上引出各类基金的具体定价机制,更是在理论分析基础上提出了我国开放式基金费率改革的思路和方向。

第三,定性分析与定量分析相结合。本研究不仅在研究框架内对不同类型开放式基金的费率进行了定性分析,更是结合现实数据,定量测算了我国开放式基金费率的理论值。

第四,比较分析方法。本研究按照投资目标和投资对象对我国的开放式基金进行了分类,创新性地将理财产品分为存在收益下限和存在收益上限两种。进一步的,在对这两类开放式基金初步分析的基础上,引入可随时赎回和分红等限制,拓展了对差异化费率制开放式基金费率的研究,从而把比较分析方法引入了图书的撰写。

第五,静态分析方法与动态分析方法相结合。我国开放式基金的费率设定是一个极为复杂的过程,受到诸多利益方的多重制约,是一个动态的系统工程。本研究结合不同类型开放式基金的特点,借鉴期权理论,从基金公司利润(经济效益)和投资者收益(社会责任)双重导向的视角对其进行了重新解读。在某一个固定时期,基金公司对经济效益和社会责任的关注度可视为既定的,此时需要用到静态分析方法;而随着期限的推移,其对两个子目标的关注将发生变化,赋予两者的权重也将随之动态调整,显然,这一过程离不开动态分析方法,由此为后续开放式基金的开发和费率的设定探索了新的发展模式。

1.3 研究目标及意义

1.3.1 研究目标

金融危机促使人们思考既有开放式基金费率模式的优缺点。通过对既有模式的梳理,再结合危机当中汲取的经验,本研究对开放式基金新型费率设定的逻辑链条已渐趋明晰——我国目前的开放式基金费率的设定主要分为两类:单一费率制和差异化费率制。在对产品进行大类划分时,金融产品主要结合自身特征采用差异化的费率定价方式;而对某一类产品的子产品进行定价时,则无论业绩优劣,均收取固费用,采用单一费率制。鉴于以上两种模式的缺陷,建立一种既满足基金公司经济诉求,又能够减少其负外部性的新型费率模式就成为一种必然。通过对基金公司目标导向的深入解析,笔者发现其并非一成不变,而是动态变化的,由此本研究设计融合权变思想,从经济效益和社会责任双重视角出发,在减税降费这一宏观大背景下,针对不同基金公司在经济和非经济指标方面的偏向性,设计开放式基金费率定价的新模式。

第一,结合欧式看跌期权的性质,从基金公司社会责任角度出发,给出存在收益下限类基金产品的费率计算公式。

第二,结合欧式看涨期权的性质,从基金公司经济效益角度出发,给出存在收益上限类基金产品的费率计算公式。

第三,结合开放式基金流动性强的特点,引入美式期权方法,对可随时赎回的基金产品费率进行了定价。

第四,引入分红概念,对分红型基金产品的费率定价进行讨论,完善了费率体系的设计。

第五,结合国内基金公司发行的某款基金产品的相关数据,运用上述研究结果计算其理论费率,并同实际费率相比较。

1.3.2 研究意义

第一,通过对不同类型基金产品特点的分析,从中总结出其各自费率制定的出发点,这有助于设计针对不同类型基金产品的费率结构,为我国基金公司理财产业和政策制定者的费率设计提供理论上的参考和依据。

第二,在设计基金产品的费率时,传统的计算方法是风险—收益法,定价的出发点源于投资标的物的风险状况,风险越大,则投资的预期收益率也越高,由此基金公司也将向投资者收取较高的费率,反之亦然。该方法忽略了基金产品蕴含的期权价值,不能很好地解决价值评估的不确定性问题。因此,正确评估基金产品的费率价值既是学术界理论研究的需要,也是现实中基金公司作出正确决策的迫切要求。

由于预期收益难以计量,因此基金公司对不同类型的基金产品采取单一费率制度。但这在简化基金公司设计流程的同时,也将设计的不科学性暴露无遗,导致市场上出现无风险套利机会,影响均衡市场的出现。本研究将单一费率制引向差异费率制的讨论,从成本角度转向无风险套利角度,通过期权概念的引入,极大地拓展了对费率问题的研究。

第三,基金费率的设计既需要考虑投资者的收益,同时也要兼顾基金公司的利益取向,即具有双重性。一个理智的基金公司在设计基金产品费率时,理想的意愿必然是,在这一费率基础上,投资者越倾向购买,并且自己的利益也比较高;而现实的情况是,这两个目标之间存在着一定的矛盾:高费率在使得基金公司获利的同时,必然伴随着投资者的利益受损,反之亦然。因此,正确处理基金公司与投资者之间的关系,取得最佳效果,是一个既具有理论意义和实用价值,又会带来巨大经济效益和社会效益的课题之一。本研究拟通过收益率上下限的讨论,将基金公司和投资者的收益导向充分考虑进费率的设定当中。

第四,一般而言,开放式基金的运作模式符合资产池特征,即将不同时期认购(申购)的资金统一到一个资产池中进行投资管理,广泛投资于债券、商业票据、同业拆借、信托产品等。投资的综合收益率作为确定各期认购(申购)资金收益的依据,这有别于按每期认购(申购)资金实际运作情况确定收益率的方式。这种运作模式可以形成大规模和连贯性的资金优势,并且通过对募集资金灵活的投资管理提高开放式基金整体的运作效率。

很显然,单一费率制无法满足此类基金产品的费率设计,本书将结合基金产品的创新发展,通过对资产池特征的深入分析,引入美式期权概念,弥补欧式期权在分析这类产品方面的不足。

第五,基金的分红也将影响费率结构的设计,通过对分红型基金未来现金流向的分析,建立了分红型基金产品的费率,完善了基金产品费率设计体系,为投资者展现一个更加明晰的基金产品费率框架,帮助投资者完成更加合理有利的投资决策。

第六,在理论研究的基础上,定量测算了我国开放式基金费率的理论值,并同真实值进行了比较,引出影响我国开放式基金费率的因素,为基金公司制定产品费率和监管机构出台相关政策提供参考,以期更好地保障投资者权益。

1.4 研究思路、内容及技术路线图

1.4.1 研究思路

本研究的总体思路可以概括为:首先以总结国内外对开放式基金费用研究现状为基础,结合我国开放式基金业发展情况,通过实证分析,引出开放式基金费率的分析框架;其次,在这一架构内设计开放式基金费率定价模型并计算其理论费率;最后,通过理论费率和实际费率的差别分析,发现我国开放式基金费率定价机制中存在的不足,并提出相应的政策建议。

本书一共分为10章,其中,第1章为导论,具体包括:研究背景与问题的提出、研究思路、研究的主要内容,研究的改进与创新点。第2章是本研究的文献综述部分,主要回顾了有关企业经济效益、社会责任、交易成本、开放式基金费率等的研究文献。第3章为我国开放式基金费率概述,包括费率的定义和基金的分类。第4章探讨了多元目标导向下的开放式基金费率问题,为下文提供了一个总的分析框架。第5章至第8章,采取递进式的分析方法,通过逐步放松约束,分别从存在收益下限、存在收益上限、可动态赎回、考虑分红因素等角度对开放式基金费率由浅入深的进行结构设计,给出费率定价模型;第9章和第10章是实证分析和结论部分,以国内开放式基金为例,计算其理论费率,通过同真实费率的比较,发现现有费

率设计的缺陷,从而提出相关的政策建议。

1.4.2 研究内容

研究内容共设置 10 章,各章主要内容概括如下:

第 1 章　绪论,主要阐述本书研究的背景及研究意义、研究思路和方法、研究的主要内容和创新点。

第 2 章　文献述评,对涉及的相关基本理论及研究文献进行简要回顾,着重对前人的研究成果进行介绍与评价,主要包括:交易成本理论、费率理论、企业经济效益和社会责任的相关研究。

第 3 章　开放式基金概述。

第 4 章　开放式基金目标导向下费率调整分析框架。探讨了多元目标(经济效益和社会责任)导向下的开放式基金费率问题,为下文提供一个总的分析框架。

第 5 章　结合欧式看跌期权的性质,初步给出基金公司社会责任导向(规定投资者购买基金的收益下限,不足部分由基金公司补足)下开放式基金的费率模型。

第 6 章　结合欧式看涨期权的性质,初步给出基金公司经济效益导向(规定投资者购买基金的收益上限,超额部分归基金公司所有)下开放式基金的费率模型。

第 7 章　结合开放式基金赎回期限自由的特点,引入美式期权方法,正式对开放式基金费率进行定价。

第 8 章　将分红概念引入本研究的写作,对分红型开放式基金的费率定价也进行了讨论,完善了费率体系的设计。

第 9 章　实证计算国内发行的开放式基金的理论费率,并同其实际费率相比较,分析现有费率机制的缺陷,给出相应建议。

第 10 章　研究结论、政策建议和未来研究展望。总结全书的研究结论及创新点,并指出未来需要进一步研究和解决的问题。

1.4.3 技术路线

本研究的技术路线如图 1.1 所示。

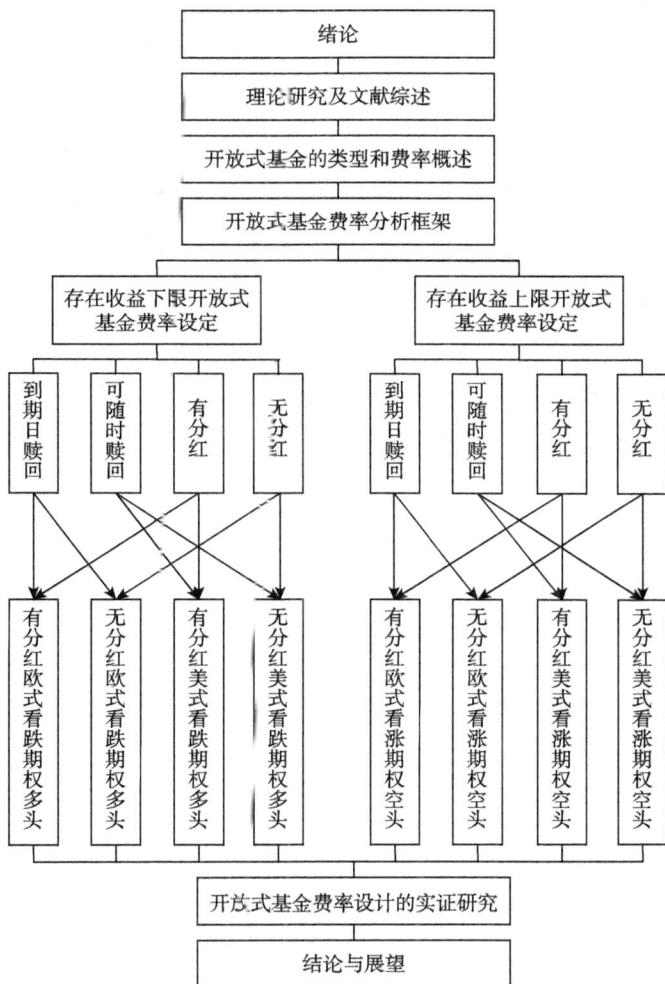

图 1.1　研究技术路线

1.5 主要创新点

第一,在实证分析的基础上,提出了从经济效益和社会责任双重导向下设计我国开放式基金费率结构的思路,开辟了研究费率问题的新视角。

第二,区别于以往从成本/风险角度思考费率的传统观点,本研究运用期权定价方法,通过引入无风险套利这一现代金融市场的主导定价模式,推动金融市场趋向均衡。

第三,以买入欧式看跌期权计算存在收益下限的基金费率,以卖出欧式看涨期权计算存在收益上限的基金费率,初步建立了开放式基金费率的定价模型。

第四,结合开放式基金赎回期限的特征,引入美式期权概念,弥补了欧式期权在分析这类产品方面的不足。

第五,基金产品的分红也将影响费率结构的设计,通过对分红型开放式基金现金流向的分析,建立了相应产品的费率计算公式,完善了理财产品费率设计体系。

第六,综合存在收益上、下限开放式基金的特征,结合我国开放式基金的实际数据,通过费率定价模型计算其理论费率。

第七,将理论费率同实际费率相比较,通过对差异性的分析,挖掘定价模式的优劣性,并给出相应的改进措施。

◆ 第 2 章 ◆

文献述评

　　这一章着重从金融机构目标的视角分析开放式基金费率的变迁问题。从开放式基金成立至今的发展历程看,其费率演变的轨迹与基金公司目标具有高度相关性和一致性,基金公司目标已成为基金费率演变的一个重要因素,甚至可以说,基金公司目标(寻求经济效益和社会责任综合目标最大化)影响甚至决定着基金费率形成和变化的方向。因此,今后我国开放式基金费率创新的关键,是如何统筹基金费率的制定和基金公司目标最大化的考量。

　　当前,我们对基金费率变迁中的基金公司因素还缺乏深度的认识。基金公司在基金费率演变中究竟扮演什么角色,应该发挥什么作用,发挥到何种程度……这些问题都需要我们做出准确的判断和回答。为了有效破解这一难题,或者说,为了卓有成效地推进我国基金费率的制度变迁,需要结合我国在实践中正反两方面的经验,在对相关理论回顾的基础上提炼二者之间的关系。正是基于这样的思考,本章将对基金费率在基金公司目标分析框架内的理论和实证研究做一个简单的述评,以进一步厘清研究的脉络和思路,为考虑基金公司因素影响的基金费率研究提供有益参考。本章的结构安排如下:2.1 节主要梳理有关企业目标的相关研究。基金公司在本质上仍是一个企业,探讨基金公司的目标导向,不可避免地需要厘清企业目标导向的相关研究脉络,提炼相关代表性研究文献的改进之处,并分析其存在的局限性及可行的解决办法。通过对已有研究的总结和分析,形成本书的研究思路,为进一步研究打下理论基础。2.2 节回顾国内外基金费率的研究文献,通过相关研究的述评,勾勒我国基金费率演变的大致线索。2.3 节为本章小结。

2.1 金融机构目标的相关理论和研究文献述评

金融产品费率的设定,初始的动力来源于自身的目标导向。金融机构是金融市场的参与主体,这决定了其在本质上属于企业范畴。因此,对金融机构目标的探讨,无法回避一般意义上企业目标这一最初起点。对企业目标的认定,主要有如下两类:经济目标和非经济目标。一般而言,经济目标适用于独立企业,即私有企业,而存在政府隐性担保的比如国有企业应该追求非经济化目标。围绕这个观点,形成了两派最具代表性的观点,前者认为两类企业目标有根本区别,后者则认为两类企业目标有同质性,分别记作"目标异质论"和"目标同质论"。

2.1.1 目标异质论

目标异质论认为,国有企业的本质属性是国有性,这就决定了它和属于私有范畴的一般企业在组织目标上应该有本质的区别。国有企业不能成为像私有企业那样的仅仅追求经济目标的组织(Vernon,1979[1];Aharoni,1981[2];Zif,1981[3];Ramamurti,1987[4];Ramanadham,1991[5];吕政,等,1995[6];金碚,1999[7];黄速建,余菁,2006[8])。英国学者 Pryke(1972)强调,这并不意味着国有企业不需要考虑经济问题,问题的关键在于,经济目标对国有企业而言,是约束(constraint),而不是驱动力(driving force)[9]。按照这种思路,可以将私有企业与国有企业的行为逻辑作一个对比描述:私有企业所有者首先有对利润的追求意愿,然后,他将通过满足社会大众对某些产品或服务的需求的方式来达成其根本目的。国家设立企业的目标在于满足社会大众对某些产品或服务的需求,为了有效地完成这个目标,国有企业必须努力保持收支平衡,以使自身的经营活动具有可持续性,在这个过程中,保持必要的利润水平并不是主要目标,却是为完成其他任务所必须满足的一个先决条件。

2.1.2 目标同质论

目标同质论强调,国有企业的本质属性是企业,这就决定了它和同属企业范畴的私有企业在组织目标上是可通约的、同质的,二者都是追求经济性目标的企业组织（Hart，Shleifer and Vishny，1997[10]；Shleifer and Vishny，1997[11]；Shleifer，1998[12]）。持这种观点的学者不在少数。借鉴 Pryke 的一个论断来集中概括他们的观点，即：国有企业在根本上始终是经济组织，它们必须遵循一般经济组织的相应规则。在目标同质论倡导者的眼中，国有企业奉行与私有企业相区别的多重目标是一种罪恶，多重目标只会将国有企业拖入低效率和道德败坏的深渊。

2.1.3 目标权变论

迄今为止，目标同质论和目标异质论都是理论家们各执一词的假说。在对解释力有限的目标同质论和内容含糊不清的目标异质论进行批判与综合的过程中，目标权变论日渐成形。目标权变论的立论基础：一是国有企业的内涵是权变的。不同时期、不同国别、不同的人，对国有企业的定义的理解，各有不同；即便是同一个人，他对国有企业这个概念的认识也会随时代、个人经历的改变及政治经济环境的变化而发生变化。二是经济性的内涵也是权变的。以"经济"或"非经济"作为国有企业目标属性或作为国有企业目标区分于私有企业目标与否的准绳，不够纯粹。什么是经济的？是短期的，中期的，还是长期的？国有企业在今天致力于解决的非经济问题，在明天就有可能成为经济问题。如果脱离一个具体的时点，脱离对一个具体的国家社会经济背景，要想做出国有企业的某种行为是否符合经济或非经济目标要求这样一个判断，无异于缘木求鱼。

持目标权变论的观点的人们一直在反复敲打这样一个问题："到底能否像对待私有企业那样，用一个或一组核心目标去概括国有企业的目标"（Ramamurti，1987）[同4]。目标权变论把目标同质论和目标异质论这两个对立面统一在一起，它没有直接为上述问题给出答案，但它采用了这样一种应对策略：如果可以用一组目标去概括企业的目标，这显然会比自囿于只能用一个目标去概括企业的境况有所改善。

由此，经济目标和非经济目标的对立得到了缓解，众多学者将关注的重心转向两者的融合。而就两者而言，一直以来，对企业经济效益的研究较多，而对企业履行社会责任的研究则相对薄弱，由于经济效益多采用财务业绩等会计指标，容易受到人为操纵，因此，拓展从社会责任角度研究企业的视角具有积极的意义。

一般意义上说,企业是追求经济利益的组织。但是,当一个企业成长到规模足够大的时候,它的行为关系社会的许多方面时,这个企业对社会的责任问题就会凸显出来。在这种情况下,全社会对这个企业的非经济性期望就应该被相应地纳入它的目标体系之中。

理解一般企业的社会责任,我们需要把握好以下三点:一是企业的性质是追求经济目标的组织,企业的首要目标(很多情况下是唯一的目标)是经济目标,企业的社会责任正是在企业经济目标实现的过程中衍生出来的。二是企业的社会责任中包含了追求经济目标的内容,经济目标是企业的社会责任的主要内容,任何一个企业的微观层面的社会责任的履行,都不可避免地要依附于企业经济目标的实施。三是无论在理论上还是实践中,微观层次和宏观层次的一般企业的社会责任,都是统一的。

近年来,企业社会责任也成为我国理论界和政策制定者关注的重要课题。截至目前,我国已经发布的企业社会责任规范或指导意见主要有:《中国纺织企业社会责任管理体系》(2005),《深圳证券交易所上市公司社会责任指引》(2006),《中央企业履行社会责任的指导意见》(2008),《中国工业企业及工业协会社会责任指南》(2008)。这些文件的发布充分反映了我国政府和行业协会对企业社会责任的重视和决心。但是,企业社会责任的经济效应如何?企业履行社会责任是出于法规的强制性约束,还是社会责任与经济效益之间存在正向的协同关系,仍然是悬而未决的问题。如果这一问题不能被解决,那么社会责任理论只能是对企业的一种道德说教,企业也只会在法规的约束下被动地承担最低限度的社会责任或者在道德的说教下向社会伸出"援助之手"。因此,研究企业社会责任与经济效益之间的关系,对于引导企业履行社会责任,促进经济、社会、生态的和谐发展,具有重要的理论意义和现实意义。

对于企业社会责任与经济效益之间的关系一直存在着两种观点。一种观点认为企业承担社会责任会损害经济效益,例如,Friedman and Philanthropy(1989)提出:"企业社会责任就是在遵守法律和相应的道德标准的前提下赚尽可能多的钱。"也就是说,企业无须承担额外的社会责任[13]。Aupperle et al.(1985)认为,企业社会责任将浪费资本和其他资源,与那些不承担企业社会责任的公司相比,公司会处于竞争劣势。[14]另一种观点认为,企业承担社会责任会提高企业经济效益,例如,Cornell and Shapiro(1987)认为,不能满足股东之外的利益相关者的需求,将产生市场恐惧,并提高公司的风险溢价,最终导致更高的成本或丧失盈利机会。根据他们的分析,满足关键利益相关者(例如,雇员、客户等)的隐性需求,会提高公司声誉,并进而对公司业绩产生积极的影响[15]。Freeman(1991)也持同样的观点:"利益相关者理论的支持者认为,长期来看,较好的经济效益符合商业法规的要求,并使得经济效益与社会责任之间呈现正的相关关系。"[16]

　　Sandra A. Wad dock & Samuel B. Graves(1997)提出了公司的显性成本(explicit cost:例如,支付给债权人的利息)和隐性成本(implicit cost:产品质量成本、环境成本)的概念[17]。公司因为不从事企业社会责任造成隐性成本提高,会产生更多的显性成本,从而丧失竞争优势。显性成本与隐性成本的理念与利益相关者思想是一致的,例如,管理与供应商、消费者、员工、政府、股东、社区等的关系,良好的社区关系使当地政府提供了税收优惠,好的雇员关系可以提高士气和生产率,因为关注产品的质量而带来积极的客户关系等。当然,企业承担社会责任所产生的良好的利益相关者关系要在一定时间之后才能对企业经济效益产生正面的影响,因此对于承担社会责任的当期来说,企业因履行社会责任消耗了企业的资源,显然是降低了企业经济效益的。

　　而有关企业社会责任与经济效益关系的实证研究结果则同理论分析有一定的出入,研究者通过对企业社会责任与资产净利率、企业社会责任与净资产收益率、企业社会责任与销售回报率之间的关系研究,发现企业社会责任与经济效益存在正负两种关系。

　　Griffin and Mahon(1997)统计了 1972—1997 年的 51 篇论文的研究结论,其中正相关 33 篇,负相关 19 篇,无相关 9 篇。[18]之后,McWilliams and Siegel(2001)等研究者的结论是企业社会责任与经济效益之间没有显著的相关性。[19] Harrison and Freeman(1999)的研究表明,不合法规的表现或不承担社会责任会对企业的价值产生负面影响。[20] Ruf et al.(2001)基于 KLD 数据库的实证研究发现,企业社责任的变动与经济效益存在正相关关系。[21]Simpson and Kohers(2002)对美国国有基金公司的研究发现,美国国有基金公司的社会绩效与经济效益之间存在正向关系。[22]Schnietz(2005)的研究表明,在公司危机时期,社会责任声誉能够防止公司股价的下跌。[23]

从测量方法上看,对企业社会责任的评价主要有声誉指数法、内容分析法、KLD指数法等。声誉指数法用社会声誉来衡量企业的社会责任。Moskowitz(1972)[24]、Cochran and Wood(1984)[25]等都采用了声誉指数法。内容分析法根据企业所公布的各类报告,对一些特定项目打分来衡量企业的社会责任。Abbott and Monsen(1979)[26]、Preston(1978)[27]等都使用了内容分析法。20世纪90年代后,KLD公司从利益相关者的视角设置了产品安全、社区关系、环境保护、妇女和少数民族、员工、核能、军事削减、南非问题八个方面的指标来评价企业的社会责任。目前,从利益相关者的视角衡量企业社会责任已经成为主流方法。

国内学者关于社会责任与经济效益关系的研究起步较晚。陈玉清(2005)研究了2003年年度报告中社会责任信息的市场反应,结果表明,社会责任信息与我国上市公司的经济效益相关性不强。[28]李正(2006)以521家上市公司为样本,研究了企业社会责任的经济效益相关性问题,结果表明,从当期看,承担社会责任越多的企业,其经济效益越低。但从长期看,承担社会责任并不会降低企业经济效益。[29]宋献中、龚明晓(2006)研究了公司年报中的社会责任信息价值,得出了信息的公共关系价值的增值效应大于决策价值的增值效应的结论。[30]沈洪涛、杨熠(2008)也研究了公司社会责任信息的经济效益相关性,结果发现,2002年以后,我国上市公司披露的社会责任信息开始具有正的经济效益相关性。[31]

总体而言,我国关于社会责任与经济效益关系的研究仍然处于起步阶段,研究的样本量较少,基本上都是基于截面数据的分析,分析结果难免具有一定的片面性。并且,我国学者更多地关注了社会责任信息披露与经济效益的关系,而对于社会责任的实际承担水平与经济效益的关系的研究甚少,对企业的社会责任也只是采用了外延式的罗列方式,缺乏理论上的系统性和统一性。

2.1.4 金融机构双重目标的研究

以上的分析宽泛的就共性意义上的企业经济效益和社会责任关系进行探讨，而本研究的研究对象为开放式基金，由此需要挖掘更具针对性的两者之间关系的研究。

这一小节系统整理国内外有关金融机构双重目标的理论与实证文献，研究发现对微型金融机构双重目标是否冲突在理论和实证研究中均存在争议。伴随着金融商业化，"目标偏离"已成为双重目标冲突的新表现，但通过实施社会绩效管理，金融机构可以有效地降低双重目标间的冲突。虽然我国开放式基金双重目标问题已经显现，但相关研究并不多。因此，未来的研究应该集中在界定开放式基金双重目标含义、构建评估体系、制定报告标准、探索双重目标约束下的可持续发展机制等方面。

要同时兼顾经济效益、社会责任这两大"相互冲突"的目标，需要首先确定这一行为的可能性。就金融机构而言，经济效益目标对应其"财务可持续"概念，社会责任目标对应"对目标客户的覆盖"这一概念。福利主义者认为，对目标客户的覆盖比财务可持续性更为重要。一般认为，金融机构采用追求财务可持续的制度主义方式将会使其注意力和精力从诸如提高投资者权益等社会与政治目标中偏离。

信贷制度主义者（institutionalist）认为，金融机构的多重目标是共存的，也是相容的，因为只有可持续的金融机构才能不断扩大服务范围。例如，Otero 和 Rhyne（1994）认为，如果信贷项目的融资完全是通过客户储蓄和以商业利率从正规金融机构借贷的方式完成的，并且其收费和利息收入完全覆盖真实的资金成本、贷款损失准备、运营成本和通货膨胀等，那么财务可持续是可以实现的[32]。Conning（1999）[33]、Drake 和 Rhyne（2002）[34]、Lapenu 和 Zeller（2002）[35]等认为覆盖面与财务可持续性之间是相互平衡的。Schreiner（2002）指出，只有实现了自我持续的金融机构才能在长期内产生提高社会福利的强烈激励。[36]

Zeller 和 Meyer（2002）进一步提出，财务可持续性、覆盖面及其福利影响是"金融的核心三角（critical triangle）"，这三重目标存在着互融、协同和平衡的潜在可能，关键在于制度创新，例如，使用降低成本的信息系统、设计面向穷人的以需求为导向的服务、提供更有效的顾客培训方法等。[37]Olivares-Polanco(2005)认为,金融商业化与覆盖面深化间并没有根本冲突,因为商业化在提高盈利能力的同时也强化了金融机构的覆盖能力。[38]Doligez 和 Lapenu(2006)则认为,实现财务可持续仍然是金融机构面临的巨大挑战,金融机构在社会目标(服务客户)与财务目标(盈利)之间无所适从。[39]Sen(2008)强调,尽管对金融机构来说实现财务可持续是十分重要的,但服务投资者,履行社会责任也同样重要。[40]

以上分析表明,理论界的主流观点普遍认为金融机构应当具有双重目标。

一些实证研究发现覆盖面与财务可持续性之间存在冲突。例如,Hulme 和Mosley(1996)[41],McIntosh 等(2011)[42]证实,商业化趋势下竞争压力加大促使金融机构减少了对社会责任的关注,因此,二者间存在替代(tradeoff)关系。Hartarska 和 Nadolnyak(2007)发现,好的监管能有效地改善金融机构覆盖面与可持续性之间的冲突。[43]Perera(2010)对斯洛伐克商业基金公司的研究发现,商业化导致可持续性与覆盖面之间出现替代关系,但通过加强监管、基础设施、扩大资金来源等方式可以有效地缓解二者的冲突。[44]Hermes 等(2011)对 1300 个观察值的分析证实覆盖面与财务可持续性之间存在替代关系。[45]但是,另一些实证研究则没有找到冲突的明确证据。例如,Christen 等(1995)发现,金融企业的发展能吸引更多的资金投入,为更大规模履行其社会责任创造了条件,强化金融业的竞争有助于提高效率,因此,商业化趋势下金融机构的覆盖面与财务可持续性是兼容的。[46]Cull 等(2007)针对 49 个国家 124 家金融机构的研究没有找到盈利能力与覆盖面存在替代关系的证据。[47]Kereta(2007)对埃塞俄比亚的研究表明,2003—2007 年间金融业的覆盖面上升了 22.9%,与此同时用 ROA(资产回报率,return on assets)和 ROE(净资产收益率,return on equity)度量的财务持续性也得到了改善,因此没有找到二者存在替代关系的证据。[48]Annim(2009)对加纳的研究也否定了覆盖面与财务可持续性之间存在替代关系。[49]

有趣的是,另一些实证研究则得出了混合的结论(mixed findings)。例如,Brau 和 Woller(2004)[50]、Armendáriz 和 Morduch(2005)发现,财务可持续性与覆盖面之间的关系并不确定,其原因在于二者的关系受多个因素的影响。[51]

2000 年以来,有关覆盖面与财务可持续性的争论逐渐扩展为社会绩效(social performance)与财务绩效(financial performance)间的平衡问题,并逐渐形成一种新的共识,即金融机构通过实施社会绩效评估与管理可以有效地协调双重目标间的冲突,实现可持续发展。例如,Christen 等(2004)指出,通过提高客户保持率、降低运营成本等方式评估和管理社会绩效,有助于改善金融机构的财务绩效,也有助于降低目标偏离的风险[52];Sinha(2006)认为,同时关注财务绩效和社会绩效将促使金融机构提供更符合客户要求的服务[53]。

Woller(2004)对玻利维亚的研究表明,社会绩效管理不仅能促进金融机构履行社会责任、实现社会目标,对财务绩效也有显著的正向作用;[54]Baumann(2005)对南非小企业基金会的研究发现,在引入社会绩效管理体系后的三年里投资回报的上升和成本的下降都是显著的,证实了社会绩效管理对平衡双重目标冲突的显著作用;[55]Angora 等(2009)对全球 127 家金融机构的社会绩效进行了定量评估,进而从多个维度实证检验社会绩效与财务绩效间的关系,结果发现金融机构两大目标间的关系并不唯一。[56]

近年来,国内有少量文献开始关注金融机构的双重目标问题。杨骏(2007)利用覆盖面和可持续性系统评价了我国农村金融改革 30 年的绩效,认为我国农村金融有较好的业务覆盖面,但机构可持续性令人忧虑;[57]张波(2009)认为农村合作金融机构存在多元目标(商业性、政策性、合作性目标)冲突问题,提出通过明确金融主体功能、完善金融体系、优化金融生态环境等途径缓解冲突,实现可持续发展;[58]李喜梅、林素媚和陈银芳(2009)对我国新型农村金融机构履行社会责任的行为进行了博弈分析,认为在一次博弈下新型农村金融机构会采取不履行社会责任的短期行为,但多次长期重复博弈的结果会促使其自觉履行社会责任。[59]冯庆水和孙丽娟(2010)研究了农村信用社服务“三农”与商业可持续双重改革目标间的冲突情况,并以安徽为例进行了实证研究,发现双重目标在实践中可以兼顾[60]。

可见,有必要加强对我国金融机构双重目标冲突与治理的研究,相关研究可以从如下几个方面进行:

第一,界定金融机构双重目标的明确含义。迄今为止,我国相关部门对金融机构应该承担何种责任、实现哪些目标均只有比较笼统的表述，尤其是对其社会目标的界定还十分模糊，这既不利于相关部门监管或评估金融机构社会目标的实现情况，也不利于金融机构对外披露相关社会绩效。因此，应该尽快研究界定金融机构财务目标和社会目标的具体含义。

第二，构建金融机构双重目标的评价体系。在界定双重目标含义的基础上，需要进一步构建其评价体系，使得财务目标和社会目标完成情况可以清晰、规范地进行评价和披露。这项研究既要借鉴国外有关财务绩效和社会绩效评估的研究成果，更要结合我国金融改革的现实和不同金融机构的特点。当然，该评价体系应当随着经济发展不断调整优化。

第三，制定金融双重目标完成情况标准报告。一旦确立了双重目标评价体系，就可以对金融机构双重目标实现情况进行定量评估，但对外披露这些信息还需要研究制定标准的绩效报告格式——这项研究工作应当充分考虑与国际金融领域已有的标准接轨。

第四，探索双重目标约束下金融机构的可持续发展机制。在定量评估双重目标完成情况的基础上，更重要的研究工作在于：进一步定量研究金融机构实现双重目标的影响因素及其相互关系、探索双重目标约束下金融机构的可持续发展机制，应当充分借鉴国外有关双重目标冲突的研究成果，从理论分析和实证检验两个层面展开研究，揭示中国情景下治理双重目标冲突、实现可持续发展的可行路径和政策选择。

2.2 国内外基金费率的理论和文献

2.2.1 金融交易成本

理财产品的费率，从根本上说是金融交易的成本。对经济交易的研究发端于早期制度经济学的代表人物康芒斯，将交易作为经济研究和经济活动的基本单位，从而将交易这一概念一般化了。康芒斯认为交易是制度的基本单位，他将交易分为三种类型：买卖交易、管理交易及限额交易，分别指个人之间、上下级之间及政府与个人之间的交易关系,这就包括了所有人之间的经济行动,将交易与制度运行联系起来了。[61]现代新制度经济学以交易费用作为主要工具进行经济分析。科斯作为领军人物在其著名的《企业的性质》一文中,研究了企业存在的根本原因和企业扩张的边界,提出了交易费用这一概念,从而创立了交易费用理论。[62]

科斯认为交易费用就是利用价格机制的费用,是获得准确的市场信息所付出的费用,以及谈判和经常性契约的费用。后来,他又将发现交易对象、告诉对方交易愿望和方式以及履约的成本包括到交易费用中。20 世纪 70 年代中期以来,有关交易费用定义的文献逐渐增多,对交易费用的理论进行了多层面、多角度的探讨,丰富和深化了人们对交易费用的认识程度。

阿罗在定义交易费用时指出,交易费用是"经济制度运作的成本";威廉姆森则把交易成本规定为经济系统运转所需要的代价和费用;[63]诺斯将交易费用定义为包含经济从贸易中获取的政治和经济组织的所有成本;张五常认为交易成本包括一切不直接发生在物质生产过程中的成本,是在"鲁滨逊"经济中不存在的所有成本。巴泽尔将交易费用定义为转让、获取和保护产权有关的成本;埃格特森的定义是"个人交换他们对于经济资产的所有权和确立他们的排他性权利的费用"。[64]

但迄今为止,还没有令大多数人认同的科学严密的交易费用定义。不过,在交易费用的性质方面,以下几点已经明确:由于信息不完全和不对称,资源的稀缺性以及人们认识及偏好的差异性,交易过程总是要耗费资源的,交易费用必然不为零;交易费用具有很大的不确定性,在计量上存在天然的困难;交易费用制约着人们对制度结构的选择,而每一制度结构对应着一个特定的经济绩效。

对于金融组织与金融活动而言,同样存在着交易费用问题。金融在现实生活中运行发挥作用便形成金融交易。金融交易是商品经济及交换关系发展到一定阶段的产物,它们构成了社会交换关系的一个重要方面。金融交易的形成机理,必须联系货币金融领域的社会分工、产权界定、经济金融化程度以及资产增值与风险规避等因素加以理解。

根据这一机理,我们可以界定"金融交易"概念:由于货币金融领域的社会分工,货币储蓄与投资功能产生分离,在货币产权明确界定的基础上,储蓄者在保留货币资产的货币索取权并获得一定利息的前提下,给投资者让渡货币一定期限的使用权;后者向前者借入资金并保证按期归还本金和利息,这就是金融交易的含义。这一概念可以进一步扩展为:随着现代市场经济发展水平的提高,经济金融化程度加深,以及各种金融工具与投融资手段的丰富,出于资本资产经营和保值增值的需要,金融活动已不仅是调剂货币资金的余缺,而且要实现资本资产的流动性、安全性和效益性,由此促生了现代金融交易的形成。

从交易费用的角度分析,进行金融交易当然也就会产生金融交易成本。金融交易成本产生的根源,除了一般经济交易共有的因素以外,还具有自身特有的原因。具体说来,金融交易成本根源于:一是由于金融交易中同样存在着人的有限理性、机会主义倾向和经济金融环境的不确定性等因素,因而会导致大量金融交易费用的存在;二是既然金融交易中面临许多交易费用,那么完全竞争和自由的市场机制就不可能导致帕累托最优的金融资源配置状态,旨在降低金融交易费用和改善金融运行效率的各种组织、工具、规则和交易管理机制就被创造出来,这样无疑增加了其交易费用。关于金融交易费用的测度问题,正如一般交易费用的内涵尚未形成一致见解一样,金融交易费用的具体内容也有待深究,大致可以从如下几个方面确定金融交易费用:

(1)信息费用,包括搜寻金融交易对象的费用,收集项目情报的费用等;

(2)监督费用,包括金融交易谈判费用,为避免信用违约而产生的签订和维护金融交易履约的费用,设立金融监管制度与组织的费用,以及由经济环境因素所导致的金融风险防范费用等;

(3)界定和保护产权的费用,主要指为界定和保护金融资产产权而制定规则、法律,设置各种监督及中介组织的费用;

(4)保险费用,即用于降低交易的不确定性和交易风险而设立保险机制与组织(如存款保险机构),以约束和保护债权债务关系的费用。

交易费用概念的提出具有如下重大作用:

第一,为新制度经济学奠定了基础,推动了经济学理论的发展。新古典经济学把注意力集中于人的生产活动,即人与自然的关系,而把人与人之间的关系看作是合作与和谐的竞争关系而置于理想的框架——完全竞争的市场中。正是因为有了交易费用概念，新制度学家才可能对许多传统经济学没有进行研究或者虽然有过研究但并未使用经济学方法进行研究的现象和领域展开经济学分析。例如，由于交易存在费用，经济学就能把交易作为一种稀缺性资源进行研究，从而使经济学进一步探讨人与人之间的关系。正如艾格特森所说，正是在新古典经济学的框架中加入了正交易费用使得新制度经济学与新古典经济学相区别并改变了研究的方向：交易费用使产权分配成为首要因素，提出了经济组织的问题，并使政治制度结构成为理解经济增长的关键。

第二，交易费用理论拓宽了经济学的传统边界和研究领域。美国著名经济学家贝克尔曾将经济科学的发展划分为三个阶段："在第一阶段，经济学仅限于研究物质资料生产和消费结构，仅此而已（即传统市场学）。到第二阶段，经济理论的范围扩大到全面研究商品现象，即研究货币交换的关系。今天，经济研究领域已扩大到研究人类全部行为及与之相关的全部决定。"[65]交易费用理论以交易费用的节约为核心，综合运用经济学、组织学、法学的研究成果，把法律和组织管理结合起来，形成研究经济体制的独特方法，从而成为新制度经济学的重要基础。

第三，交易费用理论将经济学引向了现实世界。自"边际革命"以来，正统经济学从外观上看似乎日趋成熟，经济分析模型日趋精致，数学方法的运用日益广泛。但在成熟的外表下，经济学正逐步脱离现实世界，其理想主义倾向日益明显。交易费用理论以交易费用概念一般化为标志，使经济学从零交易费用的理想世界走向正交易费用的现实世界，从而使经济学的视野和应用领域得到了极大的扩展，获得对现实世界经济问题的新的解释力。

作为一种微观分析方法，交易费用理论被用于分析诸如纵向一体化及企业规模、现代企业产权结构和行为分析，企业产权结构的调整和演进，跨国企业、企业内在机制，劳动力市场和工作组织，特许权招标——投标、寡头垄断和反托拉斯政策评价等经济——组织问题。更广泛地看，交易费用理论还被应用于诸如制度变迁和演进，家庭组织，技术转让，科层组织的局限性，中间商经济学和公共财政等这样一些领域。总之，交易费用的理论和分析适用于所有能够作为交易或契约问题提出的经济——组织现象,适用于所有的交换关系问题。

第四,交易费用范畴与方法对我国经济体制改革有借鉴作用。经济体制改革是处于存在交易费用的现实中展开的,在经济体制改革中,我们必须选择如何进行改革成本与改革收益的权衡,选择成本相对较小、收益相对较大的改革路径。对于这一问题,一方面我们必须注意到,改革与我国的文化传统密切相关,不能有任何的生搬硬套。另一方面也要注意到,在技术条件给定的前提下,"交易费用是社会竞争型制度安排选择中的核心。用最少的费用提供定量服务的制度安排,将是合乎理想的制度安排。"[66]通过改革、创新制度,目的是提供更好的制度安排,而其标准正是节约交易费用。

2.2.2 开放式基金费率的研究

(1)国内关于开放式基金费率的研究成果

我国开放式基金的起步很晚,因此相关的研究成果相对较少,并且还未形成理论上的研究体系,但随着开放式基金销售如火如荼地展开,开放式基金所产生的各种问题逐渐引起了包括基金公司、券商以及各大投资者在内的广泛关注。尤其是开放式基金的核心环节——基金费率问题,自我国 2001 年推出开放式基金起,就成为开放式基金课题研究的重中之重。

开放式基金刚推出时,费率结构单一,认购费、申购费、管理费和赎回费均为投资者购买或赎回时一次性支付。随着竞争的加剧,基金管理人纷纷推出申购费前端、后端收费模式和赎回费递减方式,吸引投资者长期投资。我国目前保险资金入市、商业基金公司开设基金管理公司以及 QFII(合格境外机构投资者,qualified foreign institutional investor)的加入,使得基金业的生存空间面临巨大的考验,各基金公司纷纷调低自身的费率,以适应日趋激烈的竞争。但需要注意的是,即使目前的基金费率有下降的趋势,但总体而言仍处于较高水平,且费率过于固定,无法体现不同基金公司有差别的管理水平,基金公司缺乏有效的激励机制,严重制约了基金业的发展。

在我国以政策为主导的经济环境中,开放式基金费率的合理结构需要我国相关基金立法的支撑。我国基金业发展过程中,主要出台了两个政策法规,一个是

1997 年由国务院原证券委颁布的《证券投资基金管理暂行办法》(以下简称《暂行办法》),另一个为 2003 年颁布的《证券投资基金法》。在我国基金业发展之初,《暂行办法》确立了现行基金法律法规框架的核心。在这个核心下,中国证监会制订了一系列的规章和规范性文件。此外,证券投资基金活动还涉及民事法律和部门法中的少量规则,还要遵守其他部委制定的关于证券投资基金的特殊规定。这一切形成了证券投资基金业发展初期的法律法规环境。但是随着基金业的飞速发展,《暂行办法》远远不能适应现代基金业的发展需要,《暂行办法》主要强调了金融风险控制,对证券投资基金业的发展估计不足。为了防范金融风险,《暂行办法》对证券投资基金的投资行为、投资比例、投资对象做了严格的限制。这些规定虽然起到了一定防范市场风险的作用,但限制了证券投资基金品种的创新,使得现有证券投资基金的品种高度雷同。根据我国基金业快速发展的需要,新出台的《证券投资基金法》与《暂行办法》相比在很多方面发生了根本性的变化,尤其加强了信息披露和投资者权益保护等方面内容。

在信息披露方面,《证券投资基金法》明确规定:基金管理人、基金托管人和其他基金信息披露义务人应当在规定的时间内依法披露基金信息,并保证所披露信息的真实性、准确性和完整性;应当公开披露的基金信息当中包括基金份额发售、交易、申购、赎回的程序、时间、地点、费用计算方式,以及给付赎回款项的时间和方式;基金收益分配原则、执行方式;基金管理人、基金托管人报酬的管理费、托管费的提取、支付方式与比例等内容。基金份额持有人完全可以通过上述信息得到各只基金的费用、运作情况和收益情况,从而可以进行比较分析,选择适宜的基金产品。基金管理人受信息披露义务的约束,也必须尽到勤勉敬业、恪尽职守的管理责任,及时为投资者披露上述信息,为减少投资风险提供了保障。

在投资者权益保护方面,《证券投资基金法》规定基金管理人和托管人联袂受托,基金托管人不仅是基金财产的保管机构和资金账户、证券账户的开设机构,而且肩负着监督基金管理人投资运作的职责。上述法律规定将基金管理人和基金托管人的责任紧紧地连在了一起,使基金财产的运作更加安全,这进一步保障了投资人的利益。

另外,《证券投资基金法》明确规定了基金份额持有人大会制度,这为投资人行使话语权奠定了基础。《证券投资基金法》于 2004 年 6 月 1 日正式生效,为我国基金业的长远发展,预留了空间,是目前以及今后一段时期我国基金业遵循的主要法规。

随着各基金管理人之间开放式基金产品和费率的竞争,人们越来越开始关注开放式基金的产品特点、费率结构以及营销方式。费率问题也逐渐成为开放式基金中最为关注的问题,我国学者也开始致力于关于开放式基金费率水平和结构的研究,他们主要是在借鉴美国、英国等发达资本市场针对开放式基金费率研究结论的基础上,针对我国目前基金的现状,对我国费率和结构提出各种形式的创新。朱小斌虚拟设计了我国开放式基金费率表,建议实行差别费率,改善开放式基金营销方式等;[67]文雪冬(2001)指出,可根据国内投资者的收入水平和投资习惯设计开发多层次费率结构以吸引中小投资者,包括:费率分段、单向收费、时间优惠、推出"双翼基金";[68]贺强(2002)等人认为,应针对不同的投资者设立不同的费率结构,增加累退制档次,大幅降低申购成本引入管理费率递减安排等;[69]唐宇(2003)提出管理费率可依据基金单位资产净值的变化来确定;[70]余晓东(2003)等人设计了开放式基金管理费率的内生机制模型,针对开放式基金流动性特点,确定最佳规模下合理的管理费率。[71]赵旭、吴冲锋(2003)实证研究得出我国负担基金管理者的边际能力相对于低流动性需求投资者的数量和高流动性需求投资者的风险而言是递减的,最低赎回费用与高流动性需求投资者的风险和低流动性需求投资者的相对稀缺性正相关。[72]虽然我国学者对开放式基金费率的各个方面做了相对深入的剖析,并对费率制度的改进提出了相对成熟的建议,遗憾的是,并没有人对开放式基金的费率形成机制以及开放式基金费率水平的主要影响因素进行理论和实证上的研究,实际上我们只有追根溯源找出真正影响费率的因素以及费率的成因,发现其存在的问题,才能对症下药,提出更为有效的解决方法。

(2)国外关于费率问题的研究成果

美英等发达国家的基金业发展历史较久,水平较高,相对比较成熟,与之相比,我国开放式基金起步较晚(2001 年 9 月我国推出首只开放式基金——华安创新基金),虽然发展迅猛,但国内对开放式基金费率的相关研究成果相对较少,已有的成果也是大量借鉴国外经验,时至今日尚未形成中国自己较完善的研究体系。近几年随着国内经济的飞速发展以及各基金之间与日俱增的激烈竞争,开放式基金的费率问题日渐成为各基金公司及代销机构经理人之间进行争取客户的重要筹码和手段。众多中小投资者因职业所限,以往不太关注购买基金的费率问题,对基金的关注焦点也逐渐从纯粹的总收益水平转移到投资收益比例。因此,国内学术界也逐渐开始探究并寻求一个均衡的费率水平以及构建一套完善的费率结构框架。国内学术界有个普遍共识,就是在研究中需要合理借鉴国外在研究方法和完善的管理机制上的先进经验,同时结合我国目前基金业的发展水平现状。国外一些研究成果对我们研究并创新我国基金业费率和结构提供了丰富的素材与养分,具有非常宝贵的政策参考性价值。近年来,学术界对开放式基金的费率问题有过许多探讨。其中,国外的研究主要集中在以下三类。

第一,开放式基金费率与规模经济。

Baumol、Goldfield、Gordon and Koehn (1990)[73] , Ferris and Chance(1987)[74] ,Mcleod and Malhotra(1994)[75] 均研究了开放式基金中的规模经济,发现基金规模与费率呈现负相关性。Latzko(1999)利用了 600 只基金的面板数据来检验开放式基金管理中规模经济效应的存在性和源头。[76] 研究发现,这种规模经济效应确实存在,且在基金资产达到 220 亿美元时基金的平均总成本最小。同时,这种规模经济效应的益处以低费率的形式传递给基金持有者,基金费用中的管理费用是规模经济效应的主要源头,基金的投资模式与资产规模是美国开放式基金(mutual fund)管理费率的主要决定因素。基金所投资资产的收益率与管理费率线性呈正相关,与基金所管理的资产规模线性呈负相关,收益率波动越小,该基金的运营管理费率就越低;基金下所管理的资产规模越大,其管理费率也越低。

第二,开放式基金费率与影响因素。

开放式基金的总费率通常是指年金化的一次性持有成本和基金年度运营费用占基金资产规模的比例。但是由于一次性持有成本的年金化计算起来较为烦琐,而基金的运营费率恰好能反映出基金行业的总体运营效率和平均成本,所以大多数国外研究者经常以基金的运营费率来代替基金的总费率来检验基金费率与其影响因素的相关关系。Dellva and Olson(1998)采用 1987—1992 年美国股票型基金的数据,对开放式基金的运营费率和基金资产规模、年龄、绩效、现金持有量、申购前端费用、12b-I 费用、赎回费、申购后端费用以及国际基金比例等因素的相关性进行了实证检验,结果发现基金的资产规模、年龄、申购前端费用和赎回费用与基金运营费率呈负相关,而基金绩效、国际基金比例、申购后端费用和赎回费与基金的运用费率呈负相关。现金持有量与运营费率在开始时呈负相关,后来呈正相关。[77]

第三,开放式基金费率、业绩与治理结构。

在早期的研究中,Sharp(1966)认为业绩好的基金相对业绩差的基金而言有更低的费用率。[78]后来 Gruber(1996)通过对基金费用和业绩表现的相关性实证研究,证明了上述观点。[79]

另外,The Securities and Exchange Commission(SEC)在 1940 年颁布了《投资公司法》,法律规定基金管理人在提取管理费用时应采用固定费率的模式。若要实行业绩激励,则激励费必须是对称的,即当基金业绩表现优于参照指标时,基金管理人可以提取正的激励费作为奖励;但当基金业绩表现劣于参照指标时,基金管理人必须承受负的激励费作为惩罚,而且激励费的上下浮动必须是对称的,即所谓的"杠杆支点"费用。这一法规激起了学术界的热烈讨论,许多学者从公司治理结构的角度探索了基金费率、业绩与治理结构之间的关系。Tufano and Sevick(1997)通过研究美国开放式基金的样本发现,当基金董事会基本由独立董事构成时,基金费率趋于下降;且基金费用率随董事会规模的缩小而降低。[80]

Edwin J.Elton ,Martin J.Gruber and Christopher R.Blake(2001)[81]发现激励费用模式的设计并没有使该模式的基金获得正的或负的激励费用。然而,当基金内部管理人来设计激励模式时,采用激励费用的基金比不采用激励费用的基金呈现出更好的选股能力和更低的运营费率,所以也有较好的业绩表现。Michael K. Bekowitza and Jiaping Qiu(2003)[82]认为,对于业绩不好的基金,可能对其基金经理人存在着一种负向的激励,因为业绩越差的基金经理人似乎越具有短期眼光,考虑到未来市场对其管理基金需求的下降从而尽力提高当期费用。这种效用的影响可以使业绩差的基金和业绩优良的基金在收费的提高上保持一致。

Ajay Khorana，Henri Servaes 和 Peter Tufano 于 2009 年首次运用面板数据分析方法在横向和纵向上对比了发达国家的基金费用水平差异，数据来自澳大利亚、加拿大、日本和美国，样本基金涵盖了在 18 个国家销售的 46580 只基金。[83]他们认为，研究一个国家的费率水平问题必须要将其放在全球背景之下，才可得出合理的结论。该文的研究表明由于其本身特点和目标区域的不同，基金的费用水平相差甚远，且不同国家基金费用水平呈现出不同趋势。

2.3 本章小结

综上所述，以往的研究主要集中在金融机构目标以及开放式基金费率的分析，而对两者的交叉和综合则较少，而就统筹经济效益和社会责任双重目标导向下的中国开放式基金费率的设定研究更是空白。因此，有必要从理论和实证方面，建立一个基金公司目标导向型的费率调整框架，设计不同类型开放式基金的费率模型，探究我国开放式基金的理论费率，为目前我国开放式基金的费率创新提供思路和借鉴。

◆ 第 3 章 ◆

开放式基金概述

　　开放式基金是指基金公司在设立基金时，其发行的基金单位总份额不固定，可视投资者的需求追加发行的一类基金。开放式基金是目前世界上最流行，并为广大投资者广泛接受的基金形式。

　　伴随着我国资本市场的发展，我国的开放式基金业也经历了从无到有的历程。以 2012 年为例，从天相投顾的数据可以看出，已披露年报的 1274 只基金 2012 年盈利共计 1267.47 亿元，与 2011 年相比扭亏为盈。

　　705 只权益类基金（开放式股票型、混合型）中，535 只基金实现盈利，其余的 170 只基金呈现亏损，整体盈利额度为 804.69 亿元，对基金整体盈利贡献 63.49%。其中，524 只股票型基金 395 只盈利 129 只亏损，整体盈利 598.40 亿元，有 10 只盈利超过 10 亿元，4 只盈利超过 20 亿元，分别为指数基金华夏 50ETF、易方达 50 指数、嘉实 300 联接、嘉实 300ETF。181 只混合型基金 140 只盈利 41 只亏损，整体盈利 206.30 亿元，华商领先取得 8.76 亿元的盈利，位居同类首位。

　　455 只固收类基金（开放式债券型、保本型、货币市场基金）2012 年整体盈利 317.41 亿元，约为 2011 年盈利额度的 10 倍，仅有 6 只呈现亏损，其余 449 只均取得了正收益。其中，87 只货币基金全部盈利，盈利额度达 162.70 亿元，约为 2011 年盈利额度的 2.8 倍，平均每只盈利约 1.87 亿元，3 只盈利超过 10 亿元，依次为博时现金、华夏现金、易方达货币 B 级。335 只开放式债券基金仅有 5 只出现亏损，整体盈利 135.27 亿元，约为 2011 年盈利额度的 21 倍，其中分级债基和短期理财债基盈利状况较好，富国天盈和工银 7 天理财债券 A 盈利额度达 3.4 亿元，位居前两位。33 只保本型基金仅有一只亏损，整体盈利 19.43 亿元，南方避险盈利 34.31 亿元,位居同类盈利榜首位。

基金公司方面,70 家基金公司中除 9 家外,其余 61 家旗下基金整体实现盈利。其中,华夏基金和嘉实基金旗下基金分别盈利 132.18 亿元和 118.91 亿元,位居盈利榜前两位。此外,南方基金、易方运基金和博时基金旗下基金分别盈利 82.25 亿元、79.97 亿元、67.06 亿元,位居盈利榜第三至第五位。而同期华泰柏瑞基金旗下 16 只基金亏损额度达 11.96 亿元。整体来看,2012 年基金公司盈利状况呈现较强的规模效应。

我国开放式基金的发展现状为我们研究基金费率提供了相应的素材,由此我们需要思考,目前我国的开放式基金存在哪些类型,具备什么特点,其费率结构呈现怎样的变化? 只有明确回答了上述问题,我们才能结合现实需要,创新并设计出开放式基金的费率结构。

本章将讨论开放式基金的分类、特点及费率结构,结构安排见图 3.1。

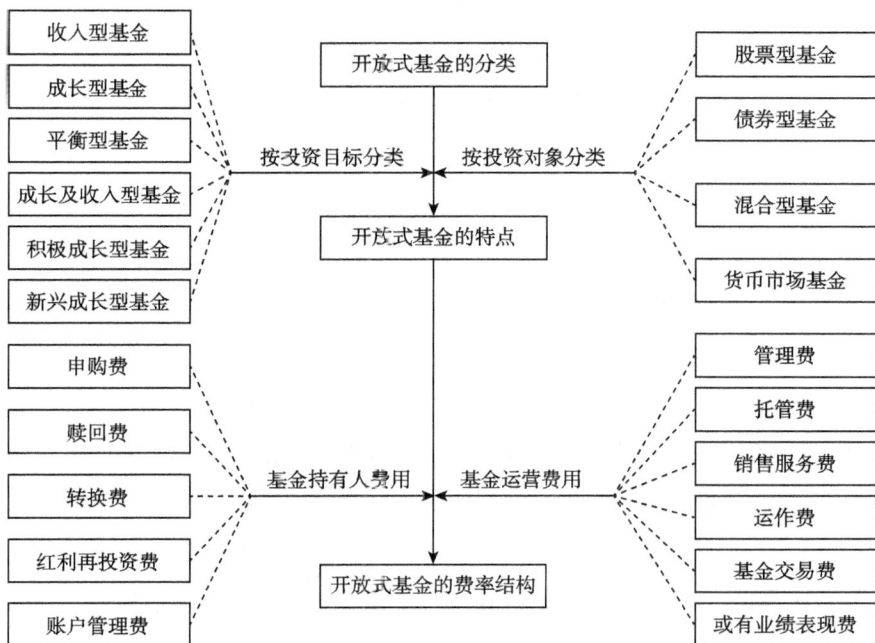

图 3.1　开放式基金概述

3.1 开放式基金的分类

开放式基金的划分,依照不同的标准可以有不同的分类,具体如下:

3.1.1 按投资目标分类

根据投资的目标不同,开放式基金大致可分为六类:

(1)收入型基金

目标在于获取最大的当期收入,投资于各种可以带来收入的有价证券。通常又可分为两类,即固定收入型基金和股票收入型基金。固定收入型基金的主要投资对象是债券和优先股股票。后者则主要投资于普通股。相比之下,后者的成长潜力较大,但比较容易受股市波动的影响。收入型基金一般把所得的利息、红利都分配给投资者。这类基金虽然成长性较弱,但风险相应也较低,适合保守的投资者和退休人员。优点是降低了投资者本金遭受损失的风险;缺点是使基金丧失了投资于风险较大但具有成长潜力的有价证券的机会,基金发展受到制约。此类基金一般适合于保守型投资者,这类投资者往往对风险的承受能力低,只想快投资快见效,并且希望保住本金。

(2)成长型基金

成长型基金重视基金的长期稳定而持续的增长,是投资基金中数量最大的一种。该类基金选择的公司一般成长性很好,通常所构建的投资组合的业绩增幅要比大盘高;成长型基金的红利收入通常比收入型基金少,这种基金的净值波动较大,风险也较大。成长型股票基金是基金市场的主流品种。根据对股票型基金评级体系,成长型基金是与价值型基金相对而设立的,在定义成长型基金时,主要是根据基金所持有的股票特性进行划分的。成长型基金所持有的股票一般具有较高的业绩增长纪录,同时也具有较高的市盈率与市净率等特性。

投资于成长型股票的基金,期望其所投资公司的长期盈利潜力超过市场预期,这种超额收益可能来自产品创新、市场份额的扩大或者其他原因导致的公司收入及利润增长。总而言之,成长型公司被认为具有比市场平均水平更高的增长速度。

一些成长型基金投资范围很广,包括很多行业;一些成长型基金投资范围相对集中,比如集中投资于某一类行业的股票或价值被认为低估的股票。成长型基金价格波动一般要比保守的收益型基金或货币市场基金要大,但收益一般也要高。一些成长型基金也衍生出新的类型,例如资金成长型基金,其主要目标是争取资金的快速增长,有时甚至是短期内的最大增值,一般投资于新兴产业公司等。这类基金往往有很强的投机性,因此波动也比较大。

成长型基金特点如下:

第一,选股注重上市公司的成长性。

上市公司的成长性既可以表现为上市公司所处行业发展前景好,属朝阳行业,行业利润率远远高于其他行业的平均水平,该行业在财政税收方面享受优惠或在其他方面受到国家政策的倾斜,也可以表现为上市公司主营业务具有突出的市场地位,抑或是由于兼并收购等资产重组行为导致企业基本面发生重大变化,企业经营状况发生实质性改善从而实现上市公司的快速成长。当前具有较高成长性的行业非高科技板块和生物医药板块莫属,所以成长型投资基金在选股时也较为青睐上述两个板块的股票。

第二,持股相对比较集中。

成长型投资基金在进行分散风险、组合投资的同时,对某些重点看好的股票也保持了较高的持仓比例。这一点基金安信和基金裕阳表现最为突出。从重仓持有的前十名股票占基金资产净值的总比例看,基金安信 1999 年平均为 52.75%,基金裕阳为 50.36%,另外基金安信重仓持有的环保股份在 1999 年第四季度投资组合公告中,占基金资产净值的比例竟高达 14.94%,表现为持股相对集中。

第三,收益波动两极分化。

从理论上讲,成长型投资基金在获得较高收益的同时,也承担了较高的风险。一般来说,随着市场行情的上涨和下跌,成长型投资基金收益波动性比较大。从单位净值变化上看,部分成立时间较短的成长型投资基金净值变化幅度较大,但是那些"老牌绩优"的成长型投资基金却能在强势中实现净值较快增长,弱势中表现出较强的抗跌性。如:1999 年"5.19"行情股指在 6 月 30 日见顶,而成长型投资基金却能在后来的振荡行情中创出单位净值的新高。

成长型基金又分为积极成长型和稳定成长型两种。积极成长型基金追求资本长期增值,但在目标选择上更偏好规模较小的成长型企业,风险高收益大;而稳定成长型则一般不从事投机活动,追求的是资本长期增值,以稳定持续的长期增长为目标。

成长型股票基金致力于通过挖掘具有良好成长性和投资价值的上市公司,从而给投资者带来高额回报。因此,成长型股票基金取得优秀业绩的前提是市场上存在兼具成长性和投资价值的股票,而目前中国经济的发展和证券市场环境的不断改善使得这一前提得以实现。

中国经济的持续增长为成长型股票的不断涌现奠定基石。首先是产业结构升级和消费结构升级所带来的结构性增长,其次是中国城乡二元经济结构的存在将继续推动城市化进程,再次是中国经济全面融入世界经济体系分享世界经济强劲增长的成果。

投资于成长型股票的内在条件已经具备。随着中国经济的强劲增长,业绩持续增长的上市公司覆盖面较宽,并且出现了一批业绩较快增长的上市公司。如果以 2003 年至 2005 年 GDP(国内生产总值)的年均增长率 10% 作为标尺,那么在同时期,年复合净利润增长率达到 GDP 增速 3 倍以上、2 倍以上、1 倍以上的上市公司分别为 246 家、344 家和 495 家,占 A 股流通市值的 32.8%、43.1% 和 56.5%。

推动成长型股票基金高投资价值的其他因素。全球流动性泛滥和人民币升值预期下的资产重估,股改有利于上市公司价值的提高。

(3)平衡型基金

该类基金追求资本的成长和当期收入的平衡,其最大的特点就是将资金分散投资于股票和债券,这样使得基金的净资产较稳定,收入和成长性呈适度发展趋势。平衡型基金的风险较低,适合于资金量小的中小投资者,属于保守型投资。通常当基金经理人不看好后市时,会增加抗跌性较强的债券投资比例;反之,当基金经理人看好后市时,则会增加较具资本利得获利机会的股票投资比例。这类基金主要投资于债券、优先股和部分普通股,这些有价证券在投资组合中有比较稳定的组合比例,一般是把资产总额的 25%～50%用于优先股和债券,其余的用于普通股投资,其风险和收益状况介于成长型基金和收入型基金之间。在 2003 年、2004年、2005 年这三个比较波动的年份中,天相资讯的数据显示,A 股市场中平衡型基金的平均回报率不低于股票型基金,甚至高于股票型基金的回报。另外,A 股市场几次行情调整显示,平衡型基金的波动相对于股票型基金而言较小。从海外长期市场表现看,晨星统计数据显示,在亚洲各类共同基金中,平衡型基金在过去 10 年间的总回报远超过了包括股票基金在内的其他类型的基金,这证明了平衡型基金在波动行情中的平稳投资能力。因此,对于风险承受能力较低的投资者而言,可将平衡型基金作为波动市场中重点关注的基金品种。

平衡型基金可以粗略分为两种:一种是股债平衡型基金,即基金经理会根据行情变化及时调整股债配置比例。当基金经理看好股市的时候,增加股票的仓位,而当其认为股票市场有可能出现调整时,会相应增加债券配置。另一种平衡型基金在股债平衡的同时,比较强调到点分红,更多地考虑落袋为安,也是规避风险的方法之一。以上投摩根双息平衡基金为例,该基金契约规定:当已实现收益超过银行一年定期存款利率(税前)1.5 倍时,必须分红。偏好分红的投资者可考虑此类基金。

(4)成长及收入型基金

成长及收入型基金与平衡型基金相似,也是追求资本的长期性和当期收入。通常这种基金的成长性稍重于收入。但是为了考虑收入,所投资的股票必须也能分配红利,这与成长型基金投资于成长潜力大但红利甚小的股票有很大不同。这种基金的投资策略保守,也比较适合资金不多的中小投资者。

(5)积极成长型基金

积极成长型基金也可称为高成长型基金。积极成长型基金追求的是资本的最大增值,有时是短期内的最大增值。这种基金的资产投资于有高成长潜力的股票和其他证券,通常很少付红利或根本不付红利,因为基金追求高成长,将盈利转入了留存盈余。这类基金的投机性较大,适合愿意承担高风险的投资者。积极成长型基金所投资的目标集中在股票以及股票衍生的金融商品,积极成长型基金的风险较大,可能产生巨大的损失,也可能获得巨大的利益。此类型基金采取的是比较"攻击型"的投资策略,具体展现的是高 β 值,即基金净值的涨跌幅度远大于市场指数(或大盘)。典型的积极成长型基金,包括集中投资在特定产业(尤其是高科技产业)的产业基金或类股基金,锁定小型成长股为标的的小型股基金,及投资在店头市场或海外新兴市场股票的新兴市场基金。

(6)新兴成长型基金

与积极成长型基金一样,追求高成长性,重点投资于新兴产业中成长潜力较高的个股。这种基金的净值波动较大,投资者要承担更高的风险。

具体分类标准如表 3.1 所示。

表 3.1　开放式基金分类标准(按投资目标分类)

收入型基金	投资于各种可以带来收入的有价证券的基金
成长型基金	主要投资于成长性好的公司,构建的投资组合业绩增幅高于大盘
平衡型基金	追求资本的成长和当期收入平衡的基金
成长及收入型基金	追求资本的长期性和当期收入平衡的基金,对成长性的关注稍重于收入
积极成长型基金	主要投资于有高成长潜力的股票和其他证券的基金
新兴成长型基金	追求高成长性,重点投资于新兴产业中成长潜力较高的个股的基金

资料来源:Wind 资讯。

3.1.2 按投资对象分类

按照投资对象分类,开放式基金可以分为股票型基金、债券型基金、混合型基金和货币市场基金。

(1)股票型基金是最主要的基金品种,主要以股票作为投资对象。与投资者直接投资于股票相比,股票型基金具有分散风险、费用较低等特点。但是,与其他几种基金相比,它的风险相对较大,收益也相对较高。

按股票种类分,股票型基金可以按照股票种类的不同分为优先股基金和普通股基金。优先股基金是一种可以获得稳定收益、风险较小的股票型基金,其投资对象以各公司发行的优先股为主,收益主要来自股利收入。而普通股基金以追求资本利得和长期资本增值为投资目标,风险较优先股基金高。

按基金投资分散化程度不同,可将股票型基金分为一般普通股基金和专门化基金,前者是指将基金资产分散投资于各类普通股票上,后者是指将基金资产投资于某些特殊行业股票上,风险较大,但可能具有较好的潜在收益。

(2)债券型基金是一种以债券为投资对象的基金。在发达国家,债券基金不仅品种多,规模大,而且发展十分迅猛,已成为基金市场的重要组成部分,其地位仅次于股票型基金。和一般基金相比,除了分散投资、专业管理、收益共享等共有的特征之外,债券型基金还具有一些独特之处和优点,如流动性强、安全性高、收益稳定等特点。因为其投资的产品收益比较稳定,又被称为"固定收益基金"。根据投资股票的比例不同,债券型基金又可分为纯债券型基金与偏债券型基金。有如下特点:

第一,低风险,低收益。

由于债券型基金的投资对象——债券收益稳定,风险也较小,所以,债券型基金风险较小,但是同时由于债券是固定收益产品,因此相对于股票基金,债券基金风险低但回报率也不高。

第二,费用较低。

由于债券投资管理不如股票投资管理复杂,因此债券基金的管理费也相对较低。

第三,收益稳定。

投资于债券定期都有利息回报,到期还承诺还本付息,因此债券基金的收益较为稳定。

第四,注重当期收益。

债券型基金优点如下:

第一,风险较低。债券基金通过集中投资者的资金对不同的债券进行组合投资,能有效降低单个投资者直接投资于某种债券可能面临的风险。

第二,专家理财。随着债券种类日益多样化,一般投资者要进行债券投资不但要仔细研究发债实体,还要判断利率走势等宏观经济指标,往往力不从心,而投资于债券基金则可以分享专家经营的成果。

第三,流动性强。投资者如果投资于非流通债券。只有到期才能兑现,而通过债券基金间接投资于债券,则可以获取很高的流动性,随时可将持有的债券基金转让或赎回。

债券型基金缺点如下:

第一,只有在较长时间持有的情况下,才能获得相对满意的收益。

第二,在股市高涨的时候,收益也还是稳定在平均水平上,相对股票基金而言收益较低,在债券市场出现波动的时候,甚至有亏损的风险。

(3)货币市场基金是投资于货币市场上短期有价证券的一种基金。该基金资产主要投资于短期货币工具如国库券、商业票据、基金公司定期存单、政府短期债券、企业债券等短期有价证券。货币市场基金通常被视为无风险或低风险的投资工具。货币市场基金适合资本短期投资生息以备不时之需,特别是在利率高、通货膨胀率高、证券流动性下降,可信度降低时,可使本金免遭损失。货币市场基金除具有收益稳定、流动性强、购买限额低、资本安全性高等特点外,还有其他一些优点,比如可以用基金账户签发支票、支付消费账单,通常被作为进行新的投资之前暂时存放现金的场所,这些现金可以获得高于活期存款的收益,并可随时撤回用于投资。一些投资人大量认购货币市场基金,然后逐步赎回用以投资股票、债券或其他类型的基金。许多投资人还将以备应急之需的现金以货币市场基金的形式持有。有的货币市场基金甚至允许投资人直接通过自动取款机抽取资金。

货币市场基金特点如下:

第一,货币市场基金与其他投资于股票的基金最主要的不同在于基金单位的资产净值是固定不变的,通常是每个基金单位1元。投资该基金后,投资者可利用收益再投资,投资收益就不断累积,增加投资者所拥有的基金份额。比如某投资者以100元投资于某货币市场基金,可拥有100个基金单位,1年后,若投资报酬是8%,那么该投资者就多8个基金单位,总共108个基金单位,价值108元。

第二,衡量货币市场基金表现好坏的标准是收益率,这与其他基金以净资产价值增值获利不同。

第三,流动性好,资本安全性高。这些特点主要源于货币市场是一个低风险、流动性高的市场。同时,投资者可以不受到期日限制,随时可根据需要转让基金单位。

第四,风险性低。货币市场工具的到期日通常很短,货币市场基金投资组合的平均期限一般为 4～6 个月,因此风险较低,其价格通常只受市场利率的影响。

(4)混合型基金是投资于股票型基金与债券型基金的一种混合基金,持有的比例依具体情况而定。混合型基金的风险较股票型基金小,收益较债券型基金高。以美国为例,依照基金投资目标和投资策略的不同,混合型基金可以分为资产配置基金、平衡型基金、灵活组合基金、混合收入型基金。混合型基金设计的目的是让投资者通过选择一款基金品种就能实现投资的多元化,而无须去分别购买风格不同的股票型基金、债券型基金和货币市场基金。

混合型基金会同时使用激进和保守的投资策略,其回报和风险要低于股票型基金,高于债券和货币市场基金,是一种风险适中的理财产品。一些运作良好的混合型基金回报甚至会超过股票基金的水平。混合型基金与股票基金、债券基金、货币市场基金的不同。

以上四种类型基金的具体分类标准如表 3.2 所示。

表 3.2　开放式基金分类标准(按投资对象分类)

股票型基金	主要投资于股票的基金,其股票投资占资产净值的比例≥60%
债券型基金	主要投资于债券的基金,其债券投资占资产净值的比例>180%
货币市场基金	仅投资于货币市场工具的基金
混合型基金	投资于股票、债券和货币市场工具,并且股票投资和债券投资的比例不符合第一项和第二项规定的基金

资料来源:Wind 资讯。

3.1.3 其他分类

除以上两种分类外,我国开放式基金还可按以下分类:

第一,专门基金,即按专门投资于某个特定行业或经济部门划分为各种专门基金或特殊基金。常见的专门基金有科技基金、资源基金、房地产基金、小公司基金、黄金基金等。

第二,保本基金,即基金管理公司向投资者保证,在基金到期赎回时,可以收回的金额不少于当初投资的本金额的基金。

第三,收费基金和不收费基金。根据买卖基金凭证是否需要投资者支付手续费划分。买卖手续费或销售费是指为支付基金宣传及支付经纪人佣金所收缴的费用。费用分为认购费和赎回费两种。

第四,雨伞基金与基金中基金。雨伞基金是指一个基金公司将自己的若干利基金作为"母基金",在"母基金"之下,再选择若干种基金组建若干"子基金"或"成分基金"。其管理工作都是独立进行的。基金中基金是以其他证券投资基金为投资对象的基金,其投资组合由各种各样的基金组成。基金中基金大致有两种:一种是只投资于自己公司新管理的基金;一种是投资于基金市场上表现好的基金,而不问它是属于哪家公司旗下。

第五,弹性组合基金与对冲基金。弹性组合基金其投资对象为普通股票、债券和债券凭证在内的一组证券,其投资变化政策灵活,收益很高。对冲基金其操作宗旨在于利用期货、期权等金融衍生产品以及相关联的不同股票进行实买空卖、风险对冲的操作技巧,在一定程度上可规避和化解证券投资风险。

第六,指数基金,是指按照某种指数构成的标准购买该指数包含的证券市场中的全部或一部分证券的基金,其目的在于达到与该指数同样的收益水平。具有分散风险、费用低廉、监控投入不必过于繁杂、延迟纳税等优点。

3.2 开放式基金的特点

从世界范围来看,目前开放式基金已经在投资基金中占据主导地位,全球基金市场上 90% 以上是开放式基金,开放式基金之所以能够逐渐替代封闭式基金成为投资基金的主要形式,与其鲜明的特点、更科学、更市场化的运作机制是分不开的。开放式基金的特点表现在以下几方面:

第一,专家理财。基金管理公司作为基金的经营操作者,其管理人员一般具有丰富的投资理论和实践经验，信息资料齐全，分析手段先进，与个人投资者相比做投资决策时犯错误的概率相对要小，投资者将自己的资产交由基金打理，是投资财力与投资能力的有效结合，有助于提高资产的运作效率。

第二，组合投资，分散风险。由于基金的资金雄厚，它可以通过投资组合的原则投资多个品种，在分散风险的前提下去追求合理的利润，从而最大限度地保障投资人的利益。而单个投资者多半不具备这样的财力和精力，若将资金投资于开放式基金，正好弥补这一缺陷，以有限的资金获取一个庞大的投资组合收益，同时又能降低投资风险。

第三，市场选择性强。由于投资者可随时申购和赎回基金单位，基金业绩好，投资者购买越踊跃，基金规模越大；反之，基金业绩差，投资者赎回基金增多，规模随之减少。这种优胜劣汰的机制对基金管理人形成了直接的激励约束，充分体现良好的市场选择。

第四，流动性好，变现率高。投资者可直接向基金管理公司按基金资产净值赎回基金单位实现变现，并且基金管理人不能集中持有大量难以变现的资产，以保持基金资产充分的流动性，减少了基金的流动性风险。

第五，信息披露透明度高。除履行必备的信息披露外，开放式基金一般每日公布资产净值，投资者可随时掌握基金经营状况，便于投资者及时做出正确的投资决策。开放式基金的价格能充分、全面和准确地反映基金净值，信息透明度的提高可大大减少由于信息不对称造成的投资风险。

另外，随着我国开放式基金的日益发展，基金业内部及外部政策环境也在不断改善，还具有以下几个新特征：

第一，开放式基金在国家政策的大力支持和推动下，我国开放式基金支数和规模迅速增长，到 2012 年年底已经有 1105 只开放式基金，资产净值达 17185.72 亿元。

第二，开放式基金品种日益丰富。在借鉴了美国等成熟开放式基金市场的基础上，我国基金业不断加快开放式基金产品创新步伐，国内开放式基金投资品种得到了丰富。经过近 12 年的发展，一条包括股票型、债券型、混合型、货币市场基金在内的风险从高到低的开放式基金产品线已经形成。此外,还出现了配置型、指数型、保本型、FOF 型、创新理财型等新型开放式基金。目前,国内开放式基金产品创新已经成为推动国内开放式基金行业快速发展的重要推动力之一,已经能基本满足不同风险承受能力投资者的基金投资需求。

第三,基金法律法规体系不断完善。近几年我国基金法律体系得到了非常好的完善,《中华人民共和国证券投资基金法》从 2004 年 6 月开始正式实施,其在总结证券投资基金试点经验的基础上,结合我国基金的发展现状与趋势,从法律角度确认了基金业在资本市场以及经济发展中的地位和作用,为中国基金业发展创造了很好的法律环境。在该法的指导下,《证券投资基金销售管理办法》《证券投资基金运作管理办法》《证券投资基金信息披露管理办法》《证券投资基金行业高级管理人员任职管理办法》等配套法规、办法相继出台,分别对开放式基金的销售、运作管理、信息披露、行业高管等各个方面提出规范性要求。在我国基金法律法规体系的不断完善的环境下,国内开放式基金在规范化的法制的保护下稳健而快速发展。

第四,开放式基金投资者增长迅速。开放式基金的持有人已经由发展初期的保险等机构投资者持有比例达 50% 以上,向个人投资者发展。近几年,由于各基金销售渠道尤其是各大商业基金公司的大力推动,开放式基金以较好的流动性、专业理财、集合投资、随时可以申购、赎回等优势,成为很多个人投资者投资证券市场的重要工具之一,同时基金的主要投资人开始由机构投资者占主导向个人投资者占主导转变。

3.3 我国基金费率的特点

3.3.1 我国目前的费率状况

在我国开放式基金的各项费用中,出于鼓励基金业的竞争和对投资者的保护,多项费用都不收取或很少收取,如:红利再投资费、账户保管费、转换费,赎回费也很少收取,另外,我国实行税收优惠政策,在税收方面没有相关的费用。因此,我国开放式基金的持有人费用主要包括两个方面——日常申购费用和日常赎回费用;

年度运营费用也主要包括两个方面——管理费用和托管费用。

3.3.1.1 基金销售费率低于国际水平

我国现行的认购费用率水平主要为 0.6％～1.5％，货币型基金还存在零认购费用率，平均费率水平为 1％，因此我国认购费用率水平差别较大，并且与成熟基金市场相比并不高，同时我国目前也设置了前端申购费用和后端申购费用两种类型。美国采取前端收费模式的基金最高可收取 8.5％的销售佣金，后端收费的费率通常在 5％左右。德国股票型基金的申购费率为 5％，远高于我国同类基金的水平。我国台湾地区股票型基金和平衡型基金的申购费率为 1％～2％，大多数为 1.5％；香港地区股票型基金的申购费率也达 5％。

我国目前开放式基金基本采用随持有时间递减的赎回费率，持有期 1 年以内的投资者赎回费率为 0.5％，持有期超过 2 年以上赎回费率区间为 0～0.3％。但我们观察到，保本型基金赎回费率平均水平为 2％，远高于其他类型的基金，这与保本型基金本身的特点有关。

3.3.1.2 管理费率与国际水平接近

从国际范围来看，我国基金管理费率水平并不高，甚至相对偏低。就股票型基金的管理费率而言，美国约为 1.35％，德国为 1.25％，英国约为 1.5％；而我国大陆（内地）基金现行 1.5％的管理费率与国际水平基本持平，台湾地区为 1.6％，香港地区约为 2％。随着基金品种的增加，基金管理费率出现了新的趋势，实际收费水平有望下降。现在我国基金管理费率出现了 0.33％的低点，低于 1.5％这一水平的基金达到了 37％。

3.3.1.3 托管费率相对偏高，但某种程度上是销售费用的补充

就托管费率而言，美国在 0.1％～0.2％，德国约为 0.04％，我国大陆在 0.2％～0.25％，台湾地区为0.15％～0.3％。相对而言我国基金的托管费率较高，但随着托管银行数量的增加，竞争的压力将会使托管费率向国际水平靠拢。据预测，我国的基金托管费率存在一定的下调空间。

3.3.2 我国开放式基金的总体发展情况

我国自 2001 年推出开放式基金以来，开放式基金的资产规模和数量迅速扩

大,资产规模逐年显著增长,从 2001 年仅 93.09 亿元发展壮大到 2004 年的 1271.94 亿元,资产规模增长将近 14 倍,基金数量已经从 2001 年的仅 3 只发展到现阶段 90 只。按照基金资产规模加权后得到的费用比例从 2001 年的 3.382% 逐年递减到 2003 年的 2.413%,到了 2004 年又上升到了 3.0%。所有基金的加权费率水平为 2.871%,同时可以看出我国费率水平变动的幅度比较大。

3.4 开放式基金与其他投资方式的区别

3.4.1 开放式基金与封闭式基金的比较

3.4.1.1 开放式基金与封闭式基金的区别

(1)基金规模方面。开放式基金的份额是变动的,投资者可以随时要求申购或赎回基金单位。封闭式基金有一个封闭期,封闭期内基金份额固定不变。如果开放式基金运作成功,有可观的业绩回报投资者,则必会踊跃申购,从而不必设立新基金便可使基金规模得以扩大。而封闭式基金则因封闭期内规模固定,即使运作成功也无法扩大基金份额,从某种意义上说封闭式基金规模的扩张有赖于主管机关的审批或核准。反之,若基金运作失败、业绩较差时,开放式基金的投资者可以赎回基金单位。

(2)基金期限方面。理论上开放式基金可以无限期存在,实际上无固定的存续期限;而封闭式基金有固定的存续期限,在此期限内已发行的基金单位只能转让,不能被赎回,期满后一般应予清盘。封闭式基金经理人不考虑基金业绩好坏,按期收取一定比例的数量可观的经理费。开放式基金的续存期限与基金业绩息息相关,基金管理者的收入也与基金规模和经营业绩相挂钩。如果基金业绩优良,基金不但能续存下去,还会吸收更多的投资者投资,从而扩大基金规模,基金管理者的收入便会更加可观。反之,如果基金经营失败,业绩较差,开放式基金便会面临投资者大量赎回基金单位甚至清盘的可能,基金存在期限也许就此结束。

(3)交易价格方面。开放式基金的交易价格由基金单位资产净值确定,每个交易日公布一次。投资者不论申购还是赎回基金单位,都以当日公布的基金单位资产净值成交。而封闭式基金的价格巨市场竞价决定,且经常高于或低于基金单位资产净值,即围绕基金单位资产净值波动,每隔一个月(或三个月或半年等)公布一次基金单位资产净值,随封闭期结束的临近,基金的市场价格有价值回归的趋向,从而形成价格风险。而开放式基金农基金单位资产净值而定的交易价格的设置则规避了封闭式基金的价格风险。

3.4.1.2 开放式基金的比较优势

相对于封闭式基金,开放式基全具有较大的优势:

(1)开放式基金的制度安排能本现均衡契约的特点,能有效防范基金经理人的道德风险和逆向选择问题。由封闭式基金走向开放式基金可较好地解决风险和收益的不对称性。封闭式基金价格除取决于单位资产净值外,还取决于二级市场的供求关系。由于供求往往是不均衡的,加之庄家的炒作与操纵,致使基金价格波动大,交易价格不同程度地偏离价值,使投资工具成为投机工具;而开放式基金的投资者直接与基金管理人进行交易,可随时申购和赎回基金单位,且其收益与基金管理人的管理业绩直接挂钩,基金管理人随时面临着基金被赎回的压力,使其不得不尽责勤勉地工作,以提高基金业绩。

(2)开放式基金的信息披露机制能保证价格信息的准确性和及时性,能很好地解决金融市场上普遍存在的信息不对称问题。开放式基金的每个交易日公布单位基金净值,并保证在一定时间内按此净值出售或赎回基金份额,较短时间的信息披露使投资者能够踊跃监督基金管理人的行为,而开放式基金随时接受申购和赎回机制也保证了这些信息的准确可靠性,这是封闭式基金所无法比拟的。

(3)开放式基金的运作机制有助于稳定市场和保证市场的流动性,壮大市场上机构投资者的力量。开放式基金的运作机制能较好地保障基金投资者的利益,在风险与收益、激励与约束上开放式基金都显示出比封闭式基金更佳的匹配性。同时,开放式基金是机构投资者稳妥有序地进入基金市场的最好选择,如果机构投资者通过封闭式基金进入二级市场,必然会导致基金价格巨幅震荡,不利于股市的双向扩容。而机构投资者具有持股时间长、持股数量大的优势有利于维护证券市场稳定。

(4)开放式基金规模的变动具有灵活性、科学性和客观性,可真正体现市场经济的运作模式。研究表明,基金规模有最优值,过大,处理信息的边际收益将下降;过小,基金收益将不足弥补获取和处理信息的成本,总之,基金规模过大过小者是不合理的。开放式基金规模的变动性为最优模式确定提供了良好的机制,并使优胜劣汰机制得到有效发挥。而封闭式基金规模的固定性很难适应市场变化的要求。

(5)开放式基金的优胜劣汰机制对基金管理人有更强的激励约束机制。如果开放式基金业绩优良,投资者购买基金的资金持续流入,基金不仅可无限期经营下去,而且可无限期地实行规模扩张;如果基金经营不善,或基金管理人为了谋私利而侵害投资者利益,投资者可随时赎回资金,基金会面临萎缩,甚至倒闭清盘的危险。这种优胜劣汰机制建立了良好的市场选择功能,开放式基金的激励约束效应明显要强于开放式基金。

3.4.2 开放式基金与储蓄存款的区别

如果开放式基金通过银行代销,许多人会发现买卖基金同存款和取款没有太多的程序上的区别。但是,两者存在本质上的不同:

(1)从收益的角度来说,投资基金可以获得证券市场的收益,而储蓄存款只能获得固定利率,在通货膨胀的情况下,可能会侵蚀掉银行的利率收益,有时可能实际利率为负。因此,一般来说,基金收益会高于存款。

(2)从风险的角度说,投资基金要承担投资风险,而储蓄存款确立了固定的利率,基本不存在风险。

(3)从流动性角度来说,存款和开放式基金都有比较强的流动性。但是,当出现巨额赎回或者暂停赎回时,开放式基金的投资者会遇到变现的困难和风险。

3.4.3 开放式基金与股票、债券的区别

股票是股份公司签发的证明股东所持有股份的凭证,是公司股份的形式。投资者通过购买股票成为发行公司的所有者,可以按所持股份额获得经营收益和参与重大决策表决。债券是指依法定程序发行的,约定在一定期限还本付息的有价证券。与开放式基金相比,存在以下区别:

（1）投资者地位不同。股票持有人是公司的股东,有权对公司的重大决策发表自己的意见;债券持有人是债券发行人的债权人,享有到期收回本息的权利;开放式基金单位的持有人是基金的受益人,体现的是信托关系。

（2）风险程度不同。一般情况下,股票的风险大于基金;债券在一般情况下,本金得到保证,收益相对固定,风险比基金要小;而开放式基金的基本原则是组合投资,分散风险,把资金按不同的比例分别投于不同期限、不同种类的有价证券,把风险降至最低程度。

（3）收益情况不同。开放式基金和股票的收益是不确定的,而债券的收益是确定的。一般情况下,基金收益比债券高。

（4）投资方式不同。与股票、债券的投资者不同,开放式基金是一种间接的证券投资方式,基金的投资者不再直接参与有价证券的买卖活动,不再直接承担风险,而是由专家具体负责投资方向的确定、投资对象的选择。

（5）价格取向不同。在政治环境、宏观经济环境一致的情况下,基金的价格主要取决于资产净值;而影响债券价格的主要因素是利率,股票价格则受供求关系的影响巨大。

（6）投资回收方式不同。债券投资是有一定期限的,期满后收回本金;股票投资是无限期的,除非公司破产,进入清算,投资者不得从公司收回投资,如要收回,只能在证券交易市场上按市场价格变现。开放式基金一般没有期限,但投资者可随时向基金管理人要求赎回。

3.5 开放式基金费率结构

和发达国家相比,我国开放式基金的历史较短,所以在费用结构分类及相关运营模式上也大都参考借鉴国外的现有经验,在大的基金费用分类上与国外的基金市场也基本类似,与之相应的费用结构也较简单,差异仅体现在具体的细分费用种类上。投资基金起源于英国,蓬勃发展并兴盛于美国,按照美国投资公司协会（Investment Company Institute,简称 ICI）的分类,基金费用总共包括三类,一类是由投资者直接承担支付的费用,这些费用在基金设立、销售和赎回时由基金公司或其代销机构收取,即持有人费用;二类是基金在运作过程中的管理费用;三类是基金在买卖证券时的由证券公司收取的交易费用。后两类费用都由基金公司在基金资产中支付,统称为基金的运营费用(operating expenses)。国内的基金业对于基金费用的划分也与此大体相同,目前我国开放式基金的费用可按基金运作过程中涉及的不同时段,或者说在开放式基金运作过程中所涉及的费用分为两大类:一类是基金销售过程中发生的由基金投资者自己承担的费用,主要包括申购费、赎回费、转换费等费用,这些费用都是从投资者申购赎回或转换的金额中一次性直接收取,因此称作基金持有人费用;另一类是基金管理运营过程中发生的费用,主要包括管理费、托管费、信息披露费等费用,这些费用一般是周期性按年支付并有基金资产承担,因此划归为基金运营费用。同时应当指出的是,上述两大费用的性质是截然不同的,第一类费用并不参与基金的会计核算,而第二类费用则需直接从基金资产中列支。

3.5.1 基金持有人费用

(1)申购费

申购费是申购时支付的一次性费用,由投资者直接支付给基金管理人,因基金可以由基金管理公司直销也可以由其代销机构代销,因而收费方有所不同。我国基金发行的首次申购称为认购,一般而言,认购费率比申购费率要低,是吸引基金投资者保证基金发行成功的手段。销售费用又分为前端收费(申购时支付)和后端收费(赎回时支付)。

前端收费佣金表示为基金发行价格的一个比例,后端收费佣金一般随持有期而削减。

在我国,认购费多采用前端收费,但是 2003 年下半年成立的一些基金也开始实行投资者自由选择前端收费或后端收费,例如广发聚富、华夏回报、融通债券等。后端费率通常比前端费率高 0.2%~0.8%个百分点。我国的申购费率绝大多数采取规模递减政策,即随着申购金额的增大相对应的费率也逐渐减小,有的甚至减至0,如宝盈鸿利、富国动态等。最高申购费率通常在 1.5%~1.8%。而 2004 年新推出的几家货币市场基金的认购费和申购费均为 0。

（2）赎回费

赎回费是投资者向基金赎回资产时按规定需缴纳的相关费用，略带惩罚性。目前来看，赎回费在大多数基金中已经不多见，而仅仅在持有人赎回资金时扣除一小部分资金作为对提供服务的补偿，另外一些基金仍收取赎回费，但比例一般较低，并且随着持有期的增长在超过一定期限以后这一费用一般可以免除。由于赎回费所具有的补偿机制特性，目前通常将赎回费计入基金资产。

在我国，由于金融业整体发展还不够完善，2010 年刚刚推出的股指期货还在探索和发展中，对基金管理者来说，目前仍缺乏必要的衍生工具和做空机制可供基金进行对冲保值。这一现状直接导致的结果就是基金经理难以保证基金的正常维持：在金融市场一片向好的发展态势下，股价和基金运行也相应呈上涨的趋势，两者指数均在高位运行，但此时，部分投资者与基金经理对市场状况认同度不一致，认为股价已经面临上涨压力，随时可能出现下降，因此他们的预警心理促使一批基金持有人急于在基金指数处于高位时撤离资金，此时基金经理则面临大量的基金回购要求，当回购数额超过一定限度进而影响到基金流动性时，基金经理在没有有效做空机制的现状下只能选择抛售股票，满足持有人的回购要求。此时，基金持仓价格和资产净值必然下跌，因而损害到未提出赎回申请的基金持有人利益。为解决这一问题，我国基金所收取的赎回费用较国外基金业平均水平偏高，这对于我国目前基金业和整个金融市场的发展来说是相当必要的。

我国目前开放式基金赎回费采取时间累进的形式，即随着持有期的延长，赎回费率也逐渐降低。这是为了鼓励基金投资者更长时间持有基金份额，以便在一定程度上限制大量而频繁地赎回。我国开放式基金目前收取的最高赎回费大部分都小于 1%，一般都在 0.5% 左右。基于我国市场不理性行为的大量存在，参照国际经验及惯例，增加一些相应的限制性条款是十分必要的。其中有关赎回的限制条款是比较关键的，目前可行的手段有时间限制和数量限制，在赎回数量达到一定金额时，可以进行延缓支付，也可以不完全进行现金支付，可以采用一定比例的证券支付形式。

（3）转换费

此种费用指的是投资者在同一个基金家族的不同基金品种之间切换所需要缴纳的费用。目前我国基金投资还处于发展壮大阶段，仅有部分开放式基金的基金管理公司对在自己旗下不同基金进行转换时向投资者收取一定的转换费用，其收取额度主要是在投资者将申购费较低的基金转换为申购费较高的基金时收取两种费率间的差额，一般的转换费率在0～1％之间。需要指出的是，我国大多数基金不收取转换费，同时，基金投资者对同一家基金公司的产品进行变换也较少，因而转换费在基金费用中占比也较低。

（4）红利再投资费

发生这项费用的前提是投资者选择进行红利再投资。国内目前进行再投资的方式是将红利转增为持有基金份额，在转增过程中发生的费用则成为红利再投资费。目前业内大多数基金为鼓励持有人增持基金份额已经取消了对这一行为的收费，只有小部分基金收取固定费用作为基金运营补贴。

（5）账户管理费

此项费用与基金公司小额账户管理费有一定相似之处，都是在投资者（存款人）投资额（存款额）低于某一临界水平时收取，体现投资的规模经济思维。

如今，为方便管理，降低成本，多数基金已经取消这一费用，取而代之的是规定投资者的投资额必须在一定额度之上，当投资额低于这一临界值时若想继续投资，则必须补足差额，否则只能赎回剩余投资份额。需要注意的是，账户保管费与托管费不同，两者有本质上的区别。

具体分类标准如表3.3所示。

表3.3 基金持有人费用分类

申购费	申购时支付的一次性费用
赎回费	投资者向基金赎回资产时，按规定需缴纳的相关费用
转换费	投资者在同一个基金家族不同基金品种之间切换所需要缴纳的费用
红利再投资费	红利转增为持有基金份额过程中发生的费用
账户管理费	投资者投资额低于某一临界水平时基金公司收取的费用

资料来源：Wind资讯。

3.5.2 基金运营费用

（1）管理费

基金管理费是指基金管理人因管理基金资产这一活动而向投资者收取的费用，基金公司按照基金净资产的一定比例（年率）每日计提、定期收取管理费用。一般来说，费率通常与基金规模成反比、与风险成正比，不同类型以及不同国家、地区的基金管理费率不完全相同。我国目前基金管理费率相对固定，但在基金业发达的国家，同一只基金针对不同投资者的费率水平也是有差异的，以美国为例，其基金管理费率是一种随基金资产规模递减的收费模式，即以资产规模为划分依据将费率分为不同的档次，使费率随着基金资产规模的增长递减。这种变动的费率模式其实是将基金增长的果实更多的分享给持有人，双方之间形成共赢的信任关系。另外，基金业发达国家在新基金初始发行阶段，基金经理为获得资金，往往会选择在初始募集资金阶段部分或全部放弃管理费，使得基金持有人实际收益提高，费用支出降低，以此来吸引投资者的目光。

我国目前各基金管理公司股票基金的管理费用基本上统一在 1.5%，债券基金的管理费也基本上与国际水平相当，皆在 0.6% 至 0.8%。但指数基金的管理费目前为 1%，略高于国际平均水平。总本而言，我国基金管理费水平与国际接近。

从管理费的提取形式来看，我国提取管理费的形式为固定费率，即按基金净值的一个固定比例提取。而美国目前主要有两种形式：一是按照基金净值按固定的比例逐日计提管理费。二是一个固定比例的管理费加上或有业绩表现费。这种业绩表现费既包括了对表现较好的基金管理人的奖励，也包括了对表现较差的基金管理人的惩罚，且奖励和惩罚是对称的。这种费用安排源于美国在 1970 年通过的对 1940 年《投资公司法》的修正案。该法案明确禁止共同基金采用"激励式"管理费用结构，即一个固定的管理费率加上业绩奖励的费用提取形式，此中形式只有对业绩的奖励而无惩罚。但共同基金可以采用"杠杆支点式"管理费用结构，即一个固定的管理费用加上业绩奖励或惩罚的费用提取形式，在奖励和惩罚中寻求一种平衡结构。设立此法案的初衷是为了避免基金经理为了片面追求业绩奖励而采取激进的投资策略，增大了基金资产的风险从而最终损害了投资者的利益。

对于这一法案的争论至今仍在进行。究竟何种提取形式是适合我国基金发展的？这是本研究将要在我国开放式基金费率设计中讨论的重点。

(2)托管费

托管费的实质是基金托管人为基金提供保管和监督服务所收取的费用,我国基金托管人一般为基金公司,因此这一费用由托管基金公司直接收取。与管理费用类似,托管费也是以基金资产净值为基础,按一定比例计提,不同基金类型所适用的管理费率稍有差异。国际上该费率一般在 0.2% 左右,我国开放式基金托管费率一般低于 0.25%,股票基金的托管费率高于债券基金及货币市场基金的托管费率。但是,鉴于托管业务的复杂性和专业性,国际上各托管基金公司由于自身所处经济环境的差异,费用收取方式并不相同,因而难以比较各自差异性。大体上,诸多不同收费模式可以分为固定模式和以某项指标(可以是服务种类、市场特征等)为划分依据的收费模式。我国基金业目前一般适用简单易行的固定费率制,其缺点是不能准确反映托管基金公司所提供服务的差异,即同酬不同工。但随着 QFII 制度的引进和境外投资品种的出现,托管费与国际接轨势在必行,届时一些较为灵活和分类(如以服务种类为划分依据的托管服务费)更加细化的收费模式将被采用。

我国目前的托管费在 0.175% 至 0.25% 之间,略高于国际市场。在基金发行还处在买方市场时,托管基金公司在巨大利益的促使下运用了一些非市场化的手段,为开放式基金主动销售,这使得一些老基金管理公司在市场营销上过于依赖托管基金公司,在一定程度上影响了基金产品市场竞争的进程。在一段时间内,托管基金公司成了开放式基金发行的主承销商。当基金发行迅速转向卖方市场后,托管基金公司的态度又成为影响基金产品推出的主要因素之一。因此,尽快发展托管基金公司,通过市场竞争降低现有的托管费率,将有利于我国基金业的健康发展。

(3)销售服务费

用以支付注册交易代表或推销人员提供的投资咨询等,费率一般不超过 0.25%。在我国,目前只在货币市场基金和一些债券型基金收取此项费用,费率大约为 0.25%,且收取销售服务费的基金通常不收取申购费。

(4)运作费

我国将基金运作费定义为为保证基金正常运作而发生的应由基金承担的费

用,包括审计费、律师费、上市年费、信息披露费、分红手续费、持有人大会费、开户费、基金公司汇划手续费等。按照有关规定,发生的这些费用如果影响到基金份额净值小数点后第 5 位的,即发生的费习大于基金净值十万分之一,应采取预提或待摊的方法计入基金损益;反之则直接计入基金损益。

(5)基金交易费

基金交易费指基金进行证券交易时所发生的相关交易成本费用,我国交易费主要包括印花税、交易佣金、过户费、经手费、证管费。一般来说,基金周转率越高,交易越频繁,交易费用率就越高。

(6)或有业绩表现费

此种费用是在正常的管理费用以外,约定支付的一种对基金经理的奖励性费用,其目的是对基金经理的管理积极性给予一定的鼓励和支持。实践证明,这一费用使得一些基金经理为追求高收益而将资金过多地放在高风险投资标的上,从而提升了基金运行的风险,我国为保证基金业发展初期的稳定性和安全性,规定基金公司不得收取与业绩挂钩的各种费用。

通过对各种费用的详细介绍,可以发现不同的费用收取机构也不相同,而且有些是直接收取,有些是以第三方代收的形式收取,从而保证了基金相关服务机构获得应有的佣金收入。从本质上看这一系列的费用构成了基金投资者投资基金的总成本。

具体分类标准如表 3.4 所示。

表 3.4　基金运营费用分类

管理费	申购时支付的一次忙费用
托管费	基金托管人为基金提供保管和监督服务所收取的费用
销售服务费	用以支付注册交易代表或推销人员提供的投资咨询等服务的费用
运作费	保证基金正常运作而发生的应由基金承担的费用
基金交易费	基金进行证券交易时所发生的相关交易成本费用
或有业绩表现费	在正常的管理费用以外,约定支付的一种对基金经理的奖励性费用

资料来源:Wind 资讯。

3.5.3 基金总费用率

以上详细讨论了基金持有人费用和基金运营费用,国外学者在进行基金费用的研究时往往只关注基金运营费用,原因是持有人费用均为一次性支付费用,随着投资时限的增加,年均费用率逐渐降低,而国外投资者往往偏好中长期投资,因而这部分费用基本可以忽略掉。但是,就目前而言,我国金融市场上的投资者大多进行一年以内的短期投资,因此照搬国外研究方法忽略一次性费用显然不能得出可靠结论,所以实证研究中有必要将投资基金过程中支付的各种一次性费用按投资年限进行平均,并与每年的基金运营费用合并计算,从而得到一个可以准确反映我国基金市场投资成本的综合指标,此处命名为基金总费用率(R),需要强调的是,这里的费率是年化费率,下文如无特别说明,所指的费率皆为年化总费用率。

其理论计算公式推导过程如下:

$$总费用率 = 基金运营费用率 + 基金持有人费用率/投资年限$$

其中,基金运营费用可以进一步细分为与基金资产规模无关的各种运营费用和与基金资产规模成比例变化的运营费用。进而,笔者对上述基金费率结构现状进行了一个大体的分类如表 3.5 所示。

表 3.5 基金费用结构

费用类别	具体费用	备注
基金持有人费用	申购费 赎回费 转换费 红利再投资费 账户保管费	基金持有人费用(G)
基金运营费用	管理费 托管费 销售服务费	可变运营费用(C)
	运作费	固定运营费用(S)
	基金交易费 或有业绩表现费	不确定性费用(N)

此外,设基金持有年限为 T,基金资产规模为 Y,基金持有人费用率为 $i(i = \frac{G}{Y})$,则总费用率(年化)计算公式为:

$$R = \frac{C+S+N}{Y} + \frac{i}{T} = \frac{C}{Y} - \frac{S}{Y} + \frac{N}{Y} + \frac{i}{T} = \frac{C}{Y} + \frac{S}{Y} + \frac{N}{Y} + \frac{G}{TY} \tag{3.1}$$

分解过后的总费率分为四个部分:单位资产可变运营费率($\frac{C}{Y}$),单位资产固定运营费率($\frac{S}{Y}$),不确定性费用率($\frac{N}{Y}$),年均基金持有人费用率($\frac{G}{TY}$)。后文如无特别说明,基金费率即指总费用率(年化)R。

3.5.4 基金费率的影响因素

开放式基金作为投资者的投资工具,具有投资的收益性、风险性和流动性,这些内生的特点或者说内生影响因素对基金各项费用产生不同程度的影响。此外基金费用还受到许许多多外部因素的影响,诸如供求、竞争、营销策略等等。另外,我国所有具体费用都是在法律法规限定范围之内最终确定并执行的。

3.5.4.1 内生因素

经济生活中任何经济现象的最终成型都存在其内生性,并且内生性决定其基本形态和走势各种外部影响因素正是直接或者间接作用于内生因素而产生影响的。开放式基金费率的内生因素包括上面所述的风险、盈利性和流动性三个方面,这三个因素同时又是相互影响、相互制约的:

第一,风险性。

开放式基金作为一种投资工具,具有本身的风险性,按照风险性质的不同可以分为四类:

(1)流动性风险

任何一种投资工具都存在流动性风险,即投资者在面临目标价位上的变现困难。具体来讲这一风险可分为两个方面:第一个方面是价格风险,开放式基金是一种具有自由申购赎回权力的投资工具,因此,处于存续期的基金有义务承担投资者的赎回请求,正常情况下,基金经理预留的自由流动资金足以保证基金持有人的赎回意愿,但在非常状态下,基金可能面临突发的大额赎回请求,或者由于某些因素导致基金暂停赎回,此时持有人的即时赎回请求将全部或部分无法实现,而待到可以正常赎回时基金净值往往已经发生变化,即出现延迟赎回所引发的基金资产净值下跌风险;另外一个方面是流动性冲击所带来的风险,基金要承担流动性冲击,必须预留一部分自由流动资金以备不时之需,但预留资金越多,基金资产使用效率就越低,从而直接影响到经营业绩。流动性风险的这两个方面之间的矛盾是无法调和的,属于此消彼长的矛盾统一体,基金经理应当选择合适的流动资金率,使得两者在博弈中实现综合效益最大化。

(2)市场性风险

开放式基金是金融市场的一种投资工具,与各种金融工具面临着相同的金融市场风险,同时,基金集资的目的是投资,投资的对象则是各种各样的金融工具(股票、债券等),而作为投资对象的各种金融资产则面临诸如上市公司经营风险、债券利率风险、信用风险等分钟系统性风险和非系统性风险。开放式基金投资于这些标的资产,同样会面对这些风险,但是,基金有其特有的组合投资分散风险作用的功能,以大量资金投资于不同类型的标的资产,可以在一定程度上分散非系统风险。但基金要求流动性强,因此投资于风险资产的品种较封闭式基金要少得多,同时由于基金业绩的要求,各基金更倾向于投资于投机性强的市场中,此时风险会增大。

(3)委托—代理风险

基金是集合投资、专业理财的代名词,其价值高低与管理者的经营运作能力有直接的关系,一个高水平的基金经理应当做到控制风险的前提下实现不低于市场利率的盈利,同时能够吸引更多的投资者使基金能够稳定存续地经营。在我国目前的费率体系下,无论基金亏损与否,基金管理公司均要提取一定比例的管理费,只是计提费用多少的问题。这就引发了一个必然存在的问题——投资者的信息不对称,既然无论何种操作方法都可以获利,那么基金经理完全可以选择一种消极的、不求上进的管理模式,使得投资者蒙受损失。

诚然,这种管理模式会对基金净值产生影响,在净值下降以后,投资者则可以选择"用脚投票",但是应当注意到的是,基金资产净值只在交易日结束时才会被计算公布,因此,第 n 日投资者申购(赎回)申请意愿所依据的信息实际为第 $n-1$ 日的资产净值数据,此时这一第 n 日的投资决策可靠性被大打折扣,所以基金投资者的投资决策存在着因信息不对称所导致的申购、赎回价格未知的风险。

(4)技术性风险

开放式基金要由多个机构共同提供各种服务,这些服务机构大多运用高科技的电子产品作为销售服务媒介,诸多潜在技术性风险随之而来。假若基金运行任一环节出现系统错误或突发事件,均会暂时中断整个工作链的运行,进而给投资者带来无法估计的损失。

在基金所面临的各种风险中,流动性风险是所有风险的中心,控制好流动性风险是基金经理操作基金的重点。

第二,盈利性。

开放式基金作为一种投资工具,投资者在进行选择时一个很重要的指标就是其收益性的大小。一般来说,开放式基金获取收益的主要来源有以下几个途径:

(1)股利收入,是指基金在投资上市公司股票时,定期或不定期收到的上市公司配发的股票股利或现金股息,以及分红股息等。由于基金资金规模大,相比单个投资者而言,股利收入较丰厚,是一项重要的收入来源。

(2)利息收入,是指基金经理在将所募集到的资金用于投资时,作为投资标的的金融资产会产生的利息收益。与投资股票相比,投资债券、货币等金融工具具有较高的流动性和稳定性,其利息、收入现金流较为固定。

(3)资本利得(亏损),基金投资上市公司股票或债券时,由买卖价差所产生的利得或利失。这是积极型开放式基金最重要的资金来源,也是投资股票这一风险性高的金融资产时所得到的价值补偿。基金由于拥有较为雄厚的资金,可以在不同股票之间合理布局,以求规避风险和得到超过市场平均收益水平的收益。另外,基金因运用基金资产带来的成本或费用的节约也计入收益。

第三,流动性。

开放式基金的流动性指的是基金在运作中需要保持一定现金或易变现的金融

资产以满足日常赎回的需要。因此,在进行投资标的的选择时,管理者为应对突发状况,降低流动性风险,往往预留一定比例的现金或者投资一定数额的高流动性金融资产(如国债)。在自身资金难以应付所面临困境时,基金可通过进入银行间同业市场获得临时性资金需求或者在法律许可的条件下向商业银行申请短期贷款,以应对随突发性股市系统风险的出现而产生的基金流动性风险。

3.5.4.2 外生因素

费率结构的形成依赖于开放式基金的风险与收益水平,但同时费率水平还受影响基金费率的因素所制约,在了解影响费率结构的内生性以后,为深入理解费率的形成机制,需要进一步分析影响基金费率水平的外在因素。

(1)行业竞争

无疑,基金费率的结构会受到来自行业竞争的影响。相同条件下,投资者无疑会选择费率较低的基金进行投资,在此竞争的推动下,基金设计者就必然会在费率水平以及费率结构的设计上下一番功夫,达到吸引投资者的目的,进而使基金业的费率提取模式呈现出多样化;另外,竞争使得基金管理公司竞相提供更为便捷的销售途径会为投资者提供更为人性化的服务。

需要指出的是,基金公司之所以要收取费用其原因是基金存续是要产生运营成本的,如果运营成本高,那么费用也相对要高,在基金发展初期,销售渠道比较窄,销售体系不够完善,导致成本居高不下,因此基金费率与国外基金市场相比偏高。因此,你逆向推导可知,实现费率降低的一个有效途径就是降低成本,方法则是致力于销售的各个环节;努力拓宽原有渠道、构建完善销售体系,并探索出高效的销售机制。

(2)供求关系

在自由竞争的条件下,供求关系决定着费率水平的高低,如今基金市场虽然不是自由竞争,但基金业的竞争还是普遍存在的,从而使基金管理者在成本区间范围以上根据市场买卖力量的对比而最终确定基金费率水平。

(3)投资者偏好

投资者在进行投资行为时会展现出不同的选择性偏好,包括不同的风险偏好、价值偏好,甚至是数字偏好,但其中最重要的是投资者的风险偏好。金融行业的一个定律就是高风险对应高收益,这一定律对投资者和基金经理同样适用,高风险偏好的投资者可以接受高费率,而选择高风险投资的基金经理也同样面临较高的管理成本和投资费用。基金市场上潜在投资者对买卖成本的承受能力直接决定了基金费率的市场需求状况,从而影响基金费率的确定。

(4)其他外生因素

此外,基金运行过程中还受到多方面外生因素的影响和制约,国外基金发展事例告诉我们,在基金资本总额达到一定规模之后,一些基金的特征因素也会逐渐影响到基金费率的形成,如基金的规模、数量、存续期、类型等。

上文介绍了开放式基金费率的不同类别影响因素,首先是内生三大影响因素,可以看出三者之间是相互影响和制约的,均衡的最优化费率水平应当能保证基金的高收益和适度流动性;外生因素则通过各自不同的传导机制作用到内生因素上。这种内外生机制之间的相互连接与博弈是最优费率形成的保障和推动力。

3.6 中美费率政策对比

对于如何我国现行费率政策性合理性评价,学术界一直存在争议。本研究借鉴美国共同基金业监管的着力点进行对比研究,分析我国基金业政策的合理性。

美国对共同基金的监管是比较宽松的,其目标是以市场机制为主体,政策法规为辅助。在这种发展氛围下,其基金业收费模式和费率结构都比较灵活,下面就这种发展机制的要点进行探讨。

(1)有效信息披露

与我国基金业发展初期局面类似,美国基金业各基金公司的费用信息披露状况在二十世纪八十年代以前可谓是各树一帜,这种没有共同秩序的发展局面给投资者和监管者造成了极大困扰。为在业内树立一个统一标准,证券交易委员会在九十年代初颁布法律规定了一系列与信息披露有关的法令条例;在基金募集初期,基金管理公司必须在基金招募说明书达的明显位置详细列示基金费用的各项明细,列示内容同时必须做到简单明了、格式统一:基金运营期间,为保证基金持有人明确了解基金动态,规定基金管理公司必须定期向持有人公布基金的财务状况和费用计提(扣除)信息,同时应当将所公布数据的计算方法做一个简单的介绍。

(2)激烈市场竞争

美国基金市场相当庞大,共有几千只基金相互竞争,其激烈程度可想而知,投资者面临如此局面,自然拥有丰厚的选择池,因此基金经理在设定费率时必然会相当谨慎,避免潜在投资者的流失。竞争促进了不同基金之间的共同发展,但竞争并未使基金业的费率达到经济学上所讲的帕累托最优状态的均衡水平,这是因为基金的市场结构是经济学上的"垄断竞争"市场结构。不同产品之间是非常接近的替代品,但由于每种产品都有自身的特点,因此在价格形成过程中同时兼具垄断和竞争的因素。除了费用的价格竞争外,同种类型的基金之间还存在着收益率竞争和服务水平竞争。此外,价格、收益率、服务水平之间又存在着相互补充的特性。

(3)有效监管机制

如何建立有效的基金监管机制是基金自诞生以来就存在的一个问题,基金持有人和基金管理者之间的利益冲突难以调和,因此需要一个独立于两者之外的监管组织来调和两者之间的矛盾。基于此原因,1940年《投资公司法》要求运营中的基金必须成立独立董事会,负责对基金进行监管和费用审批,具体执行要求为,定期召开独立董事大会,对所获得信息进行讨论和总结,并为基金的持续运营提供一定的建议。值得注意的是,独立董事能否完全发挥其职能直接关系到开放式基金所披露信息的真实性。

通过分析发现,我国开放式基金在可得到的数据基础上研究结论是总的费用水平是合理的。但是,我国开放式基金在数量和种类上远远落后于基金业发达国家。因此,为进一步得出更为有实际意义的结论,有必要将我国开放式基金业与发达国家进行对比。

(1)投资者认同度

近几年我国开放式基金业有了突飞猛进的发展,2008年12月31日,纳入统计的442只开放式基金资产净值合计18703.31亿元,占全部基金资产净值的

96.46%,份额规模合计 24971.76 亿份,占全部基金份额规模的 97.02%;2009 年 6 月 30 日,纳入统计的 501 只开放式基金资产净值合计 21916.85 亿元,占全部基金资产净值的 95.11%,份额规模合计 22145.34 亿份,占全部基金份额规模的 95.78%;2009 年 12 月 31 日,纳入统计的 621 只开放式基金资产净值合计 25522 亿元,占全部基金资产净值的 95.37%,份额规模合计 23590.05 亿份,占全部基金份额规模的 96.15%。数据显示,开放式基金有高达 82% 的份额被个人投资者持有,基金作为一个投资工具已经逐渐被大家接受。

作为对比,美国共同基金自 1980 年之后的 20 年间有了较快的发展,资产由 1979 年年末的 1334.8 亿美元增长到 2000 年年底的 69668 亿美元,而居民总储蓄额还不到基金资产额的一半,超过一半的美国家庭都将基金作为家庭理财的一种优质投资工具,在此推动下,美国基金业呈现喷发态势:基金品种层出不穷——二十年间种类增加了 10 倍,基金资产赶超商业银行总资产,投资基金可以说是大多数美国家庭的理财首选。

也就是说,我国的开放式基金已经逐渐被投资者认同,但是,与基金市场发达国家相比,这一认同是建立在一个比较小型的还处在发展初期的基金市场基础上的,即我国基金市场无论从基金的数量还是品质上与那些国家都没有实际的可比性。因此,这个市场是否健康,或者说是否能够在维持现状的基础上进一步促进基金业的发展,有待进一步研究。

(2)法律及政策支持

我国基金业的发展是在政策指引下进行的,因此,一部重要的政策出台往往对应着基金业的一次重大进步。2000 年 10 月 8 日中国证监会颁布《开放式证券投资基金试点办法》;2004 年 6 月 1 日《证券投资基金法》开始实施,为配合合理有效的实施,中国证监会相继出台了《证券投资基金管理公司管理办法》《证券投资基金运作管理办法》《证券投资基金销售管理办法》《证券投资基金信息披露管理办法》《证券投资基金托管管理办法》《证券投资基金行业高级管理人员任职管理办法》等法规,使我国证券业监管的法律体系日趋完善。

另外,为扶持证券投资基金这一新兴产业,国家在基金业开发探索阶段给予其相当优厚的税收优惠政策；为吸引投资者，国家暂不征收个人所享有的基金红利和基金资本利得所应上缴的所得税费；证券交易中需要交纳一定的交易税，按理说基金交易也应做出同样的税费安排，但考虑到基金在对股票等进行交易时已经支出了相应的税费，因此国家暂不征收投资者在申购赎回基金时的相关交易税费。

美国基金业主要依靠自身市场的调节，政策法规起辅助的调节作用。在其基金业的发展过程中，主要有两部法规：《证券交易法》对基金的代销机构必须为在证券交易委员会登记的具有专业资格的证券经纪商，同时基金经理受到来自官方和行业自律组织的双重监管；《投资公司法》进一步对美国基金业的信息披露做出了详细规定，目的是使投资者及时了解基金信息，保障投资者的投资利益。可以发现，美国政府从未对基金费率水平做出过法定要求，费率的发展变化主要来自基金业中投资者和基金经理之间的相互协定，即美国主要以市场竞争中的供求关系决定费率水平和结构，这一点与我国极不相同。

（3）信息披露制度

我国的基金信息披露制度体系分为国家法律、部门规章、规范性文件与自律性规则四个层次，这些法律法规对公开披露基金信息的主要原则、文件以及公开披露基金信息的禁止性行为都做了明确的规定："开放式基金对投资者收取的申购费费率必须低于其申购金额的 5％，收取方式可以是前端也可以是后端；赎回费方面则可以根据基金运作的实际情况灵活收取，但收费上限不得超过投资者所申请赎回额的 3％，另外，赎回费本身也是一种对存续持有人的补偿性费用，因此，赎回费中扣除掉赎回业务服务机构所应得手续费之后剩余部分应当归入基金资产；开放式基金在募集阶段应当将设计完成的费率结构详细说明列示于基金招募说明书，发行中的基金费率执行标准应该在为投资者准备的契约书中详细列示。"

美国在二十世纪八十年代末对开放式基金费率公开方式和格式要求进行了详细的规定，要求在招募说明书中以标准格式详细说明费率状况：标准格式由三大部分组成，分别是基金股东交易费用、基金年运营费用、费用变动情况说明。

可以看出，美国在费用的披露方面法律法规更为详尽。原因是多方面的，首先美国是一个法制健全的国家，表现为法律条文的细化和完整化，因此对费率披露的各种规定相当细致;而我国由于处于基金业发展初期,国家给基金公司以相当宽松的政策要求,对信息披露的要求以引导为主硬性规定较少;另外一个方面就是,两国投资者对费用的关注程度不同,美国基金业发展初期有关信息披露规定很少,随着基金业的成熟和竞争的加剧,在对诸多具有同质性的基金进行选择时,投资者逐渐将各投资决策因素的重点转移到对成本支出的关注上来,与此不同的是,我国投资者在进行投资分析时往往侧重于选择高收益的基金品种,对费用的关注程度并不高;加之现行的信息、披露体制中缺乏对费用披露的合理规定,致使投资者并不能清楚了解基金费率的详细信息。此外,我国多数基金管理公司并非上市公司,法律对其财务信息、披露的标准并无明确规定,因此公司成本利润、职员薪酬待遇等信息无从获得,这就使得投资者更加无法获得真确的信息。

(4)市场竞争

根据经济学思想,行业竞争加剧使得产品价格下降,而基金业中基金数目的增多显然会促成费用的下降。目前我国的基金业正处在快速发展时期,基金费用水平是在国家规定上限的前提下设定的,经过了扶持期,现阶段监管者应该在市场经济条件下,依赖市场竞争作为决定基金管理费用水平的有力工具。但同时应当指出的是,基金投资者往常所关心的指标是基金的收益率、服务水平等因素,费用水平是近期才开始出现在投资者的决策分析中的,在目前现行的信息披露标准下,投资者在基金信息中得到的收益率数据实际是总收益减各项费用支出后的净收益水平,也就是说费用包含在了收益中,但是单靠投资者对费用的合理估计和想象是无法准确了解实际支出投资成本的。

(5)投资者投资水平

投资者的受教育程度直接关系到其对投资标的选择和持有,与国外发达国家相比,我国投资者的投资水平和专业素质明显偏低,即使获得同样多的信息也难以做出正确的投资决策,在这种条件下,假使市场再成熟,投资品种再优良,投资者也难以从数百只基金中选出真正的绩优基金,所以适当的投资者教育非常关键,这一点做好了对基金业的发展可以起到极大的推动作用。我国投资者在进行基金选择时往往看重的就是基金净值这一个指标,而国外投资者则偏向于选择有发展潜力的基金作为投资目标，由于业绩是一种具有时滞性的指标，它所代表的是基金过去的表现，在金融行业这种瞬息万变的投资领域，仅仅依靠前期表现进行投资决策是非常不明智的。美国证监会为培养投资者的良好投资习惯，就明确指出选择基金时要综合考虑多方面指标，如税收情况、基金风格、潜在风险等。

（6）其他影响因素

一些硬件和软件的发展也会影响基金业的发展，如高科技电子设备的发展、网络的普及、服务内容和服务手段的多样化等，这些都在一定程度上影响着基金的运行成本和收益水平，随着基金业的逐渐普及，其势必会被越来越多的投资者所接受。

应该说，我国基金业发展过程中已经借鉴了诸多美国等基金业发达国家的成功经验，在信息披露、监管力度、合理引导等方面政策制定者都有着良好的初衷。但是，诸如我们前面提到的，信息披露的真实性、费用上限是否能有效促进行业发展、独立董事是够能履行其职能等问题都需要做进一步更加深入的研究。同时，投资者在进行基金的投资时，合理界定投资时限，选择并长期持有是获得超额收益的一个关键。

3.7 本章小结

本章通过对开放式基金类型、特点的分析，厘清了开放式基金的构成要素，为开放式基金费率的设计提供了理论基石。笔者通过勾勒我国开放式基金的现状，追溯我国开放式基金发展演变的轨迹，引出对现有基金费率结构的探讨，为下文设计开放式基金的费率框架提供了基础。

◆ 第 4 章 ◆

开放式基金目标导向下费率调整分析框架

本章通过模型设置和实证检验,表明开放式基金费率对基金公司经济效益和社会责任存在显著影响,由此建立了一个基金公司目标导向型的费率调整框架。本章共分为四部分:第一部分建立了开放式基金费率与基金公司经济效益的关系模型;第二部分建立了开放式基金费率与基金公司社会责任的关系模型;第三部分建立了开放式基金费率与基金公司综合目标的关系模型;第四部分是实证检验。

学术界对基金公司绩效的衡量主要采用价值指标和会计利润指标。一般而言,企业价值反映会计利润并由后者决定,二者在有效的资本市场条件下通常是一致的,但考虑到中国股票市场的巨大波动以及股价同公司业绩的弱相关性等问题,探索建立一个准确反映我国基金公司绩效的指标框架就显得尤为必要。2006 年 9 月,深圳证券交易所发布了《上市公司社会责任指引》,鼓励上市公司建立相应的社会责任制度;2008 年 5 月,上海证券交易所也发布了《关于加强上市公司社会责任承担工作暨发布〈上海证券交易所上市公司环境信息披露指引〉的通知》,鼓励各上市公司在披露公司年度报告的同时披露公司的年度社会责任报告,增加公司年内为国家创造的税收、向员工支付的工资等信息,从而帮助社会公众更全面地了解公司为其股东、员工以及整个社会所创造的真正价值。由此启发学者从经济和社会效益两个层面拓展现有的基金公司绩效衡量指标。本章立足于中国开放式基金公司治理的实际,将基金公司绩效分为两部分:一是对基金公司股东的贡献,表示为股东权益;二是对投资者、员工等社会各阶层的贡献,表示为社会责任。

本章的研究结论具有重要的政策含义。首先,对基金公司而言,需要意识到基金公司绩效并不单纯是经济层面的指标,而应综合体现基金公司的经济价值和社会价值。从本质上说,基金公司创立的最初动力来源于股东的趋利动机,追求股东权益的最大化无可厚非。但与此同时,基金公司也应强化社会责任意识,积极承担社会责任。其次,费率的选择往往建立在对目标基金公司绩效预判的基础上,即绩效决定开放式基金费率。本研究的分析则挖掘出开放式基金费率对基金公司绩效的反作用,确认了两者之间双向效应的存在,由此启发投资者在一个多重博弈框架内调整自身的投资策略。本章结构安排如图 4.1 所示。

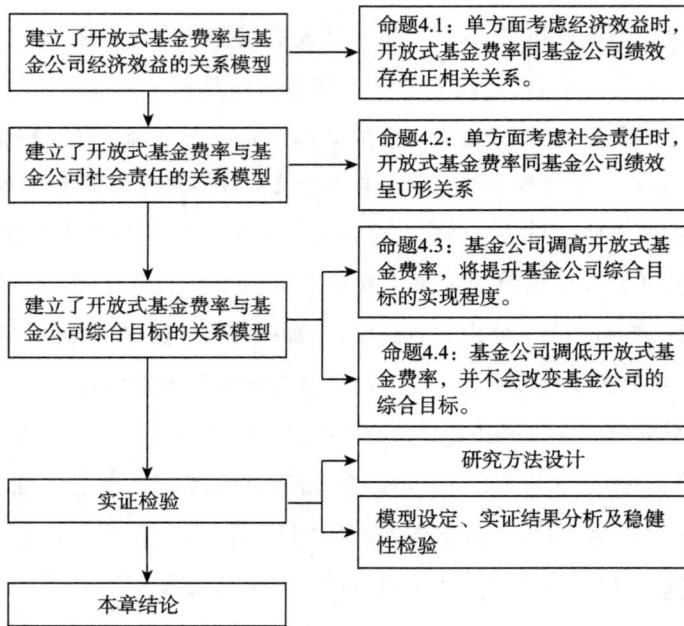

图 4.1　开放式基金目标导向下费率调整框架图

4.1 经济效益导向下基金公司行为分析

在分析单纯考虑经济效益的基金公司的行为时,需要首先分析开放式基金投资者的行为特征。投资者购买开放式基金的目的是追求自身经济效益的最大化,投资者效益函数如下：

$$\pi = g(\lambda) - y(\lambda) \tag{4.1}$$

其中 λ 衡量投资者购买开放式基金的热情，设 $0 \leqslant \lambda \leqslant 1$，$g(\lambda)$ 是投资者的收入函数。投资者购买开放式基金的热情越高，越倾向于学习投资知识，相对来说其盈利能力越强，本研究合理假设 $g(\lambda) = d\lambda^h$，其中 d、h 为投资者的收入函数指标，反映投资者的学习能力等状况，$d > 0$，$h > 0$。由于学习存在边际效率递减效应，则 $g'(\lambda) > 0$，$g''(\lambda) < 0$。

$y(\lambda)$ 是投资者的成本函数，投资者购买开放式基金的热情越高，其付出的成本也将越大（相关投资知识的培训、购买开放式基金的费用等），设 $y(\lambda) = a\lambda^b$，a、b 为投资者的成本函数指标，反映开放式基金的相关制度建设情况，$a > 0$，$b > 0$。同时设 $y'(\lambda) > 0$，$y''(\lambda) > 0$，表明边际成本递增。

投资者追求自身经济效益的最大化，可表示为：

$$\max_{\lambda} \pi = g(\lambda) - y(\lambda) = d\lambda^h - a\lambda^b \tag{4.2}$$

对投资者而言，d、h、a、b 都是固定值，通过极值可唯一确定变量 λ 值：

$$\lambda = \left(\frac{dh}{ab}\right)^{\frac{1}{b-h}} \tag{4.3}$$

即投资者购买开放式基金的热情是综合考虑了投资者的收入函数指标（d、h）和成本函数指标（a、b）。

基金公司通过调整开放式基金费率，提升的利润可表示为：

$$\pi = (t - t_0)PQ \tag{4.4}$$

其中，t 为基金公司调整后的开放式基金费率，$0 < t < 1$，t_0 为基金公司现有开放式基金费率，P 为开放式基金的平均市场价格，Q 为单家基金公司投资者购买的平均开放式基金数量。设：

$$Q = F(eL) \tag{4.5}$$

e 为有效投资系数，L 表示在一家基金公司购买开放式基金的平均投资者数量，e 与 L 的乘积决定了有效投资者的平均数量。随着投资者数量的增长，购买开放式基金的数量也将增长，但增长的速度将变缓，合理假设 $F'(L) > 0$，$F''(L) < 0$；

有效投资系数 e 由式(4.6)给出:

$$e = \left[\frac{\omega - m}{m}\right]^{\delta} \tag{4.6}$$

其中

$$m = (1 - \lambda r)\omega_a \tag{4.7}$$

式(4.6)用费率调整后的预期收益率差来衡量有效投资系数 e。ω 是费率调整后的开放式基金预期收益率;m 是现有费率下的开放式基金实际收益率;δ 为购买开放式基金收益的弹性系数,$0 < \delta < 1$;r 是家庭成员规避购买开放式基金的意向;ω_a 为现有费率下的开放式基金名义收益率;λ 如前所设,衡量投资者购买开放式基金的热情。由于社会上对购买开放式基金存在一些看法,家庭成员的反对将稀释掉投资者的开放式基金名义收益率,本研究通过 $(1 - \lambda r)\omega_a$ 将费率调整前的开放式基金名义收益率 ω_a 转化为实际收益率 m(实际收益率可理解为名义收益率扣除同家庭成员的沟通成本,消除他们的抵触情绪后的剩余部分。当家庭成员支持购买开放式基金时,规避购买开放式基金的意向 r 为 0,则 $m = \omega_a$,此时名义收益率即为实际收益率)。由式(4.6)、式(4.7)可知,λ 越大,有效投资系数 e 也越大,符合前文 λ 衡量投资者购买开放式基金热情的假设。

为了分析需要,设家庭成员规避购买开放式基金的意向与调整后的开放式基金费率成线性正相关关系,令:

$$r = r_0 + ct \tag{4.8}$$

其中,r 为家庭成员规避购买开放式基金的意向,t 为基金公司调整后的开放式基金费率,r_0 为家庭成员规避购买开放式基金的基本意向(当调整后的开放式基金费率为 0 时,基于风险厌恶的假设,家庭成员对购买开放式基金也会存在抵触情绪 r_0),c 为家庭成员规避购买开放式基金的意向 r 对费率 t 的相关系数,定义 $c > 0$。

结合 $F'(L) > 0$,$F''(L) < 0$ 的假设,我们把式(4.5)描述为:

$$Q = F(eL) = \alpha (eL)^{\beta}$$

其中,$0 < \beta < 1$ \hfill (4.9)

其中,α 衡量投资者的交易意愿,β 为开放式基金购买数量的弹性系数。前文已假设 L 表示在一家基金公司购买开放式基金的平均投资者数量,一般而言,基金公司设定的开放式基金费率越高,则购买开放式基金的投资者数量越少,合理假设 $L(t)$ 同 t 呈反向关系:

$$L(t) = \frac{k}{t} \tag{4.10}$$

其中,$k > 0$

k 为衡量投资者数量同新设定的开放式基金费率关系的相关指标。基金公司追求利润最大化,结合式(4.4)至式(4.10),其目标函数为:

$$\max\pi = (t - t_0) P\alpha \left[\frac{\omega - \omega_a + \lambda(r_0 + ct)\omega_a}{\omega_a - \lambda(r_0 + ct)\omega_a} \right]^{\delta\beta} \left(\frac{k}{t} \right)^{\beta} \tag{4.11}$$

其中,P 是开放式基金的平均市场价格,相对于基金公司而言,开放式基金多为代销,P 可视为定值。ω、ω_a、r_0、α、c、δ、β、k 等指标对基金公司而言皆为外生变量。易得式(4.11)为 t 的递增函数。

由以上分析,可得**命题 4.1:单方面考虑经济效益时,开放式基金费率同基金公司绩效存在正相关关系。**

4.2 社会责任导向下基金公司行为分析

关于基金公司社会责任的衡量指标选取,并没有统一标准。本研究假设基金公司履行其社会责任是通过提升投资者收入实现的。

基金公司调整开放式基金费率,投资者提升的利润可表示为:

$$G_2 = (\omega - m)L(t) \tag{4.12}$$

各指标含义同 4.1 节。

结合式(4.3)、式(4.7)、式(4.8)、式(4.10),式(4.12)转换为:

$$G(t) = (1 - t)\alpha L^{\beta+1} \left(\frac{\omega - \omega_a + \omega_a r_0 + \omega_a ct}{\omega_a - \omega_a r_0 - \omega_a ct} \right)^{\delta\beta} \left(\frac{\omega - \omega_a + \omega_a r_0 + \omega_a ct}{t} \right) \tag{4.13}$$

基金公司社会责任的最大值 $G(t)_{\max}$ 可能出现在函数 $G(t)$ 的不可导点、驻点

以及边界点。由于 $G(t)$ 在 $t \in (0,1)$ 这一开区间内连续可导,则只需比较 t^* 点 $\left(\left.\dfrac{\mathrm{d}G}{\mathrm{d}t}\right|_{t=t^*} = 0\right)$ 与两个极限值处($t \to 0$ 和 $t \to 1$)的 $G(t)$ 值大小。

对式(4.13)求关于 t 的一阶条件,得:

$$t^* = \frac{(1-r_0)(1-\beta)}{c\beta(1-\delta)+c} \tag{4.14}$$

此时 $\left.\dfrac{\mathrm{d}G}{\mathrm{d}t}\right|_{t=t^*} = 0$。

t^* 点为函数 $G(t)$ 的驻点,设 $f'(t)$ 为函数 $G(t)$ 在 t 点的导数,易得:当 $t<t^*$ 时,$f'(t)<0$;当 $t>t^*$ 时,$f'(t)>0$,则 t^* 点为函数 $G(t)$ 的极小点,函数 $G(t)$ 在 t^* 处有极小值:

$$G(t^*) = k\beta\omega^{\frac{\beta}{a}}\alpha^{\frac{1}{a}}\delta^{-\frac{\beta}{a}}(1-\delta)^{\frac{\beta-1}{\beta-1}}\left[\frac{(1-r_0)(1-\delta)}{\beta-\beta\delta}\right]^{\frac{\beta}{\beta-1}}\left[\frac{c(\beta-\delta\beta)}{(1-r_0)(1-\beta)}\right] \tag{4.15}$$

结合 $\lim\limits_{t \to 0+0} G(t) > G(t^*)$,$\lim\limits_{t \to 1-0} G(t) > G(t^*)$,可得 t^* 处极小值 $G(t^*)$ 即为函数 $G(t)$ 最小值 $G(t)_{\min}$。由此可得基金公司社会责任贡献程度随费率的增加先减后增,两者呈 U 型关系。单方面考虑社会责任时,存在最差开放基金费率 t^*,使得基金公司绩效最小化。结合式(4.14),t^* 大小取决于如下指标:企业所在地区的自然失业率 r_0、企业生产函数中劳动产出的弹性系数 β、失业率对开放式基金费率的相关系数 c 以及基金公司生产效率的弹性系数 δ。

由以上分析,可得命题 **4.2**:单方面考虑社会责任时,开放式基金费率同基金公司绩效呈 U 形关系,随着费率的上升,基金公司绩效起初随之下降。但是,当费率足够大时,随着费率的上升,基金公司绩效上升。存在最差费率,使得基金公司绩效最小化。

4.3 经济效益和社会责任综合导向下基金公司行为分析

当基金公司出于提升经济效益和社会效益的综合目标而设定开放式基金费率时,分析如下

目标一:同 4.1 节的分析,基金公司通过调整开放式基金费率,提升基金公司

利润,可表示为

$$G_1 = (t - t_0)PQ \tag{4.16}$$

目标二:同 4.2 节的分析,基金公司通过调整开放式基金费率,增加投资者收入,可表示为

$$G_2 = (\omega - m)L(t) \tag{4.17}$$

结合两个子目标,则基金公司综合目标提升程度为:

$$G(t) = G_1^\rho G_2^\varphi = [(t - t_0)PQ]^\rho [(\omega - m)L(t)]^\varphi \tag{4.18}$$

其中 $0 < \rho < 1$,表示基金公司对通过设定开放式基金费率,提升基金公司利润的偏好程度;$0 < \varphi < 1$,表示基金公司对通过设定开放式基金费率,增加投资者收入的偏好程度,$\rho + \varphi = 1$。结合式(4.6)至式(4.9),以及式(4.16)、式(4.17),式(4.18)转化为式(4.19):

$$G(t) = (t - t_0)^\rho \left[P\alpha \left(\frac{\omega - \omega_a + \omega_a \lambda r_0 + \omega_a \lambda ct}{\omega_a - \omega_a \lambda r_0 - \omega_a \lambda ct} \right)^{\delta\beta} L^\beta \right]^\rho \left[\frac{k}{t} (\omega - \omega_a + \omega_a \lambda r_0 + \omega_a \lambda ct) \right]^\varphi \tag{4.19}$$

在 $t \in (0,1)$ 这一开区间内,$G(t)$ 为连续函数,基金公司综合目标提升程度与费率的关系曲线可分为如下三种情形:

情形 4.1:当 $t = t_0$ 时,$\omega = \omega_a(1 - \lambda r_0 - \lambda ct_0)$,$G(t)$-$t$ 曲线与 t 轴有一个交点 t_0,如图 4.2 所示(不在定义域内的曲线用虚线表示,下同):

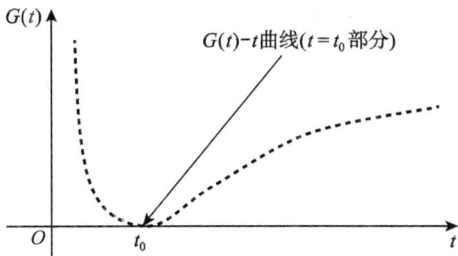

图 4.2 基金公司综合目标提升程度 $G(t)$——开放式基金费率 t 关系图(情形 4.1)

情形 4.2:当 $t_0 < t < 1$ 时,ω 取可能值中的最大值 ω_{max},$G(t)$-t 曲线与 t 轴有两个交点 $t_1 = \dfrac{\omega_a - \omega_a \lambda r_0 - \omega_{max}}{\omega_a \lambda c}$,$t_2 = t_0$,如图 4.3 所示。

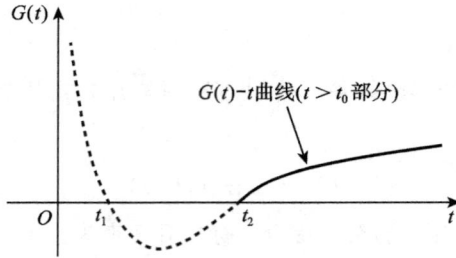

图 4.3　基金公司综合目标提升程度 $G(t)$——开放式基金费率 t 关系图(情形 4.2)

情形 4.3：当 $0 < t < t_0$ 时，$\omega = \omega_a(1 - \lambda r_0 - \lambda ct)$，$G(t)$ 恒等于 0。$G(t)$-t 曲线与 t 轴在 $(0, t_0)$ 区间重合，如图 4.4 所示。

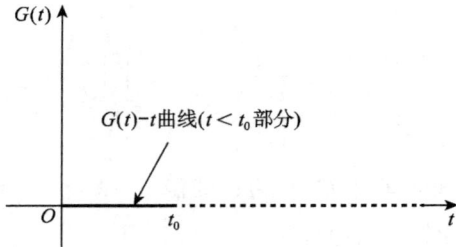

图 4.4　基金公司综合目标提升程度 $G(t)$——开放式基金费率 t 关系图(情形 4.3)

把图 4.2、4.3、4.4 的实线部分重叠，构成了基金公司综合目标提升程度 $G(t)$ 与开放式基金费率 t 总的关系曲线，即 $G(t)$-t 曲线，如图 4.5 所示。

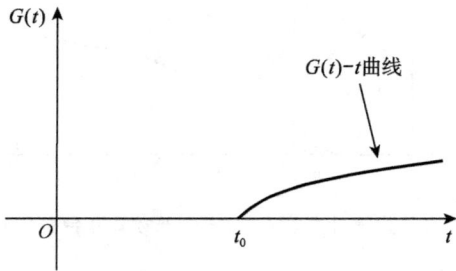

图 4.5　基金公司综合目标提升程度 $G(t)$——开放式基金费率 t 总关系图

需要特别注意的是，由式(4.19)可知，$G(t)$-t 曲线中 $t_0 < t < 1$ 部分的单调性

是不确定的,取决于 ρ、$\delta\beta$、φ 之间的大小关系(由于 $\rho+\varphi=1$,实际上取决于 ρ 与 $\delta\beta$ 或 φ 与 $\delta\beta$ 的大小关系)。

当费率 $t_0<t<1$ 时,无论 ρ 与 $\delta\beta$ 大小关系(决定了 $G(t)-t$ 曲线中 $t_0<t<1$ 部分的单调性)如何,必然存在最优开放式基金费率 t^{**},使得 $G(t^{**})$ 取得最大值,此时 $\dfrac{\mathrm{d}G}{\mathrm{d}t}\Big|_{t=t^{**}}=0$。由式(4.19)可知,$t^{**}$ 的大小取决于如下指标:基金公司现有开放式基金费率 t_0、开放式基金的平均市场价格 P、投资者的交易意愿 α、基金公司可选开放式基金的最大预期收益 ω_{max}、现有费率下的开放式基金名义收益率 ω_a、投资者数量同基金公司费率关系的相关指标 k、投资者购买开放式基金的热情 λ、家庭成员规避购买开放式基金的基本意向 r_0、开放式基金购买数量的弹性系数 β、基金公司对通过调整开放式基金费率,提升基金公司利润的偏好程度 ρ、表示基金公司对通过设定开放式基金费率,增加投资者收入的偏好程度 φ、家庭成员规避购买开放式基金的意向对费率的相关系数 c 以及购买开放式基金收益的弹性系数 δ。t^{**} 的存在意味着对基金公司提高开放式基金费率的幅度有着精确的要求,

当费率在 $t_0<t<1$ 区间内,无论 ρ 与 $\delta\beta$ 大小关系(决定了 $G(t)-t$ 曲线中 $t_0<t<1$ 部分的单调性)如何,从图 4.5 易得,$G(t)>0$ 恒成立。

可得命题 4.3:基金公司调高开放式基金费率,将提升基金公司综合目标的实现程度。

当费率在 $0<t<t_0$ 内时,$G(t)=G(t_0)$ 恒成立。无论基金公司如何调低开放式基金费率,基金公司的综合目标实现程度不变。

得命题 4.4:基金公司调低开放式基金费率,并不会改变基金公司的综合目标。

4.4 实证分析

本节内容安排如下:第一小节是本研究的研究方法设计,主要包括样本来源、变量选取及变量的描述性统计;第二小节则是模型设定、实证结果分析及稳健性检验。

4.4.1 研究设计

4.4.1.1 数据来源

与一般研究仅以经济效益单维度度量基金公司目标的现有文献不同,本研究从经济效益和社会责任两个维度度量基金公司的目标,这样做的实证结果更为全面和稳健。借鉴现有从会计利润角度的研究,本研究以基金单位净值 Net Asset Value(NAV)作为基金公司经济效益的度量指标。对于基金公司社会责任,目前还无一个权威的定义和科学的衡量指标,从为国家创造的税收、向员工支付的工资角度思考,本研究选择 Tobin's Q 值作为社会责任的衡量指标。

Tobin's Q 是指基金公司资产负债的市场价值与其重置成本(一般用公司账面总资产来代替)的比率。Q 越大,意味着相比于购买现成的资本产品,基金公司进行新的资本投资更为有利,会增加投资需求;Q 越小,现成的资本产品比新的资本投资更便宜,基金公司会减少投资需求,即 Tobin's Q 值可作为基金公司投资决策的重要依据,两者存在正向关系。由于基金公司为国家创造的税收、向员工支付的工资主要来源于公司的投资行为,本研究选择用 Tobin's Q 值作为社会责任的替代变量就具有很强的合理性。

由于研究期限内基金公司发行的开放式基金不只一款,本研究用样本基金公司在 2011 年发行的开放式基金费率的加权平均值来衡量费率。

设 2011 年某一家样本基金公司发行的开放式基金数量为 n,第 i 款产品的费率为 t_i,则某家基金公司发行的开放式基金平均费率为:

$$T = \sum_{i=1}^{n} \omega_i t_i \tag{4.20}$$

(4.20)式中的第 i 款开放式基金的权重 ω_i 为其发行规模占基金家族发行总规模的比重。

本研究关于费率的数据是在对 2012 年中国基金公司公开数据进行详细分析的基础上,按照式(4.20)计算获得的,对有些披露了公司绩效但未披露其他指标,如公司成长能力等的样本公司,通过查阅该公司的网站、关联公司的披露信息等途径进行了详细补充,最后得到 2012 年 70 家基金公司 1098 款开放式基金的数据样本点。

表 4.1 为 2012 年样本基金公司发行的开放式基金费率的统计分析。

表 4.1　费率统计分析(2012 年)

开放式基金费率/%	频率/款	百分比/%	有效百分比/%	累积百分比/%
0～1	511	49.3	49.3	49.3
1～2	219	19.9	19.9	69.2
2～3	122	11.1	11.1	80.3
3～4	57	5.2	5.2	85.5
4～5	30	2.7	2.7	88.3
5～6	23	2.1	2.1	90.3
6～7	106	9.7	9.7	100.0
合计	1098	100.0	100.0	

从表 4.1 中分析得知,费率小于 2%(包括 2%)的费率出现了 760 次,占样本总数 69.2%,超过 6% 的仅占 9.7%,表明我国目前的开放式基金费率设置较低,这同我国开放式基金市场的发展阶段是相适应的。

4.4.1.2 变量选择

(1)被解释变量

被解释变量包括:第一,经济效益,借鉴学术界的一般做法,本研究以基金单位净值(NAV)表示。第二,社会责任,以 Tobin's Q(Q)表示。

(2)解释变量

解释变量为开放式基金费率,用 T 表示。本研究以 70 家基金公司 1098 款开放式基金为对象,研究费率对基金公司绩效的影响。所以在自变量的选择上应该以公司为单位,计算出每家基金公司在 2012 年的加权平均费率。

(3)控制变量

控制变量包括:第一,基金公司规模。以基金公司发行规模在研究期内的对数值衡量基金公司规模,表示为 lnSIZE。第二,资本结构。用研究期内的基金公司资产负债率表示,记为 DAR。第三,基金公司成长能力。用研究期限内基金公司总资产增长额同期初资产总额的比率表示,记为 G。第四,股权集中度。用研究期内基金公司第一大股东持股比例表示，记为 H_1。变量具体定义如表 4.2 所示。

表 4.2 变量具体定义

变量名称	变量描述	计量方法
被解释变量	基金单位净值（NAV）	2012 年基金公司净资产/基金单位总数
	Tobin's Q（Q）	（2012 年末基金公司市值＋负债）/2012 年末资产账面价值
解释变量	费率（T）	$T = \sum_{i=1}^{n} \omega_i t_i$ 其中 n 表示 2012 年基金公司发行的开放式基金数量，t_i 表示第 i 款开放式基金费率，ω_i 为相应开放式基金发行规模占基金家族总发行规模的比重
控制变量	基金公司规模（lnSIZE）	其中 SIZE 表示 2012 年末基金公司总资产
	资本结构（DAR）	2012 年末基金公司资产负债率
	成长能力（G）	2012 年基金公司总资产增长额/2012 年初资产总额
	股权集中度（H_1）	2012 年基金公司第一大股东持股比例

4.4.1.3 描述性统计

表 4.3 是除费率外其他变量的描述性统计。从表中可以看出，我国基金公司 NAV 的最大值为 1.2930，最小值则是 0.1130，样本标准差为 0.264，这表明我国基金公司的单位净值差距较大，基金公司间差距较明显。应该指出的是，我国基金公司的 Tobin's Q 在基金公司间有很大差距，最大值为 10.230，而最小值则为 0.200，均值为 3.279。如果对 Tobin's Q 进行 Winsorize 处理，剔除 1% 的最大值和 1% 的最小值，则 Tobin's Q 的均值就相应减少到 1.273。从表 4.3 还可以看出，控制变量的标准差都较大，这说明样本的分布比较均匀，符合抽取的随机原则。相关系数 Ⅰ、Ⅱ 表明费率 T 与基金公司股东权益 EPS 及社会责任 Tobin's Q 值都存在较为显著的相关性，这部分支持了命题 1 和命题 2 的基本结论。但就相关系数而言，Tobin's Q 与费率的相关性并没有弱于 NAV，不过相关关系单因素分析可能是有偏的。本研究还运行了基金公司净资产收益率 ROE、资产收益率 ROA 对费率 T 的回归，结果的 F 统计量不显著，且模型拟合度差。其可能的解释是：由于证监会

将净资产收益率 ROE 作为首次公开发行(IPO)、配股(rights issue)和进行特别处理(ST)公司的考核指标,[84] 基金公司往往通过操纵应计项目(discretionary accruals)和安排关联交易的方式对这一指标进行盈余管理,[85] 即中国净资产收益率具有严重的人为操纵现象,[86] 不能准确反映基金公司的经济绩效。[87] 而运用 ROA 衡量绩效时,往往会受到行业因素的影响,在分析时需要对 ROA 进行行业调整,即通过基金公司 ROA 减去所属基金行业的 ROA 中值,[88] 得出修正的 ROA 值。考虑到基金行业 ROA 数值获取的难度,本研究也排除了单纯运用 ROA 衡量绩效的选择。需要特别说明的是,本研究尝试采用因子分析的方法,提取衡量基金公司绩效的三个指标(基金单位净值 NAV、净资产收益率 ROE 与资产收益率 ROA)作为公共因子,分别根据每个因子的方差贡献率赋予这些因子不同的权重,继而计算综合绩效。计量输出结果显示 KMO 值为 0.674,表明因子分析介于不太适合和一般之间。Bartlett 球形检验的 sig 值也大于 0.05,可知各变量的独立性假设成立,无法通过因子分析的适用性检验,用因子分析来进行经验研究显然存在欠缺。本研究最终选择基金单位净值(NAV)作为经济效益的衡量指标。

表 4.3　关键变量的描述性统计

样本类型	变量名称	最大值	最小值	中值	均值	标准差	相关系数 I
全样本 ($N=70$)	NAV	1.2930	0.1130	0.268	0.309	0.264	
	Q	10.230	0.200	2.761	3.279	1.920	0.269**
	T%	7.000	2.000	2.000	2.223	1.186	0.104*
	LnSIZE	3.199	2.804	3.055	3.057	0.872	0.257**
	DAR	0.890	0.020	0.352	0.366	0.192	−0.159**
	G	1.080	−0.150	0.043	0.062	0.084	
	H_1	0.810	0.050	0.374	0.376	0.149	0.172**

注:(1)相关系数为 Pearson 相关系数,分别度量相应的解释变量、控制变量与 EPS 及 Tobin's Q 的相关程度;(2)**、* 分别表示相关系数在 0.05、0.10 的水平下显著;(3)限于篇幅,基金公司 ROA 及 ROE 的描述性统计未予给出。

4.4.2 模型设定、实证结果分析及稳健性检验

(1)模型设定

本研究的模型设定包括两部分:一是基金公司经济效益对费率的回归;二是基金公司社会责任对费率的回归。

模型 4.1:

$$\text{EPS} = \alpha_1 + \beta_1 T + \beta'_1 X + \varepsilon_1 \tag{4.21}$$

模型 4.2:

$$Q = \alpha_2 + \beta_2 T + \beta'_2 X + \varepsilon_2 \tag{4.22}$$

模型 4.1 表示经济效益对费率的回归,模型 4.2 表示社会责任对费率的回归,ε_1、ε_2 为随机扰动项,$\beta'_1 X$、$\beta'_2 X$ 代表控制变量向量与其回归系数的乘积,α_1、α_2 为常量,EPS、Q、T 的含义同前文。

(2)实证结果分析

实证分析的结果如表 4.4 所示。其中开放式基金费率 T 对 NAV 的非标准化回归系数为正值 0.236,且在 0.01 的水平下显著,从而支持了本研究提出的命题 4.1:单方面考虑经济效益时,开放式基金费率同基金公司绩效存在正相关关系。

表 4.4　基金公司经济效益和社会责任对费率的回归结果

模型参数	模型 1 非标准化回归系数		模型 2 非标准化回归系数		模型 1 标准化回归系数	模型 2 标准化回归系数	模型 1		模型 2	
	B	标准误差	B	标准误差	Beta	Beta	t	Sig.	t	Sig.
常量	9.153	2.453	−2.420	0.405			3.731***	0.000	−5.976***	0.000
T%	0.236	0.076	0.012	0.013	0.146	0.054	3.089***	0.002	0.963	0.336
lnSIZE	−0.193	0.121	0.132	0.020	−0.087	0.434	−1.590	0.113	6.578***	0.000
DAR	−6.208	0.550	−0.553	0.091	−0.621	−0.402	−11.278***	0.000	−6.087***	0.000
G	3.092	1.098	0.430	0.181	0.135	0.137	2.815***	0.005	2.373**	0.018
H_1	−0.585	0.607	0.208	0.100	−0.045	0.118	−0.965	0.336	2.079**	0.039

注:***、**、* 分别表示相关系数在 0.01、0.05、0.10 的水平下显著。

　　而开放式基金费率 T 对 Tobin's Q 值的非标准化回归系数虽为正值 0.012,但并不显著,说明开放式基金费率对基金公司社会责任的影响不是简单线性的。由此对 T 和 Tobin's Q 做曲线回归分析,如表 4.5 所示。可知,二次回归模型的 F 显著性检验值最优,由此对模型 4.2 引入 T 的平方形式,得模型 4.3:

$$Q = \alpha_3 + \beta_3 T + \beta''_3 T^2 + \beta'_3 X + \varepsilon_3 \tag{4.23}$$

表 4.5　曲线回归模型汇总

方程	模型汇总				
	R 方	F	$df1$	$df2$	$Sig.$
对数	0.018	4.647	1	247	0.032
二次	0.033	4.203	2	246	0.016
三次	0.036	3.072	3	245	0.028
幂	0.009	2.159	1	247	0.143
S	0.021	5.281	1	247	0.022
指数	0.001	0.148	1	247	0.700
$Logistic$	0.001	0.148	1	247	0.700

　　从表 4.6 可以看出,在控制有关变量的情况下,模型 4.3 中开放式基金费率的二次项系数为正值,社会责任与开放式基金费率 T 呈显著性 U 形关系,存在最差费率 $T^* = 0.134/(2 \times 0.018) = 3.72(\%)$,使得基金公司社会责任最小化,即命题 4.2 是成立的。当费率 $T \leqslant 3.72\%$ 季度时,开放式基金费率增长的幅度在 $[0, (3.72 - T)\%]$ 区间内,基金公司社会责任贡献程度随费率的增长呈现下降趋势,增长幅度在 $[(3.72 - T)\%, +\infty]$ 区间内,基金公司社会责任贡献程度随费率的增长呈现上升趋势;当费率 $T > 3.72\%$ 季度时,基金公司社会责任贡献程度随费率的增长呈上升趋势。

　　特别强调的是,T^* 是一个加权平均值,这意味着不同发行规模的开放式基金费率对基金公司社会责任最小化的贡献程度存在差异:相比于发行规模小的开放式基金,发行规模大的开放式基金由于费率变化导致的基金公司社会责任最小值的波动程度较高,对国家税收和民众收入的负外部性较强。立足于削弱负外部性的影响,资本市场的管理者需要重点关注大规模开放式基金的发行,在鼓励其延长存续期的同时更需要稳定其产品费率,熨平由此产生的波动。同时还应注意到,T^* 是一个叠加值,是对基金公司累计发行开放式基金费率的加总,由此提醒基金公司从跨期而非当期角度思考开放式基金的发行行为。

表 4.6   二次曲线回归系数检验

	未标准化系数		标准化系数	t	Sig.
	B	标准误差	Beta		
T	−0.134	0.048	−0.594	−2.754 ***	0.006
T²	0.018	0.008	0.511	2.369 **	0.019

注:(1)***、**、* 分别表示相关系数在 0.01、0.05、0.10 的水平下显著。(2)篇幅所限,表中各控制变量的回归系数未予给出。

就控制变量而言,模型 4.1 中 DAR 变量对基金公司绩效有极为显著的负影响,非标准化回归系数为−6.208,在 0.01 的水平下显著;在模型 4.2 中,DAR 变量对基金公司绩效也存在极为显著的负影响,非标准化回归系数为−0.553,在 0.01 的水平下显著。即基金公司的资产负债率对经济效益和社会责任都存在极为显著的负效应。模型 4.1 中 G 变量对基金公司绩效有极为显著的正影响,非标准化回归系数为 3.092,在 0.01 的水平下显著;在模型 4.2 中,G 变量对基金公司绩效也存在显著的正影响,非标准化回归系数为 0.430,在 0.05 的水平下显著,即基金公司的成长能力对经济效益和社会责任有显著的正效应。令人稍感意外的是,在模型 4.1 中,lnSIZE 变量对基金公司绩效的非标准化回归系数为负值−0.193,但并不显著;而在模型 4.2 中,模型的回归结果则出现了很大的不同,lnSIZE 变量的非标准化回归系数为 0.132,在 0.01 的水平下显著,这表明基金公司规模对经济效益的影响存在不确定性,而对社会责任有极为显著的正影响。在模型 4.1 中,H_1 变量对基金公司绩效的非标准化回归系数为负值−0.585,但并不显著;而在模型 4.2 中,H_1 变量的非标准化回归系数为 0.208,在 0.05 的水平下显著,这表明基金公司的股权集中度对经济效益的影响存在不确定性,而对社会责任有显著的正影响。

需要注意的是,在模型 4.1 的各自变量中,虽然费率 T 的非标准化回归系数绝对值较低(仅比基金公司规模指标 $lnSIZE$ 略高),但作为测度对被解释变量重要性的依据,其标准化回归系数的绝对值却较高(仅比基金公司资产负债率指标 DAR 略低),表明费率 T 在影响经济效益的诸因子中居于重要地位。在模型 2 的各自变量中,由于费率 T 的非标准化回归系数和标准化回归系数的绝对值都较低,表明费率 T 在影响基金公司社会责任的诸因子中居于次要地位。

结合命题 4.2,可得当费率为 3.72% 时,基金公司的社会责任值最低。综合基金公司股东权益对费率的回归方程(4.21)和社会责任对费率的回归方程(4.23),可知当 $0 \leqslant T \leqslant 3.72\%$ 时,随着费率 T 的增长,基金公司经济效益升高,社会责任降低,两者效果抵消;当 $3.72\% \leqslant T \leqslant 1$ 时,随着费率 T 的增长,基金公司经济效益升高,社会责任升高,两者效果叠加,基金公司综合目标得到提升。同图 4.4(基金公司综合目标提升程度 $G(t)$—开放式基金费率 t 总关系图)吻合。

(3)稳健性检验

本研究的分析表明,费率与基金公司绩效之间存在相关关系,开放式基金费率的"锚定"效应对基金公司绩效有显著效应。由于上文关于 NAV 及 Tobin's Q 回归的数据模型均建立在费率外生的假设基础上,实际上还存在这样一种可能,即由于大规模的基金公司在信息收集和整理方面具有规模经济,其发行的基金产品成本较低,相应的费率也较低,是基金公司改变了费率,而非费率影响了基金公司。本研究通过如下两种方式予以缓解:一是以条件矩约束代替严格外生性假定,然后将 T 的拟合值带入模型 4.1 及模型 4.2 中运行回归分析;二是采用 CFA 方法(control function approach),将费率对工具变量族及模型中的控制变量作回归得到模型的残差,然后将残差的一个非参数函数纳入模型 4.1 及模型 4.2 中进行回归。综合考虑数据获取的难易程度及现有文献的相关研究,本研究以开放式基金行业的平均基金费率作为费率 T 的工具变量。稳健性检验的结果表明,除基金公司成长能力这一控制变量外,各解释变量的回归结果只存在较小变化。本研究还分别去掉了 3% 绩效最高和 3% 绩效最低的基金公司(包括经济效益 NAV 为 0 的基金公司),再次对模型进行稳健性检验。结果显示除资本结构及基金公司成长能力这两个控制变量的系数有较大变化外,其他变量并不存在显著差异。总体来看,模型的回归结果是稳定的。

此外,命题 4.3、4.4 通过如下过程予以证明。2006 年至今,伴随资本市场的火爆,开放式基金的发行也出现了井喷态势。根据 WIND 数据统计,截至 2011 年底,开放式基金(QDII 型基金除外)份额共计 28829.43 亿份。本研究对 2007 年底 364 款开放式基金进行年度追踪,分别从基金持有人费率、基金运营费率以及总费率角度分析开放式基金费率的变化趋势。通过 excel 对相关数据做趋势分析,表 4.7 列出了开放式基金费率的变化趋势,"十"号表示费率存在上升趋势,"一"号表示费率存在下降趋势。

表 4.7　样本基金公司开放式基金费率趋势(2007 年 12 月至 2012 年 12 月)

基金家数	基金持有人费率	基金运营费率	总费率
104	一	一	一
27	一	十	一
39	十	一	十
194	十	十	十
合计 364	十	十	十

通过对表 4.8 的分析,可以发现,364 款基金产品中,有 104 款调低了基金持有人费率和基金运营费率;27 款调低了基金持有人费率,调高了基金运营费率,总费率降低;39 款调高了基金持有人费率,调低了基金运营费率,总费率升高;总体而言,基金持有人费率和基金运营费率都存在上升趋势,总费率相应升高。

由命题 4.3 和 4.4 可知,基金公司调高开放式基金费率,将提升基金公司综合目标的实现程度。调低开放式基金费率,并不会改变基金公司的综合目标。基金公司出于理性动机,将选择调高基金费率,符合表 4.8 的结果,命题 4.3 和 4.4 得证。

4.5 本章小结

开放式基金规模的扩大引起了学者对开放式基金产品费率的关注。这部分通过经济效益和社会责任的划分,拓展了现有的基金绩效衡量指标,研究了费率对我国开放式基金产品绩效的影响,理论及实证分析表明:第一,单方面考虑经济效益时,基金费率同基金公司绩效存在正相关关系;第二,单方面考虑社会责任时,基金费率同基金公司绩效呈 U 形关系,随着费率的上升,基金公司绩效起初随之下降。但是,当费率足够大时,随着费率的上升,基金公司绩效上升。存在最差费率,使得基金公司绩效最小化;第三,基金公司调高开放式基金产品费率,将提升基金公司综合目标的实现程度;第四,基金公司调低开放式基金产品费率,并不会改变基金公司的综合目标。实证结果也显示国内的基金公司已从对经济效益的单纯关注转向重视企业的社会责任,其制定相关收费标准的出发点已从经济视角转向综合目标实现程度的提升。

本章的模型设置和实证检验表明开放式基金费率对基金公司经济效益和社会责任存在显著影响,由此搭建了用于分析开放式基金产品费率调整的框架,提醒我们从经济效益和社会责任角度思考开放式基金产品的费率设置问题:当需要照顾基金的经济效益时,基金公司可以设置一个收益上限,当开放式基金产品的收益率超过这一上限时,超额收益归基会所有;当需要照顾基金的社会责任时,基金公司可以设置一个收益下限,当开放式基金产品的收益率低于这一下限时,基金公司将保证投资者获得承诺的下限收益。由此可以创新性地对开放式基金产品类型进行分类,如图 4.6 所示。

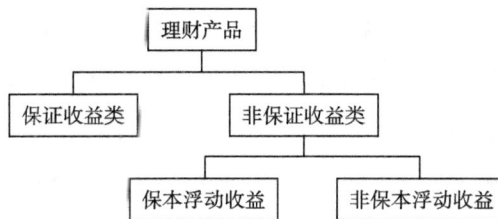

图 4.6 开放式基金产品的分类

对图 4.6 中的开放式基金产品类型详细分析如下:

4.5.1 保证收益类开放式基金产品

保证收益类开放式基金产品,是开放式基金产品按照约定条件向投资者承诺支付固定收益,基金公司承担由此产生的投资风险。

基金公司发售此类开放式基金产品通常的做法是:在开放式基金产品尚未推出之时,基金公司已经在市场上持有了所谓开放式基金资产(如国债、金融债和央行票据等),然后再根据这种资产的期限和预期收益情况,确定所发行开放式基金产品的期限和预期收益率,最后再向投资者出售开放式基金产品,并将所筹集的开放式基金资金用于购买自己持有的债券、票据等。开放式基金产品到期前,投资者既可以选择到期赎回基金,也可以选择提前赎回基金。在这一模式下,基金公司将原本属于自己的利差收益让利于投资者,并承担市场资金利率下降的风险;而投资者即有高于一般存款的收益,又几乎不承担任何风险。

在这类保证收益开放式基金产品中,基金公司的行为显然是让利于投资者,并最大限度地减少投资者风险。当然此类基金也可能产生如下诸多问题:(1)一些基金公司将这类产品转化为准储蓄存款产品,变成高息揽储和规模扩张的一种工具,混淆了储蓄存款和开放式基金业务的性质;(2)一方面变相突破国家利率管制,另一方面引致了金融市场的不公平竞争;(3)造成金融市场的混乱。

4.5.2 非保证收益类开放式基金产品

该类产品属于浮动收益类,又分非保本浮动收益类和保本浮动收益类两种:

(1)非保本浮动收益

非保本浮动收益开放式基金产品是基金公司根据约定条件和实际投资收益情况向投资者支付收益,并不保证投资者本金安全的开放式基金计划。需要特别注意的是,此类产品往往设置一个最高收益,当实际收益不足最高收益时,投资者获得实际收益;当实际收益高于最高收益时,超额收益归基金公司所有,投资者仅获得最高收益。

非保本浮动收益开放式基金产品实质上是基金公司和投资者风险与收益的博弈。但在这一博弈中,基金公司和投资者的地位是极其不平等的。

第一，博弈双方在专业、信息上的不平等关系。

基金公司开放式基金人员都是金融专业人士，有强大的研究团队，又享有金融信息上的优势，更重要的，基金公司是开放式基金产品的设计者。所以当基金公司与投资者处于开放式基金产品的某种利益博弈状态时，投资者即投资者将处于不利地位。

第二，博弈双方在"提前终止权"设置中的不平等。

在许多开放式基金产品中，都设置有"提前终止权"。目前，我国各基金公司对于提前终止权的设定主要有两种形式：(1)基金公司在支付收益时可以提前终止该产品，投资者没有提前终止产品协议的权利，如果想要提前终止产品协议需交纳一定的违约金；(2)投资者拥有提前赎回的权利。

但目前基金公司在发行开放式基金产品时，几乎都是基金公司有权提前终止，而投资者无权。开放式基金产品收益率基本上是以年收益率来衡量，一旦基金公司提前终止，则开放式基金产品的实际年收益率必然减少。

基金公司发行附带提前终止权产品的目的，在于规避利率下跌的风险。一旦利率下跌，基金公司可提前终止原有产品，转而发行融资成本更低的新产品。对投资者而言，一旦产品被提前终止，则只能在更低利率环境下投资，承受再投资风险。一般而言，基金公司在产品设计推出时制订的价格越优惠，该产品就越容易被提前终止。

第三，基金公司设置的区间触发条件苛刻。

区间触发就是指在设计开放式基金产品时会对参照物设定一定幅度的区间，如果在观测期内，参照物的价格从未触及该区间的上、下限，则投资者会获得开放式基金产品的实际收益，否则，将按合约规定只获得一部分的投资收益。基金公司在开放式基金业务中之所以产生这一相反的行为模式，实质上决定于其开拓开放式基金市场目的的二重性。在基金公司之间、特别是基金公司与证券公司、信托公司、保险公司等金融机构日趋激烈的竞争中，基金公司为了自身的生存和发展，一方面，必须千方百计地保住传统的资金来源市场，尽可能减少其他竞争对手的分割和侵入;另一方面,基金公司也必须开拓新的市场领域,谋求新的盈利模式。因此,为了前一个目的,基金公司不得不既让利于投资者,又尽可能免除投资者的投资风险,以最大限度地竞争储蓄市场资金份额;为了后一个目的,基金公司又尽可能地转嫁风险,从投资者开放式基金资金的运作中获取更多的收益。

(2)保本浮动收益

指基金公司根据约定条件向投资者保证本金支付,依据实际投资收益情况确定投资者实际收益,本金以外的投资风险由投资者承担的开放式基金产品。

基金公司通常通过购买零息票据或期权等保本工具来实现保本,再将剩余的资金去购买挂钩标的,这种以小博大策略,如果投资者认同挂钩产品的走势,最多也只是输掉投资期利息而已。这样,投资者以一笔门槛不高的投资,便可以参与诸如海外资本市场等平日没有途径进入的领域,对投资者有较强的吸引力。

综上所述,非保本浮动收益类开放式基金产品存在收益上限;保本浮动收益类开放式基金产品存在收益下限;保证收益类开放式基金产品可视为既存在收益下限,也存在收益上限,即收益双限,只不过是双限类开放式基金产品中的特殊情况而已(上限等同于下限)。

◆ 第 5 章 ◆

存在收益下限开放式基金费率基本模型设定

第 4 章的分析表明基金公司在制定开放式基金费率时,需要综合考虑其经济效益和社会责任,由此给我们一个启发:考虑经济效益时,需要给费率设置一个上限,超额收益归基金公司所有;考虑社会效益时,需要给费率设置一个下限,保证投资者有最低收益。由此本书剩余章节的写作会遵循如下思路:首先分析收益存在上下限时的开放式基金费率,然后逐步引入赎回期限和分红两个限制条件,较为系统地探讨开放式基金费率的定价机制。

投资者购买基金公司发行的开放式基金,并按照一定的费率支付认购费用,这一过程实质上是针对开放式基金收益这一特定对象完成的。投资者可以要求基金公司对其做出某种最低收益承诺,如果投资者购买的开放式基金到期收益没有达到预期目标,投资者有权要求基金公司为其提供承诺中约定的最低收益,投资者获得这一权利需要付出一定的价格(正值),即为认购费用;同理,投资者也可以向基金公司做出某种承诺,如果投资者购买的开放式基金到期收益超过既定目标,基金公司有权获得超额收益。这种情况下基金公司需要让利给投资者,以便获得这一权利,当然,我们也可以理解为投资者付出了一定的价格(负值)来获得这一权利。

由于开放式基金的费率是权利的价格与开放式基金认购额度的比例,由此,费率的计算,权利价格的确定是关键。在构建权利价值评估模型时,要用到期权理论、布朗随机过程与 ITO 定理,本章首先对相关理论进行阐述,再运用该理论对存在收益下限开放式基金费率进行初步定价。

5.1 期权理论

期权有两种基本类型——看涨期权和看跌期权。看涨期权（call option）是指该期权持有人具有在某个确定时间按某一确定价格购买一项资产的权利；看跌期权（put option）是指该期权持有人具有在某个确定时间按某一确定的价格出售一项资产的权利。合约中的制定的日期被称为到期日（expiration date）；期权合约中指定的价格被称为执行价格（exercise price）。

期权又分为美式期权和欧式期权，这个区分和地理位置完全没有关系。美式期权可在期权有效期内任何一天执行，欧式期权只能在期权到期日执行。交易所中交易的大部分期权是美式期权。但是，欧式期权通常比美式期权更易于分析，美式期权的性质经常可以从与它对应的欧式期权推导出来。本研究以 c 表示欧式看涨期权，p 表示欧式看跌期权，C 表示美式看涨期权，P 表示美式看跌期权。

每一期权合约都有交易双方。一方是持有期权多头头寸的投资者（即购买期权合约的一方）。另一方是持有期权空头头寸的投资者（即出售期权合约的一方）。期权的出售方事先收取现金，但之后具有潜在的负债。期权出售方的损益状态与期权购买方的损益状态正好相反。

有四种基本的期权头寸：

第一，看涨期权的多头 c

第二.看跌期权的多头 p

第三,看涨期权的空头 $-c$

第四,看跌期权的空头 $-p$

到期日期权损益状态经常被用来描述期权投资者的头寸状况。在计算时，不包括初始期权成本。如果以 K 代表执行价格，S_T 代表标的资产的到期日价格，T 代表到期日，则 T 时刻看涨期权多头价格 $c(T)=\max(S_T-K,0)$；同理，T 时刻看涨期权空头价格 $-c(T)=\min(K-S_T,0)$；T 时刻看跌期权多头价格 $p(T)=\max(K-S_T,0)$；T 时刻看跌期权空头价格 $-p(T)=\min(S_T-K,0)$。

图 5.1 至图 5.4 为这些期权头寸的损益状态图,其中 K 代表执行价格,S_T 代表标的资产的到期日价格。

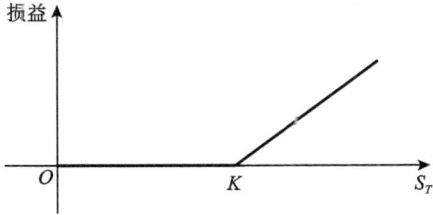

图 5.1　看涨期权的多头

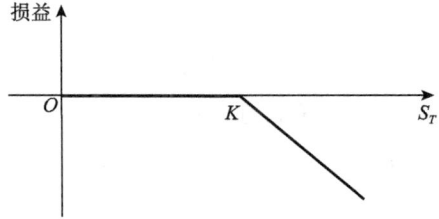

图 5.2　看涨期权的空头

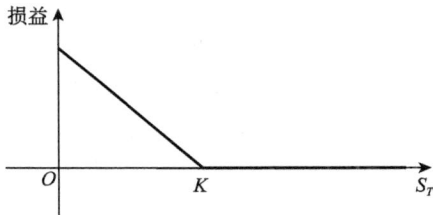

图 5.3　看跌期权的多头

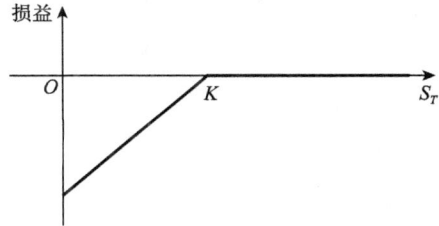

图 5.4　看跌期权的空头

本研究将使用如下的符号定义:

S_0:标的资产现价

K:期权的执行价格

T:期权的到期期限

S_T:到期时刻标的资产的价格

r:连续复利计算的年化无风险利率,是名义利率

C:购买一份标的资产的美式看涨期权的价值

P:出售一份标的资产的美式看跌期权的价值

c:购买一份标的资产的欧式看涨期权的价值

p:出售一份标的资产的欧式看跌期权的价值

5.2 布朗随机过程与 ITO 定理

5.2.1 相关随机过程

5.2.1.1 布朗随机过程

布朗随机过程(又称维纳过程)是一个连续时间过程,它具有三个重要性质:第一,它是一个马尔可夫过程。该过程的所有未来值的概率只取决于其当前值,而不受该过程在过去的取值或其他当前信息的影响,因此,该过程的当前值就是做出其未来值最佳预测中所需的全部信息。第二,布朗随机过程具有独立增量(independent increments)。这表示该过程在任一时间区间上变化的概率分布独立于其在任一(不相交)的其他时间区间上变化的概率。第三,布朗随机过程在任何有限时间区间上的变化服从于正态分布(normally distributed),其方差随时间区间的长度呈线性增加。

马尔可夫性是布朗随机过程的一个十分重要的性质,它表明为预测过程的未来路径,只有当前的信息是有用的。基金价格经常被模型化为马尔可夫过程,这是因为公开的信息会很快地反映到基金价格中,因此过去的基金价格没有预测价值。(这里所描述的市场情况通常被称为弱市场有效性。如果弱市场有效性不成立,投资者可以通过技术分析来"击败市场",即利用过去的基金价格模式来预测其未来价格。)布朗随机过程具有独立增量性,这一事实表示可以把它看作随机游动的连续时间版本,这一观点后面还会阐述。

上面提到的三个性质(马尔可夫性、独立增量性以及增量的正态性)似乎限制性太强,它表明现实世界中很少有变量能用布朗随机过程来被真实地模型化。例如,尽管假定基金价格满足马尔可夫性及独立增量性可能是合理的,但假定基金价格变化服从正态分布却不合理,毕竟知道基金价格永远不会下降到低于零。更合理的假定是,基金价格的变化服从对数正态分布,即价格取对数之后的变化服从正态分布。但这恰好表示基金价格的对数可模型化为布朗随机过程,但基金价格本身并不是布朗随机过程。后面将会看到,通过适当的变换,布朗随机过程可以用作对随时间连续(或几乎连续)变化的一批相当广泛的随机变量建模的基石。

用更标准的语言来重述布朗随机过程的三个性质是十分有用的。假设 $z(t)$ 为布朗随机过程,在时间区间 Δt 上 z 的任何变化都记为 Δz,它满足于下列条件:

(1)Δt 和 Δz 满足下列关系:

$$\Delta z = \varepsilon_t \sqrt{\Delta t} \tag{5.1}$$

式中,ε_t 为均值为 0、标准差为 1 的正态分布的随机变量。

(2)随机变量 ε_t 是序列不相关的,即对任意 $t \neq s$,$E(\varepsilon_t \varepsilon_s) = 0$ 都成立,故 Δz 在任意两个不同的时间区间上是相互独立的。由此可推出 $z(t)$ 服从马尔可夫性和独立增量性。

接下来考察这两个条件对 $z(t)$ 在某一有限区间上的变化的影响。将该区间分为长为 Δt 的 n 个小区间,即 $n = T/\Delta t$。则 $z(t)$ 在该区间上的变化可表示为:

$$Z(s+T) - z(s) = i \sum_{i=1}^{n} \varepsilon_t \sqrt{\Delta t} \tag{5.2}$$

式中,ε_t 是相互独立的。由中心极限定理,可以证明该式(即 $Z(s+T) - z(s)$)服从于均值为 0、方差为 $T = n\Delta t$ 的正态分布。其中最后一点是非常重要的,它来自这样一个事实,即 Δz 取决于了 $\sqrt{\Delta t}$ 而不是 Δt;布朗随机过程中变化的方差随时间区间的长度线性增长。这个性质后面将不断地运用到。

(3)注意布朗随机过程是非平稳的随机过程,长期来看其方差将趋于无穷。

令 $\Delta t \to 0$,布朗随机过程在时间区间无穷小时的增量 dz 可表示为:

$$dz = \varepsilon_t \sqrt{dt} \tag{5.3}$$

因 ε_t 服从正态分布 $N(0,1)$ 故 $Var(dz) = 0$,$Var(dz) = \varepsilon_t (\Delta t)1/2 = \varepsilon_t (\Delta t)1/2$。然而,注到在普通微积分的意义下,布朗随机过程是不能对时间求导的。因为 $\varepsilon_t (\Delta t)1/2 = \varepsilon_t (\Delta t)^{1/2}$,当 $\Delta z/\Delta t \to 0$ 时,$\Delta z/\Delta t \to \infty$。故导数不存在。

5.2.1.2　带漂移的布朗运动

布朗随机过程可以很容易地推广到更复杂的一些过程。对式(5.3)最简单的推广就是带漂移的布朗运动:

$$dx = \alpha dt + \sigma dz \tag{5.4}$$

式中,dz 为前面定义过的布朗随机过程的增量;α 为漂移参数;σ 为方差参数。

注意,在任何时间区间 Δt 上,x 的变化表示为 Δx,服从于均值为 $E(\Delta x) = \alpha \Delta t$,方差为 $\text{Var}(\Delta x) = \sigma^2 \Delta t$ 的正态分布。

5.2.1.3 几何布朗运动

下面讨论经常用来描述的资产价值的几何布朗运动 S_t。定义 S_t 的瞬时期望漂移率为 μx 和瞬时方差率 $\sigma^2 x^2$。X_t 表示为下面的随机过程:

$$dx = \alpha x \, dt + \sigma x \, dz$$

即

$$\frac{dx}{x} = \mu \, dt + \sigma \, dz \tag{5.5}$$

式(5.5)是描述标的的资产价值行为的一种最广泛使用的模型——几何布朗运动,参数 μ 为标的资产的预期收益率,参数 σ^2 为收益率波动率,一般情况下,假设 μ 和 σ^2 为常数。

几何布朗运动的离散形式为:

$$\frac{\Delta x}{x} = \mu \Delta t + \sigma \varepsilon \sqrt{\Delta t} \tag{5.6}$$

Δx 为短时间 Δt 后标的资产价值 x 的变化,ε 为标准正态分布(均值为 0、标准差为 1 的正态分布)的随机抽样值。参数 μ 为单位时间内标的资产的预期收益率,参数 σ 为标的资产价值的波动率。

式(5.6)的左边是短时间 Δt 后标的资产的收益比,右边 $\mu \Delta t$ 项是这一收益的期望值,而 $\sigma \varepsilon \sqrt{\Delta t}$ 项是收益的随机部分。随机部分的方差(也是整个收的方差)为 $\sigma^2 \Delta t$。

由式(5.6)可知,$\frac{\Delta x}{x}$ 服从均值为 $\mu \Delta t$、标准差为 $\sigma \varepsilon \sqrt{\Delta t}$ 的正态分布。即:

$$\frac{\Delta x}{x} = N(\mu \Delta t, (\sigma \varepsilon \sqrt{\Delta t})^2) \tag{5.7}$$

其中,$N(\mu, \sigma^2)$ 表示均值为 μ、标准差为 σ 的正态分布。

5.2.2 广义布朗过程的 ITO 定理

(1)广义布朗过程——伊藤过程

布朗随机过程还可以推广为伊藤过程,其形式为:

$$dx = a(x,t)dt + b(x,t)dz \tag{5.8}$$

式中,dz 为布朗随机过程的增量;$a(x,t)$ 和 $b(x,t)$ 为已知的(非随机的)函数。

这里的漂移系数和方差系数是当前状态和时刻的函数。由式(5.8)所表示的连续时间随机过程 $x(t)$ 称为伊藤过程。

考虑伊藤过程增量的均值和方差,因为 $E(dz)=0$,所以 $E(dx)=a(x,t)dt$,dx 的方差为 $E[(dx)^2] - E(dx)^2$,其中含有 dt,$(dt)^2$ 和 $(dt)(dz)$,由式(5.3)知 $(dt)(dz)$ 项其阶为 $(dt)^{3/2}$。对无穷小的 dt,含 $(dt)^2$ 和 $(dt)^{3/2}$ 的项可忽略不计,故阶为 dt 的项的方差为:

$$\mathrm{Var}(dx) = b^2(x,t)dt \tag{5.9}$$

将 $a(x,t)$ 看作伊藤过程的瞬间期望漂移率(drift rate),而 $b^2(x,t)$ 则看作方差的瞬间变动率(variance rate)。

(2)广义维纳过程的 ITO 定理

针对广义维纳过程 $\{x(t)\}$,$dx = \mu dt + \sigma dz$,其中 $\{z(t)\}$ 遵循维纳过程。若 μ 和 σ 不是常数,而取决于 x 和 t 的话,(即 $\mu = \mu(x,t)$ 和 $\sigma = \sigma(x,t)$),那么 $\{x(t)\}$ 遵循 ITO 过程:$dx = \mu(x,t)dt + \sigma(x,t)dz$ 称之为 ITO 微分方程。

ITO 定理:对任何 x 和 t 的函数 $Y = Y(x,t)$,下式成立:

$$dY = \left(\frac{\partial Y}{\partial x}\mu + \frac{\partial Y}{\partial t} + \frac{1}{2}\frac{\partial^2 Y}{\partial x^2}\sigma^2\right)dt + \frac{\partial Y}{\partial x}\sigma dz \tag{5.10}$$

令 $\mu(x,t) = \frac{\partial Y}{\partial x}\mu + \frac{\partial Y}{\partial t} + \frac{1}{2}\frac{\partial^2 Y}{\partial x^2}\sigma^2$ 和 $\sigma(x,t) = \frac{\partial Y}{\partial x}\sigma$,那么,式(5.10)可化为:

$$dY = \mu(x,t)dt + \sigma(x,t)dz \tag{5.11}$$

也就是说 Y 也遵循 ITO 过程。

5.3 存在收益下限开放式基金费率的初步定价

5.3.1 问题描述

由于开放式基金的种类繁多,从收益角度,存在限制收益下限和限制收益上限两类;从分红角度又可分为分红型和不分红型。这一部分先分析不分红型开放式基金,其存在收益下限,且只能在存续期末赎回的基金费率,然后再逐步放松假设,对其他开放式基金的费率设置进行系统分析。需要特别说明的是,开放式基金是可以随时申购和赎回的,不存在到期才可赎回的情况。之所以如此假设,是为了在结论的基础上引出真实的开放式基金费率设计思路。

不分红、存在收益下限,且只能在存续期末赎回的基金符合如下特征:基金公司向投资者承诺基金产品到期的最低收益 R_T,投资者向基金公司支付一定费用用于购买该项权利,但在整个开放式基金的存续期内,投资者没有分红收益,不可赎回开放式基金,而只能在到期日赎回。

则 T 时刻投资者收益 R_T——开放式基金价格 S_T 关系如图 5.5 所示。R_T 为 T 时刻投资者收益(投资者在 T 时刻赎回开放式基金获得的收益),S_T 为 T 时刻(到期日)的开放式基金价格,K 为承诺的保底收益。

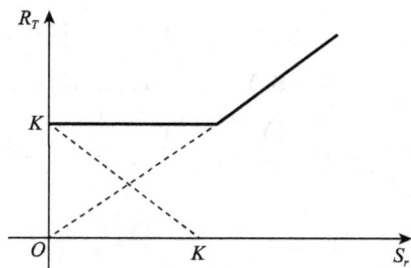

图 5.5 T 时刻投资者收益 R_T——开放式基金价格 S_T 关系图

即:
$$R_T = \max(K, S_T) \tag{5.12}$$

此外,易得 T 时刻开放式基金价格 S_T——开放式基金价格 S_T 关系图

（图 5.6），S_T 为 T 时刻（到期日）的开放式基金价格，K 为承诺的保底收益。

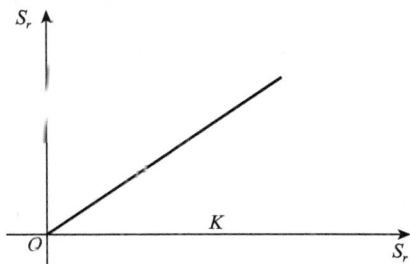

图 5.6　T 时刻开放式基金价格 S_T——开放式基金价格 S_T 关系图

即：

$$S_T = S_T \tag{5.13}$$

则 T 时刻投资者为求得保底收益，需要为该项权利支付的价格为（$R_T - S_T$）。叠加图 5.5、图 5.6，可得 T 时刻权利价格——开放式基金价格 S_T 关系图（图 5.7）。S_T 为 T 时刻（到期日）的开放式基金价格，K 为承诺的保底收益。

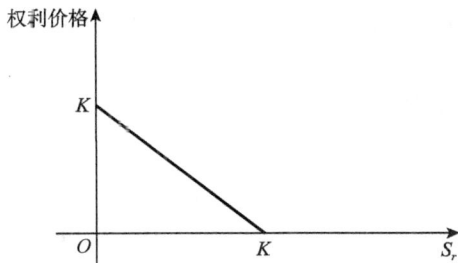

图 5.7　T 时刻权利价格——开放式基金价格 S_T 关系图

即：

$$R_T - S_T = \max(K - S_T, 0) \tag{5.14}$$

显然，图 5.7 同图 5.3 一致，即保底收益，且只能在存续期末赎回的开放式基金对应的权利价格同看跌期权的多头在 T 时刻的价格一致，又因为该类基金产品不能提前行权，所以保底收益，且只能在存续期末赎回的开放式基金对应的权利等价于欧式看跌期权多头的价格，设为 p。

假设开放式基金价格随机波动，其行为遵循几何或对数布朗运动，即开放式基金价格 S 服从对数分布，且整个收益的方差不变，则：

$$\mathrm{d}S = \mu S \mathrm{d}t + \sigma S \mathrm{d}z \tag{5.15}$$

其中，μ、σ 为常数，μ 参数为单位时间内（通常假定为 1 年开放式基金的预期收益率，σ 参数表示开放式基金收益率的波动率，$\mathrm{d}z$ 是一个维纳过程，$\mathrm{d}z = \varepsilon \sqrt{\mathrm{d}t}$ 服从期望值为 0、标准差为 1 的正态分布。

5.3.2 模型的建立

设时刻 t 的欧式看跌期权 p_t 为开放式基金价格 S_t 与时刻 t 的函数 $p(S_t, t)$，在(5.10)式中，取 $x = S$，$\mu = \mu(S, t)$ 和 $\sigma = \sigma(S, t) = \sigma S$。得到：

$$\mathrm{d}p = \left(\frac{\partial p}{\partial S}\mu S + \frac{\partial p}{\partial t} + \frac{1}{2}\frac{\partial^2 p}{\partial S^2}\sigma^2 S^2\right)\mathrm{d}t + \frac{\partial p}{\partial S}\sigma S\varepsilon\sqrt{\mathrm{d}t} \tag{5.16}$$

式(5.15)和式(5.16)的离散形式如式(5.17)所示：

$$\Delta S = \mu S \Delta t + \sigma S\varepsilon\sqrt{\Delta t} \tag{5.17}$$

$$\Delta p = \left(\frac{\partial p}{\partial S}\mu S + \frac{\partial p}{\partial t} + \frac{1}{2}\frac{\partial^2 p}{\partial S^2}\sigma^2 S^2\right)\Delta t + \frac{\partial p}{\partial S}\sigma S\varepsilon\sqrt{\Delta t} \tag{5.18}$$

考虑这样的资产组合，卖出一份权利（失去价值 p），买入 $\frac{\partial p}{\partial S}$ 份开放式基金（获得资产 $\frac{\partial p}{\partial S}S$）。该投资组合在 0 时刻的价值是：

$$-p + \frac{\partial p}{\partial S}S \tag{5.19}$$

经过 Δt 时间后，组合价值变化为：

$$-\Delta p + \frac{\partial p}{\partial S}\Delta S \tag{5.20}$$

将式(5.17)、式(5.18)代入式(5.20)并化简，则经过 Δt 时间后，组合价值变化为：

$$-\left(\frac{\partial p}{\partial t} + \frac{1}{2}\frac{\partial^2 p}{\partial S^2}\sigma^2 S^2\right)\Delta t \tag{5.21}$$

式(5.21)消掉了随机项 $\varepsilon\sqrt{\Delta t}$，这表明投资组合的价值在短时间的变化不存在方差，即不出现价值变化的风险。也就是说该资产组合的价值变化与收益是无风险利率的资产组合的价值变化相同。结合式(5.19)，即组合价值变化为：

$$\left(-p+\frac{\partial p}{\partial S}S\right)r\Delta t \tag{5.22}$$

其中，r 为连续复利计算的年化无风险利率。由于式(5.21)等价于式(5.22)，可得：

$$\frac{\partial p}{\partial S}rS+\frac{\partial p}{\partial t}+\frac{1}{2}\frac{\partial^2 p}{\partial S^2}\sigma^2 S^2-rp=0 \tag{5.23}$$

结合限制条件式(5.14)，

得到随机微分方程组：

$$\begin{cases} \dfrac{\partial p}{\partial S}rS+\dfrac{\partial p}{\partial t}+\dfrac{1}{2}\dfrac{\partial^2 p}{\partial S^2}\sigma^2 S^2-rp=0 \\ p(S_T,T)=\max(K-S_T,0) \end{cases} \tag{5.24}$$

要求解随机微分方程组式(5.24)，首先需要考虑方程组的简化。做变量替换：

$$S=K e^y \tag{5.25}$$

$$t=T-2\frac{v}{\sigma^2} \tag{5.26}$$

$$p=K\times V(y,t) \tag{5.27}$$

将式(5.25)、式(5.23)、式(5.27)代入式(5.24)中，并简化得到：

$$\begin{cases} \dfrac{\partial V}{\partial v}+\dfrac{2r}{\sigma^2}V=\dfrac{\partial^2 V}{\partial y^2}+\left(\dfrac{2r}{\sigma^2}-1\right)\dfrac{\partial V}{\partial y} \\ V(y,0)=\max(1-e^y,0) \end{cases} \tag{5.28}$$

再做变量替换：

$$V(y,v)=\exp\left[\left(\frac{1}{2}-\frac{r}{\sigma^2}\right)y-\left(\frac{1}{2}+\frac{r}{\sigma^2}\right)v\right]U(y,t) \tag{5.29}$$

将式(5.29)代入方程组(5.28)，并化简得到：

$$\begin{cases} \dfrac{\partial U}{\partial v}=\dfrac{\partial^2 U}{\partial y^2} \\ U(y,0)=\max\left\{\exp\left[\left(\dfrac{r}{\sigma^2}-\dfrac{1}{2}\right)y\right]-\exp\left[\left(\dfrac{1}{2}+\dfrac{r}{\sigma^2}\right)y\right],0\right\} \end{cases} \tag{5.30}$$

其解为：

$$U(y,\upsilon)=\frac{1}{2\sqrt{\pi\upsilon}}\int_{-\infty}^{+\infty}U(\mu,0)\exp\left(-\frac{(y-\mu)^2}{4\upsilon}\right)\mathrm{d}\mu \tag{5.31}$$

将 $U(y,0)$ 带入式(5.31)中,求积分可得:

$$U(y,\upsilon)=\frac{1}{2\sqrt{\pi\upsilon}}\int_0^{+\infty}\exp\left[\left(\frac{1}{2}+\frac{r}{\sigma^2}\right)\mu-\frac{(y-\mu)^2}{4\upsilon}\right]\mathrm{d}\mu-$$

$$\frac{1}{2\sqrt{\pi\upsilon}}\int_0^{+\infty}\exp\left[\left(\frac{r}{\sigma^2}-\frac{1}{2}\right)\mu-\frac{(y-\mu)^2}{4\upsilon}\right]\mathrm{d}\mu=A_1-A_2 \tag{5.32}$$

$$A_1=\frac{1}{2\sqrt{\pi\upsilon}}\int_0^{+\infty}\exp\left[\left(\frac{1}{2}+\frac{r}{\sigma^2}\right)\mu-\frac{(y-\mu)^2}{4\upsilon}\right]\mathrm{d}\mu \tag{5.33}$$

$$A_2=\frac{1}{2\sqrt{\pi\upsilon}}\int_0^{+\infty}\exp\left[\left(\frac{r}{\sigma^2}-\frac{1}{2}\right)\mu-\frac{(y-\mu)^2}{4\upsilon}\right]\mathrm{d}\mu \tag{5.34}$$

下面求解积分。令 $\mu=y+\left(\frac{1}{2}+\frac{r}{\sigma^2}\right)\times 2\upsilon-\sqrt{2\upsilon}\times\eta$,带入式(5.33)的 A_1 中化简可得:

$$A_1=\exp\left[\left(\frac{1}{2}+\frac{r}{\sigma^2}\right)y+\left(\frac{1}{2}+\frac{r}{\sigma^2}\right)^2\upsilon\right]\times\sqrt{2\upsilon}\times\int_{-\infty}^{d_1}e^{-\frac{\eta}{2}}\eta^2\mathrm{d}\eta \tag{5.35}$$

式中,$d_1=\dfrac{y}{\sqrt{2\upsilon}}+\left(\dfrac{1}{2}+\dfrac{r}{\sigma^2}\right)\sqrt{2\upsilon}$ \hfill (5.36)

令 $\mu=y+\left(\frac{r}{\sigma^2}-\frac{1}{2}\right)\times 2\upsilon-\sqrt{2\upsilon}\times\eta$,带入式(5.34)的 A_2 中化简可得:

$$A_2=\exp\left[\left(\frac{r}{\sigma^2}-\frac{1}{2}\right)y+\left(\frac{r}{\sigma^2}-\frac{1}{2}\right)^2\upsilon\right]\times\sqrt{2\upsilon}\times\int_{-\infty}^{d_2}e^{-\frac{\eta}{2}}\eta^2\mathrm{d}\eta \tag{5.37}$$

式中,$d_2=\dfrac{y}{\sqrt{2\upsilon}}+\left(\dfrac{r}{\sigma^2}-\dfrac{1}{2}\right)\sqrt{2\upsilon}$ \hfill (5.38)

将式(5.35)、式(5.37)代入式(5.32)得到如下公式:

$$U(y,\upsilon)=\exp\left[\left(\frac{1}{2}+\frac{r}{\sigma^2}\right)y+\left(\frac{1}{2}+\frac{r}{\sigma^2}\right)^2\upsilon\right]\times N(d_1)-$$

$$\exp\left[\left(\frac{r}{\sigma^2}-\frac{1}{2}\right)y+\left(\frac{r}{\sigma^2}-\frac{1}{2}\right)^2\upsilon\right]\times N(d_2) \tag{5.39}$$

将式(5.39)带入式(5.29),得:

$$V = V(y, \nu) = e^{-2r\frac{1}{r}} N(-d_2) - e^y N(-d_1) \tag{5.40}$$

其中 $N(\cdot)$ 是累计正态分布函数。

由式(5.40)可以得到 t 时刻欧式看跌期权的价格为:

$$p = p(S_t, t) = K e^{-r(T-t)} N(-d_2) - S_t N(-d_1) \tag{5.41}$$

此时式(5.36)转为式(5.42):

$$d_1 = \left[\ln \frac{S_t}{K} + \left(r + \frac{1}{2} \sigma^2 \right)(T-t) \right] / \sigma \sqrt{T-t} \tag{5.42}$$

式(5.38)转为式(5.43)

$$d_2 = \left[\ln \frac{S_t}{K} + \left(r - \frac{1}{2} \sigma^2 \right)(T-t) \right] / \sigma \sqrt{T-t} = d_1 - \sigma \sqrt{T-t} \tag{5.43}$$

投资者购买基金的时刻 $t = 0$,结合式(5.41),可得到初始时刻欧式看跌期权即投资者为获得保底收益的权利,需要支付的价格为:

$$p = p(S_0, 0) = K e^{-rT} N(-d_2) - S_0 N(-d_1) \tag{5.44}$$

此时式(5.42)转为式(5.45):

$$d_1 = \left[\ln \frac{S_0}{K} + \left(r + \frac{1}{2} \sigma^2 \right) T \right] / \sigma \sqrt{T} \tag{5.45}$$

式(5.43)转为式(5.46):

$$d_2 = \left[\ln \frac{S_0}{K} + \left(r - \frac{1}{2} \sigma^2 \right) T \right] / \sigma \sqrt{T} = d_1 - \sigma \sqrt{T} \tag{5.46}$$

开放式基金的费率为 $\dfrac{p}{S_0} = \dfrac{p(S_0, 0)}{S_0} = \dfrac{K e^{-rT} N(-d_2) - S_0 N(-d_1)}{S_0}$ \qquad (5.47)

5.4 本章小结

开放式基金的费率是基金费用与开放式基金认购额度的比例,由此,费率的计算,基金费用的确定是关键。本章通过对期权、布朗随机过程与 ITO 定理等的引入,类比发现存在收益下限的开放式基金费用等价于欧式看跌期权多头(买进欧式看跌期权)的价格,由此以欧式看跌期权多头的价格同基金认购额度的比值对存在收益下限的开放式基金费率进行了初步定价。

　　需要说明的是，本章的初步分析是建立在基金不分红，同时只能在存续期末赎回的严格前提下的，而现实生活中，很多基金存在不定期和定期分红，且开放式基金是可以随时申购和赎回的，不存在到期才可赎回的情况。后文将逐步放松本章假设，在本章结论的基础上引出真实的存在收益下限开放式基金费率设计思路。

◆ 第 6 章 ◆

存在收益上限开放式基金费率基本模型设定

本章对存在收益上限的开放式基金费率进行初步定价,从而将基金公司激励引入对费率的设置当中。

对基金公司采取激励方式的设想基于如下假定:

第一,采用激励式费用结构能够刺激基金经理更努力地工作,在使自身收入增加的同时,也增加了基金投资者的收入。

第二,如果某只基金采用这一激励方式,将会吸引高能力的基金经理前来,或者说至少不会吸引低能力的基金经理。

第三,基金经理的能力有高低之分,并且高能力的基金经理通过努力可以超过市场平均收益。

如果这三个假定成立,采用这一激励方式基金的收益将超过不采用激励方式的基金,前者可以将激励作为一种信号,向投资者表明自己能够带来更多的收益,投资者将倾向于对这一类基金进行投资,前者的资金流入将超过后者。Edwin J. Elton、Martin J. Gruber 和 Christopher R. Blake(2001)将采用激励费安排的基金和不采用激励费安排的基金进行比较时,发现前一类基金比后一类基金表现出更出色的基金选择能力。[同62]

本章讨论设置收益率上限来实现对基金公司的激励:当基金产品的收益率超过所设定的上限水平时,投资者获得上限收益率,超额部分归基金公司所有;如果实际收益率未达到上限收益率,则投资者获得实际收益率。

这意味着,投资者向基金公司做出某种承诺,如果投资者购买的开放式基金到期收益超过既定目标,基金公司有权获得超额收益。这种情况下基金公司需要让利给投资者,以便获得这一权利,当然,我们也可以理解为投资者付出了一定的价格(负值)来获得这一权利。

6.1 问题描述

收益有上限,且只能在存续期末赎回的开放式基金符合如下特征:投资者在到期日的开放式基金收益如果超过承诺收益,则超额收益归开放式基金发行方——基金公司所有,但在整个开放式基金的存续期内,投资者不可赎回开放式基金,而只能在到期日赎回。

T 时刻投资者收益 R_T——开放式基金价格 S_T 关系图(图 6.1)。R_T 为 T 时刻投资者收益(投资者在 T 时刻赎回开放式基金获得的收益),S_T 为 T 时刻(到期日)的开放式基金价格,K 为承诺的收益上限。

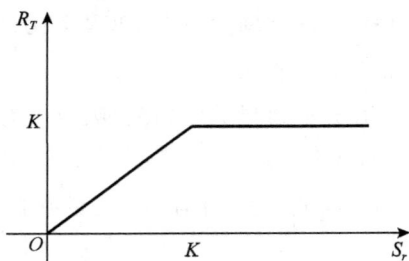

图 6.1 T 时刻投资者收益 R_T——开放式基金价格 S_T 关系图

即:
$$R_T = \min(K, S_T) \tag{6.1}$$

此外,T 时刻开放式基金价格 S_T——开放式基金价格 S_T 关系如图 6.2 所示。S_T 为 T 时刻(到期日)的开放式基金价格,K 为承诺的收益上限。

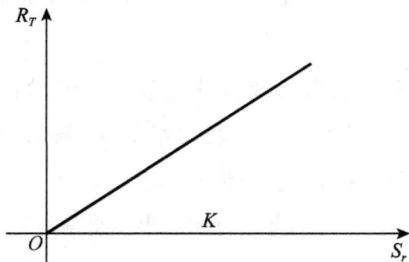

图 6.2 T 时刻开放式基金价格 S_T——开放式基金价格 S_T 关系

即：
$$S_T = S_T \tag{6.2}$$

则 T 时刻投资者为获得该项权利，需要支付的价格为 $(R_T - S_T)$，叠加图 6.1、图 6.2，可得 T 时刻权利价格——开放式基金价格 S_T 关系图（图 6.3）。S_T 为 T 时刻（到期日）的开放式基金价格，K 为承诺的收益上限。

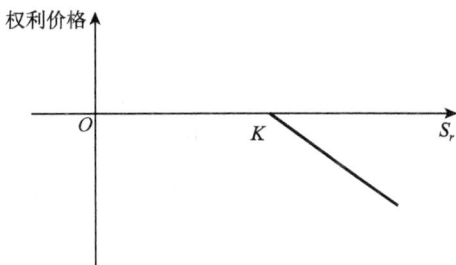

图 6.3 T 时刻权利价格——开放式基金价格 S_T 关系图

即：
$$R_T - S_T = \min(K - S_T, 0) \tag{6.3}$$

显然，图 6.3 同图 5.2 一致，即有收益上限，且只能在存续期末赎回的开放式基金对应的权利价格同看涨期权空头在 T 时刻的价格一致，又因为该类基金产品不能提前行权，所以有收益上限，且只能在存续期末赎回的开放式基金对应的权利等价于欧式看涨期权空头的价格，设欧式看涨期权多头价格为 c，则欧式看涨期权空头价格为 $-c$。

6.2 欧式看涨期权多头价格

设时刻 t 的欧式看涨期权多头价格 c_t 为开放式基金价格 S 与时刻 t 的函数 $c(S_t, t)$，在 (5.10) 式中，取 $x = S$，$\mu = \mu(S, t)$ 和 $\sigma = \sigma(S, t) = \sigma S$。得到：
$$dc = \left(\frac{\partial c}{\partial S}\mu S + \frac{\partial c}{\partial t} + \frac{1}{2}\frac{\partial^2 c}{\partial S^2}\sigma^2 S^2\right)dt + \frac{\partial c}{\partial S}\sigma S\varepsilon\sqrt{dt} \tag{6.4}$$

式 (5.15) 和式 (5.16) 的离散形式如式 (5.17) 所示：
$$\Delta S = \mu S \Delta t + \sigma S\varepsilon\sqrt{\Delta t} \tag{6.5}$$
$$\Delta c = \left(\frac{\partial c}{\partial S}\mu S + \frac{\partial c}{\partial t} + \frac{1}{2}\frac{\partial^2 c}{\partial S^2}\sigma^2 S^2\right)\Delta t + \frac{\partial c}{\partial S}\sigma S\varepsilon\sqrt{\Delta t} \tag{6.6}$$

考虑这样的资产组合,卖出一份权利(失去价值 c),买入 $\dfrac{\partial c}{\partial S}$ 份开放式基金(获得资产 $\dfrac{\partial c}{\partial S}S$)。该投资组合在 0 时刻的价值是:

$$-c+\frac{\partial c}{\partial S}S \tag{6.7}$$

经过 Δt 时间后,组合价值变化为:

$$-\Delta c+\frac{\partial c}{\partial S}\Delta S \tag{6.8}$$

将式(6.5)、式(6.6)代入式(6.8)并化简,则经过 Δt 时间后,组合价值变化为:

$$-\left(\frac{\partial c}{\partial t}+\frac{1}{2}\frac{\partial^2 c}{\partial S^2}\sigma^2 S^2\right)\Delta t \tag{6.9}$$

式(6.9)消掉了随机项 $\varepsilon\sqrt{\Delta t}$,这表明投资组合的价值在短时间的变化不存在方差,即不出现价值变化的风险。也就是说,该资产组合的价值变化与收益是无风险利率的资产组合的价值变化相同,即组合价值变化为:

$$\left(-c+\frac{\partial c}{\partial S}S\right)r\Delta t \tag{6.10}$$

其中,r 为连续复利计算的年化无风险利率。由于式(6.9)等价于式(6.10),可得:

$$\frac{\partial c}{\partial S}rS+\frac{\partial c}{\partial t}+\frac{1}{2}\frac{\partial^2 c}{\partial S^2}\sigma^2 S^2-rc=0 \tag{6.11}$$

结合限制条件式(6.3)

得到随机微分方程:

$$\begin{cases}\dfrac{\partial c}{\partial S}rS+\dfrac{\partial c}{\partial t}+\dfrac{1}{2}\dfrac{\partial^2 c}{\partial S^2}\sigma^2 S^2-rc=0\\[2mm] c(S_T,T)=\min(K-S_T,0)\end{cases} \tag{6.12}$$

得 t 时刻欧式看涨期权 $c=c(S_t,t)=S_t N(d_1)-K e^{-r(T-t)}N(d_2)$ $\tag{6.13}$

式中:

$$d_1=\left[\ln\frac{S_t}{K}+\left(r+\frac{1}{2}\sigma^2\right)(T-t)\right]/\sigma\sqrt{T-t} \qquad 同(5.42)$$

$$d_2 = \left[\ln \frac{S_t}{K} + \left(r - \frac{1}{2}\sigma^2 \right)(T-t) \right] / \sigma \sqrt{T-t} = d_1 - \sigma \sqrt{T-t} \qquad \text{同}(5.43)$$

$t=0$ 时,结合式(6.13),可得到初始的欧式看涨期权价格为:

$$c = c(S_0, 0) = S_0 N(d_1) - K e^{-rT} N(d_2) \qquad (6.14)$$

此时式(5.42)转为式(5.45):

$$d_1 = \left[\ln \frac{S_c}{K} + \left(r + \frac{1}{2}\sigma^2 \right) T \right] / \sigma \sqrt{T} \qquad \text{同}(5.45)$$

此时式(5.43)转为式(5.46):

$$d_2 = \left[\ln \frac{S_0}{K} + \left(r - \frac{1}{2}\sigma^2 \right) T \right] / \sigma \sqrt{T} = d_1 - \sigma \sqrt{T} \qquad \text{同}(5.46)$$

由式(6.14)易得,$t=0$ 时刻的欧式看涨期权价格 $c \geqslant 0$,即欧式看涨期权空头(有收益上限,且只能在存续期末赎回的开放式基金对应的权利)价格 $-c \leqslant 0$,这意味着投资者需要支付的认购费用为负值。这表明,实际过程中,是开放式基金发行机构——基金公司向投资者减免了一部分认购费用,作为交换,基金公司可以获得超过上限的超额收益。则开放式基金的费率为

$$\frac{-c}{S_0} = \frac{-c(S_0, 0)}{S_0} = \frac{K e^{-rT} N(d_2) - S_0 N(d_1)}{S_0} \qquad (6.15)$$

6.3 本章小结

这一章考虑将对基金公司的激励引入开放式基金费率的设置当中。为了鼓励基金公司进行更好的基金运营,可以规定基金产品的收益率超过一定上限后,超额收益归基金公司所有。通过类比发现,存在收益上限的开放式基金费用等价于欧式看涨期权空头(卖出欧式看涨期权)的价格,由此以欧式看涨期权空头的价格同基金认购额度的比值对存在收益上限的开放式基金费率进行了初步定价。

同第 5 章类似,本章的初步分析也是建立在基金不分红,同时只能在存续期末赎回的严格前提下的,而现实生活中,很多基金存在不定期和定期分红,且开放式基金是可以随时申购和赎回的,不存在到期才可赎回的情况。后文将逐步放松本章假设,在本章结论的基础上引出真实的存在收益上限开放式基金费率设计思路。

◆ 第 7 章 ◆

开放式基金费率模型的深化

第 5 章通过欧式期权概念,对保底收益,且只能在到期日才可以赎回的基金产品费率进行了定价。实际上,开放式基金并不完全符合上述情况,投资者是可以在产品存续期内的任意时刻赎回和申购基金;相应的,基金公司通过对不同期限净资金流入(申购额减去赎回额)的统一运用,投资于债券、回购、信托融资计划、存款等多元化标的物,并从中获取收益。也就是说,欧式期权无法完全刻画开放式基金费率的特性,这一章通过引入美式期权概念,进一步深化开放式基金费率的定价机制。

7.1 存在收益下限开放式基金费率模型的深化

7.1.1 问题描述

保底收益,且在存续期内可随时赎回的开放式基金符合如下特征:开放式基金发行方——基金公司向投资者承诺到期的最低收益,且在整个开放式基金的存续期内,投资者可随时赎回开放式基金。

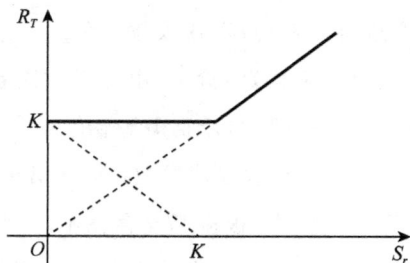

图 7.1 T 时刻投资者收益 R_T ——开放式基金价格 S_T 关系图

T 时刻投资者收益 R_T——开放式基金价格 S_T 关系图（图 7.1）。R_T 为 T 时刻投资者收益（投资者在 T 时刻赎回开放式基金获得的收益），S_T 为 T 时刻（到期日）的开放式基金价格，K 为承诺的保底收益。

即为 $R_T = \max(K, S_T)$ （7.1）

T 时刻开放式基金价格 S_T——开放式基金价格 S_T（图 7.2）。S_T 为 T 时刻（到期日）的开放式基金价格，K 为承诺的保底收益。

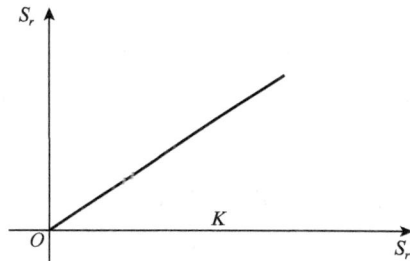

图 7.2 T 时刻开放式基金价格 S_T——开放式基金价格 S_T

即： $S_T = S_T$ （7.2）

设 T 时刻权利价格为 $R_T - S_T$，由此，叠加图 7.1、图 7.2，可得 T 时刻权利价格——开放式基金价格 S_T 关系图（图 7.3）。S_T 为 T 时刻（到期日）的开放式基金价格，K 为承诺的保底收益。

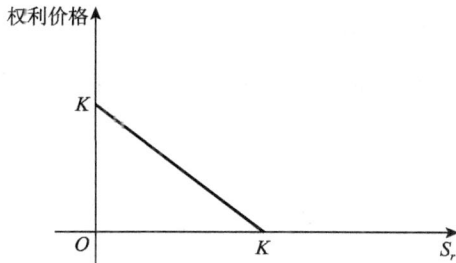

图 7.3 T 时刻权利价格——开放式基金价格 S_T 关系图

即： $R_T - S_T = \max(K - S_T, 0)$ （7.3）

显然，图 7.3 同图 5.3 一致，即保底收益，且可随时赎回的开放式基金对应的权利价格同看跌期权的多头在 T 时刻的价格一致,又因为该类基金产品可以提前行权,所以保底收益,且可随时赎回的开放式基金对应的权利等价于美式看跌期权多头的价格。

美式期权同欧式期权不同,投资者提前赎回开放式基金可能是明智的。事实上,在开放式基金的存续期内任一时刻,如果开放式基金价格同承诺的保底收益之间的差价足够大,则应提前执行这一权利。接下来对美式看跌期权进行分析。

7.1.2 美式看跌期权价格

由于美式看跌期权实施的任意性,很难得到该权利定价的具体计算公式。这部分通过建立三叉树定价模型来解决这一问题。首先做出以下基本假设:

第一,所有投资者信息共享;

第二,市场是无摩擦的,即没有交易费用和税收;

第三,不存在套利机会;

第四,市场是完备的;

第五,开放式基金价格 S_t 如式(5.15)所示,在时期 $[0,T]$ 内遵循几何布朗运动,表示为:

$$dS = \mu S dt + \sigma S dz \qquad \text{同(5.15)}$$

各变量具体含义在第 5 章已详细列出。

为了建立针对该权利的三叉树定价模型,先建立到期日才可执行权利的三叉树模型。首先将连续变量 S_t 进行离散化。把时段 $[0,T]$ 分成 n 个相等的部分,长度为 $\Delta t = \dfrac{T}{n}$,其中 T 为期权的到期时间。于是在小时段 $[t,t+\Delta t]$ 内开放式基金价格变动服从分布:

$$\frac{\Delta S}{S} = \mu \Delta t + \sigma \Delta z \qquad (7.4)$$

从而 $E(S) = S e^{\mu \Delta t}$ (7.5)

另外由 ITO 定理可知,S^2、S^3 在区间 $[0,T]$ 上分别服从以下随机微分方程:

$$\frac{dS^2}{S^2} = (2\mu + \sigma^2)dt + 2\sigma dz \qquad (7.6)$$

$$\frac{dS^3}{S^3}=(3\mu+3\sigma^2)dt+3\sigma dz \tag{7.7}$$

分别对以上两式离散化得：

$$\frac{\Delta S^2}{S^2}=(2\mu+\sigma^2)\Delta t+2\sigma\Delta z \tag{7.8}$$

$$\frac{\Delta S^3}{S^3}=(3\mu+3\sigma^2)\Delta t+3\sigma\Delta z \tag{7.9}$$

于是有

$$E(S^2)=S^2 e^{(2\mu+\sigma^2)\Delta t} \tag{7.10}$$

$$E(S^3)=S^3 e^{(3\mu+3\sigma^2)\Delta t} \tag{7.11}$$

现在建立三叉树定价模型。设在时刻 t 到时刻 $t+\Delta t$，开放式基金价格如图 7.4 所示有三种变化状态：S 上升到 Su，下降到 Sd，或者保持初始值 S 不变，这里 $u>1>d>0$。

另外假定开放式基金预期收益经过两个有序运动后的值与运动次序无关，即开放式基金预期收益先向上运动、后向下运动与先向下运动、后向上运动的结果是相同的。

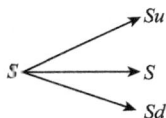

图 7.4　开放式基金价格三叉树模型

如开放式基金预期收益上升、下降、保持不变的概率分别为 p_u、p_d 和 p_m，则应有 $p_u+p_d+p_m=1$。同时，根据期望值的定义，在时刻 $(t+\Delta t)$，有：

$$E(S)=p_u Su+p_m S+p_d Sd \tag{7.12}$$

$$E(S^2)=p_u(Su)^2+p_m S^2+p_d(Sd)^2 \tag{7.13}$$

$$E(S^3)=p_u(Su)^3+p_m S^3+p_d(Sd)^3 \tag{7.14}$$

根据式(7.5)、式(7.10)～(7.14)，可以建立如下 p_u、p_m、p_d、u 和 d 的方程组：

$$p_u+p_m+p_d=1 \tag{7.15}$$

$$p_u u + p_m + p_d d = e^{\mu \Delta t} \tag{7.16}$$

$$p_u u^2 + p_m + p_d d^2 = e^{(2\mu + \sigma^2)\Delta t} \tag{7.17}$$

$$p_u u^3 + p_m + p_d d^3 = e^{(3\mu + \sigma^2)\Delta t} \tag{7.18}$$

$$ud = 1 \tag{7.19}$$

求解方程组后,可得:

$$p_u = \frac{e^{\mu \Delta t}(1+d) - e^{(2\mu + \sigma^2)\Delta t} - d}{(d-u)(u-1)} \tag{7.20}$$

$$p_m = \frac{e^{\mu \Delta t}(u+d) - e^{(2\mu + \sigma^2)\Delta t} - 1}{(1-d)(u-1)} \tag{7.21}$$

$$p_d = \frac{e^{\mu \Delta t}(1+u) - e^{(2\mu + \sigma^2)\Delta t} - u}{(d-u)(1-d)} \tag{7.22}$$

$$u = M + \sqrt{M^2 - 1} \tag{7.23}$$

$$d = M - \sqrt{M^2 - 1} \tag{7.24}$$

$$M = \frac{e^{\mu \Delta t} + e^{(3\mu + 3\sigma^2)\Delta t} - e^{(2\mu + \sigma^2)\Delta t} - 1}{2[e^{(2\mu + \sigma^2)\Delta t} - e^{\mu \Delta t}]} \tag{7.25}$$

上面的表达式比较复杂,通过泰勒展开式进行化简,可得

$$u = e^{\sigma \sqrt{3\Delta t}} = 1 + \sigma \sqrt{3\Delta t} + \frac{3\sigma^2}{2}\Delta t + o(\Delta t) \tag{7.26}$$

$$d = e^{-\sigma \sqrt{3\Delta t}} = 1 - \sigma \sqrt{3\Delta t} + \frac{3\sigma^2}{2}\Delta t + o(\Delta t) \tag{7.27}$$

$$p_u = \frac{1}{6} + \left(u - \frac{\sigma^2}{2}\right)\sqrt{\frac{\Delta t}{12\sigma^2}} + o(\Delta t) \tag{7.28}$$

$$p_d = \frac{1}{6} - \left(u - \frac{\sigma^2}{2}\right)\sqrt{\frac{\Delta t}{12\sigma^2}} + o(\Delta t) \tag{7.29}$$

$$p_m = \frac{2}{3} + o(\Delta t) \tag{7.30}$$

使用向前归纳法构建好预期收益的三叉树后,便可采用向前倒推的方法来给看跌期权进行定价,即由期权定价日开始前推,在时间 $i\Delta t$ 的期权价值可以由时刻 $(i+1)\Delta t$ 期权价值的贴现期望值求得,即:

$$P(S,i\Delta t)=\mathrm{e}^{-\mu\Delta t}\{p_uP[uS,(i+1)\Delta t]+p_mP[S,(i+1)\Delta t]+p_dP[dS,(i+1)\Delta t]\}$$
$$(7.31)$$

其中 $P(S,i\Delta t)$ 为 $i\Delta t$ 时刻该期权的价格，$P[uS,(i+1)\Delta t]$、$P[S,(i+1)\Delta t]$ 和 $P[dS,(i+1)\Delta t]$ 为 $(i+1)\Delta t$ 时刻高、中、低位状态下期权的价格。利用数学归纳法，最后可以得到以下关于该期权价格 $P(S_0,0)$ 的三叉树定价模型：

$$P(S_0,0)=\mathrm{e}^{-\mu n\Delta t}\sum_{i,j=0}^{n}\frac{n!}{i!\ j!\ (n-i-j)!}p_u^ip_m^jp_d^{n-i-j}(S_0u^id^{n-i-j}-K) \quad (7.32)$$

上述是对只能在到期日行权的期权而言的三叉树模型。

对于随时可以执行的期权，其与只能在到期日行权的期权定价的不同点在于，前者可以随时行权，所以随时可以执行且有上限的期权在每个节点上必须有：

$$P(S,i\Delta t)\geqslant(S-K) \quad (7.33)$$

它的反向归纳过程为：在时间 $i\Delta t$ 的期权价值 $P(S,i\Delta t)$ 可以由时刻 $(i+1)\Delta t$ 期权价值的贴现期望值 $\mathrm{e}^{-\mu\Delta t}\{p_uP[uS,(i+1)\Delta t]+p_mP[S,(i+1)\Delta t]+p_dP[dS,(i+1)\Delta t]\}$ 与 $(S-K)$ 比较大小求的，取两者的最大值。其中 $P[uS,(i+1)\Delta t]$、$P[S,(i+1)\Delta t]$、$P[dS,(i+1)\Delta t]$ 为 $(i+1)\Delta t$ 时刻高、中、低位状态下期权的价格。也就是说，在每一步计算 $\mathrm{e}^{-\mu\Delta t}\{p_uP[uS,(i+1)\Delta t]+p_mP[S,(i+1)\Delta t]+p_dP[dS,(i+1)\Delta t]\}$ 以后，必须与当时的收益函数 $(S-K)$ 相比较，取其中较大者作为 $P(S,i\Delta t)$，以此类推，直到 $P(S_0,0)$。

则开放式基金的费率为 $\dfrac{P}{S_0}=\dfrac{P(S_0,0)}{S_0}$ $\quad (7.34)$

图 7.5 中的实线显示了投资者购买保底收益，且在存续期内可随时赎回的开放式基金的费用随基金价格 S_0 变化的关系。虚线表示执行权利（即赎回开放式基金）获得的收益 $(K-S_0)$ 随基金价格 S_0 的变化关系。$(K-S_0)$ 为该权利的内在价值。美式看跌期权由于有可能提前执行，所以价格不小于内在价值，即

$$P\geqslant K-S_0 \quad (7.35)$$

图 7.5 清楚表明，一般情况下美式期权的价格是怎样随 S_0 的变化而变化的。在 $r>0$ 的条件下，当开放式基金价格足够低时，立即执行该权利是非常明智的。如果提前执行是明智的话，该权利的价值为 $(K-S_0)$。因此当 S_0 很小时，代表该

项权利价值的曲线与权利的内在价值$(K-S_0)$重合在一起。在图 7.5 中,这个很小的开放式基金价格 S_0 如 A 点所示。当 r 减少,波动率增加,T 增加时,该权利的价值按箭头所示的方向变化。

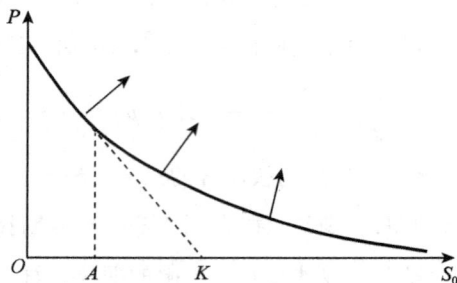

图 7.5　美式看跌期权 P——开放式基金价格 S_0 关系图

7.2 存在收益上限开放式基金费率模型的深化

为开放式基金设定最高收益率上限,采用"激励式"费用结构能够刺激基金经理更努力地工作,在使自身收入增加的同时,也增加了基金股东的收入;同时由于基金经理的能力有高低之分,并且高能力的基金经理通过努力可以超过市场平均收益,如果某只基金采用激励费契约,将会吸引高能力的基金经理前来,或者说至少不会吸引低能力的基金经理。由此采用激励费的基金的收益将超过不采用激励费的基金,前者可以将激励费作为一种信号,向投资者表明自己能够带来更多的收益,投资者将倾向于对收取激励费的基金进行投资,前者的资金流入将超过后者。Edwin J. Elton、Martin J. Gruber 和 Christopher R. Blake(2001)将采用激励费安排的基金和不采用激励费安排的积极管理的基金进行比较时,发现有激励费安排的基金比没有激励费安排的积极管理基金表现出更出色的基金选择能力。他们同时还发现,可以通过设置开放式基金最高收益率来实现激励效果,只要基金管理人所管理基金的收益率超过所设定的最高收益率水平,剩余部分可由基金管理人获得。这样就大大激励了基金管理人的积极性。[同62]

收益有上限,且可随时赎回的开放式基金符合如下特征:投资者在到期日的开放式基金收益如果超过承诺收益,则超额收益归开放式基金发行方——基金公司所有,且在整个开放式基金的存续期为,投资者可随时赎回开放式基金。

T 时刻投资者收益 R_T——开放式基金价格 S_T 关系图(图 7.6)。R_T 为 T 时刻投资者收益(投资者在 T 时刻赎回开放式基金获得的收益),S_T 为 T 时刻(到期日)的开放式基金价格,K 为承诺的收益上限。

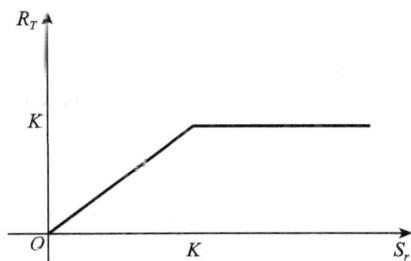

图 7.6　T 时刻投资者收益 R_T——开放式基金价格 S_T 关系图

即: $$R_T = \min(K, S_T) \tag{7.36}$$

此外,T 时刻开放式基金价格 S_T——开放式基金价格 S_T 关系如图 7.7 所示。S_T 为 T 时刻(到期日)的开放式基金价格,K 为承诺的收益上限。

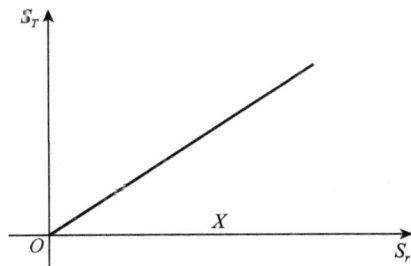

图 7.7　T 时刻开放式基金价格 S_T——开放式基金价格 S_T 关系图

即: $$S_T = S_T \tag{7.37}$$

则 T 时刻投资者为获得该项权利,需要支付的价格为 $(R_T - S_T)$,由此,叠加

图 7.6、图 7.7，可得 T 时刻权利价格——开放式基金价格 S_T 关系图（图 7.8）。S_T 为 T 时刻（到期日）的开放式基金价格，K 为承诺的收益上限。

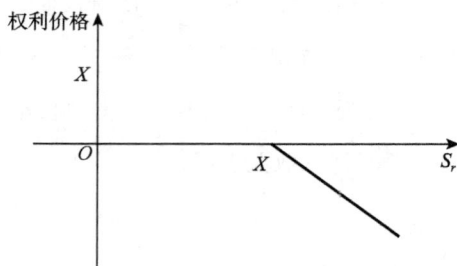

图 7. 8 T 时刻权利价格——开放式基金价格 S_T 关系图

即： $$R_T - S_T = \min(K - S_T, 0) \tag{7.38}$$

显然，图 7.8 同图 5.2 一致，即有收益上限，且可随时赎回的开放式基金对应的权利价格同看涨期权空头在 T 时刻的价格一致，又因为该类基金产品可以提前行权，所以有收益上限，且可随时赎回的开放式基金对应的权利等价于美式看涨期权空头的价格，设美式看涨期权价格为 C，则美式看涨期权空头价格为 $-C$。

这部分将证明，美式看涨期权的任何提前赎回的行为都是不理智的。

t 时刻考虑下面两个资产组合。

组合 1：一份美式期权多头 C_t 加上现金 Ke^{-rT}，r 为连续复利计算的年化收益率。

组合 2：一份开放式基金 S_t。

在组合 1 中，现金如果按无风险利率来投资，则在 T 时刻将变为 K。T 时刻如果 $S_T > K$，在 T 时刻应使用现金加权利，购买一份开放式基金，则组合 1 的价值为到期时一份开放式基金的价值 S_T；如果 $S_T < K$，该项权利的到期价值为零，则组合 1 的价值就是持有现金的价值 K。因此在 T 时刻，组合 1 在 T 时刻的价值为：$\max(S_T, K)$。

在 T 时刻组合 2 的价值为 S_T。因此，在 T 时刻期权到期时组合 1 的价值总是不低于 T 时刻组合 2 的价值。因此，在不存在套利机会的情况下，t 时刻下列等式是成立的：

$$C_t + K\mathrm{e}^{-rT} \geqslant S_t$$

即：
$$C_t \geqslant S_t - K\mathrm{e}^{-rT} \tag{7.39}$$

美式看涨期权 C_t 包含美式看跌期权 c_t 的所有执行机会，因此：

$$C_t \geqslant c_t \tag{7.40}$$

结合式（7.39）、式（7.40），可得

$$C_t \geqslant S_t - X\mathrm{e}^{-rT} \tag{7.41}$$

由于 $r > 0$，所以 $C_t > S_t - K$。如果提前执行是明智的，应符合 $C_t = S_0 - K$。所以结论是：美式看涨期权的任何提前赎回的行为都是不理智的。

归纳说来，不分红的美式看涨期权不应提前执行权利有如下两个原因：一是期权提供了保险。当持有看涨期权而不是开放式基金本身时，看涨期权保证持有者在开放式基金价格下降到执行价格以下时不受损失。一旦该期权被执行，开放式基金取代了执行价格，这种保险就消失了。另一个原因与货币的时间价值有关。从期权持有者的角度看，支付执行价格越晚越好。

由此美式看涨期权价格 C 同欧式看涨期权价格 c 一致，即：

$$C = C(S_0, 0) = S_0 N(d_1) - K\mathrm{e}^{-rT}N(d_2) \qquad \text{同}(6.14)$$

其中：
$$d_1 = \left[\ln\frac{S_0}{K} + \left(r + \frac{1}{2}\sigma^2\right)T\right]/\sigma\sqrt{T} \qquad \text{同}(5.45)$$

$$d_2 = \left[\ln\frac{S_0}{K} + \left(r - \frac{1}{2}\sigma^2\right)T\right]/\sigma\sqrt{T} = d_1 - \sigma\sqrt{T} \qquad \text{同}(5.46)$$

由式（6.14）易得，$t = 0$ 时刻的美式看涨期权价格 $c \geqslant 0$，即美式看涨期权空头（有收益上限，且只能在存续期末赎回的开放式基金对应的权利）价格 $-c \leqslant 0$，意味着投资者需要支付的认购费用为负值。这表明实际过程中，是开放式基金发行机构——基金公司向投资者减免了一部分认购费用，作为交换，基金公司可以获得超过上限的超额收益。可得开放式基金的费率为：

$$\frac{-c}{S_0} = \frac{-c(S_0, 0)}{S_0} = \frac{K\mathrm{e}^{-rT}N(d_2) - S_0 N(d_1)}{S_0} \qquad \text{同}(6.15)$$

7.3 本章小结

由于开放式基金具有随时申购和赎回的特性,用欧式期权类比基金费率有一定的缺陷,本章通过引入美式期权概念,对第 5 章、第 6 章的适用条件进行了放松,拓展了第 5 章、第 6 章的费率基本模型,为开放式基金费率给出了一个科学定价。

通过对存在收益上限和下限开放式基金费率模型的深化讨论,发现存在收益下限的开放式基金费用等价于美式看跌期权多头(买进美式看跌期权)的价格,由此可以用美式看跌期权多头的价格同基金认购额度的比值计算存在收益下限的开放式基金费率;存在收益上限的开放式基金费用等价于美式看涨期权空头(卖出美式看涨期权)的价格,由此可以用美式看涨期权空头的价格同基金认购额度的比值计算存在收益上限的开放式基金费率。

◆ 第 8 章 ◆

分红型开放式基金费率模型设定

到目前为止,我们一直假设开放式基金在存续期内不支付红利。本章通过红利概念的引入,修改了 Black-Scholes 模型以反映红利对基金费率的影响。

对于短期限的开放式基金而言,本研究假设支付的红利数量和支付时刻可以准确预测。而对于长期限开放式基金而言,更为合理的假设是:假定红利收益率是已知的,而不是支付红利现金数额已知。

此外,一般认为,红利支付日开放式基金价格会相应下降,下降幅度是支付的红利数量。但由于开放式基金往往挂钩证券市场的相关标的物,支付的红利需要交纳一定的红利税。如果考虑到税制的因素,则现实中开放式基金价格下降的幅度会比红利的数额小一些。为了把这样的现象考虑进来,本研究把"红利"解释为开放式基金价格在除权日由红利因素而下降的幅度。本章结构安排如图 8.1 所示。

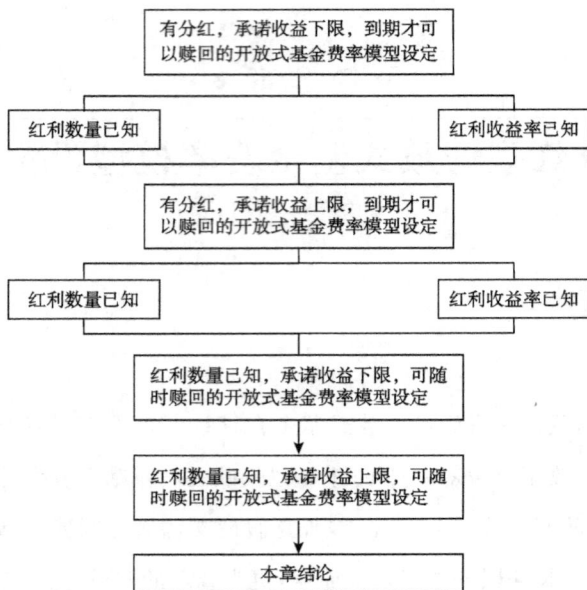

图 8.1 分红型开放式基金费率模型设定

8.1 有分红,承诺收益下限,到期才可以赎回的开放式基金费率模型设定

8.1.1 红利数量已知,承诺收益下限,到期才可以赎回的开放式基金费率模型设定

第 5 章已证明不分红,承诺收益下限,到期才可以赎回的开放式基金对应的权利等价于欧式看跌期权多头。则红利数量已知,承诺收益下限,到期才可以赎回的开放式基金对应的权利等价于红利数量已知的欧式看跌期权多头。

这一部分先求出红利数量已知的欧式看跌期权多头价格 p,则相应的开放式基金费率为$\frac{p}{S_0}$。

假设分红型开放式基金价格 S_0 是以下两个部分的总和:产品存续期内,对应于已知红利的以无风险利率从除权日贴现到当前时刻的现值 D 和一个风险部分

S_0^* ,则基金价格 $S_0 = S_0^* + D$ 。也就是说,在实际操作中,从开放式基金价格减去权利有效期内的所有红利按无风险利率从除权日贴现的现值之后,就可以使用 Black-Scholes 公式。当然,只有当在权利有效期中遇到除权日,才将红利纳入计算当中。

因此,欧式看跌期权多头的价格 p 可以由 Black-Scholes 公式求出:

$$p = p(S_0^*, 0) = K e^{-rT} N(-d_2^*) - S_0^* N(-d_1^*) \qquad (8.1)$$

其中

$$d_1^* = \left\{ \ln \frac{S_0^*}{K} + \left[r + \frac{1}{2} (\sigma^*)^2 \right] T \right\} / \sigma^* \sqrt{T} \qquad (8.2)$$

$$d_2^* = \left\{ \ln \frac{S_0^*}{K} + \left[r - \frac{1}{2} (\sigma^*)^2 \right] T \right\} / \sigma^* \sqrt{T} = d_1^* - \sigma^* \sqrt{T} \qquad (8.3)$$

$$S_0^* = S_0 - D \qquad (8.4)$$

$$\sigma^* = \frac{\sigma S_0}{S_0 - D} \qquad (8.5)$$

需要注意的是,式(8.2)、式(8.3)、式(8.5)中的 σ^* 为开放式基金有风险部分遵循的随机过程波动率。理论上,这个波动率并不完全等于整个开放式基金价格遵循的随机过程的波动率 σ 。可通过整个开放式基金价格波动率 σ 乘以 $\frac{S_0}{S_0 - D}$ 近似表示,这里 D 是红利贴现到当前时刻的现值。

则开放式基金的费率为 $\dfrac{p}{S_0} = \dfrac{p(S_0^*, 0)}{S_0} = \dfrac{K e^{-rT} N(-d_2^*) - S_0^* N(-d_1^*)}{S_0}$

$$(8.6)$$

8.1.2 红利收益率已知,承诺收益下限,到期才可以兑现的开放式基金费率模型设定

这一部分讨论红利数量未知,只知道红利收益率前提下基金费率的计算。

红利的支付使得基金价格在除权日的降低幅度等于红利的数额。所以红利收益率 q 的支付使得基金价格的增长率比不支付红利基金价格增长率减少了 q 。如果支付连续红利收益率 q 的开放式基金,其价格从当前的 S_0 增加到 T 时刻的 S_T ,

那么,没有红利支付的基金价格将从当前的 S_0 增加到 T 时刻的 $S_T e^{qT}$。换个方式表达,也可以认为开放式基金价格是从当前的 $S_0 e^{-qT}$ 增加到 T 时刻的 S_T。

以上的分析说明,在以下两种情况下,T 时刻开放式基金价格具有相同的概率分布:

第一,开放式基金价格开始为 S_0,该开放式基金连续支付红利,红利收益率为 q。

第二,开放式基金价格开始为 $S_0 e^{-qT}$,该开放式基金不支付红利。

这可得到一个简单的规则:当我们对有效期是 T、支付已知红利收益率是 q 的到期才可以兑现的开放式基金对应的权利进行估值时,我们可将开放式基金现价从 S_0 减小到 $S_0 e^{-qT}$,然后就像不支付红利开放式基金那样对投资者权利进行估值。

在 Black-Scholes 公式中以 $S_0 e^{-qT}$ 代替式(5.44)中的 S_0,可以得到支付红利收益率为 q,承诺收益下限,到期才可以兑现的开放式基金对应的权利价格为:

$$p = p(S_0, 0) = K e^{-rT} N(-d'_2) - S_0 e^{-qT} N(-d'_1) \tag{8.7}$$

d'_1、d'_2 分别为:

$$d'_1 = \left[\ln \frac{S_0}{K} + \left(r - q + \frac{1}{2}\sigma^2 \right) T \right] / \sigma \sqrt{T} \tag{8.8}$$

$$d'_2 = \left[\ln \frac{S_0}{K} + \left(r - q - \frac{1}{2}\sigma^2 \right) T \right] / \sigma \sqrt{T} = d'_1 - \sigma \sqrt{T} \tag{8.9}$$

需要特别说明的是,q 同 r 一样,是以连续复利计算的年化值。

则开放式基金的费率为 $\dfrac{p}{S_0} = \dfrac{p(S_0, 0)}{S_0} = \dfrac{K e^{-rT} N(-d'_2) - S_0 e^{-qT} N(-d'_1)}{S_0}$

$$\tag{8.10}$$

8.2 有分红,承诺收益上限,到期才可以赎回的开放式基金费率模型设定

同 8.1 节类似,假设在存续期内支付的红利数量和支付时刻可以准确预测。

对于短期限的开放式基金,这个假设是合理的。而对于长期限开放式基金而言,更为合理的假设是:假定红利收益率是已知的,而不是支付红利现金数额已知。红利支付日应该假设为除权日。在除权日开放式基金价格下降,下降幅度是支付的红利数量。

8.2.1 红利数量已知,承诺收益上限,到期才可以兑现的开放式基金费率模型设定

第六章已证明不分红,承诺收益上限,到期才可以兑现的开放式基金对应的权利等价于欧式看涨期权空头,则红利数量已知,承诺收益上限,到期才可以兑现的开放式基金对应的权利等价于红利数量已知的欧式看涨期权空头。

这一部分先求出红利数量已知的欧式看涨期权多头价格 c,则红利数量已知的欧式看涨期权空头价格为 $-c$,开放式基金费率为 $\dfrac{-c}{S_0}$。

假设分红型开放式基金价格 S_0 是以下两个部分的总和:产品存续期内,对应于已知红利的以无风险利率从除权日贴现到当前时刻的现值 D 和一个风险部分 S_0^*,开放式基金价格 $S_0 = S_0^* + D$。也就是说,在实际操作中,从开放式基金价格减去权利有效期内的所有红利按无风险利率从除权日贴现的现值之后,就可以使用 Black-Scholes 公式。

当然,只有当在权利有效期中遇到除权日,才将红利纳入计算当中。

因此,欧式看涨期权价格可以由 Black-Scholes 公式求出:

$$c = c(S_0^*, 0) = S_0^* N(d_1^*) - K e^{-rT} N(d_2^*) \tag{8.11}$$

其中

$$d_1^* = \left\{ \ln \frac{S_0^*}{K} + \left[r + \frac{1}{2}(\sigma^*)^2 \right] T \right\} / \sigma^* \sqrt{T} \qquad 同(8.2)$$

$$d_2^* = \left\{ \ln \frac{S_0^*}{K} + \left[r - \frac{1}{2}(\sigma^*)^2 \right] T \right\} / \sigma^* \sqrt{T} = d_1^* - \sigma^* \sqrt{T} \qquad 同(8.3)$$

$$S_0^* = S_0 - D \qquad 同(8.4)$$

$$\sigma^* = \frac{\sigma S_0}{S_0 - D} \qquad 同(8.5)$$

需要注意的是,式(8.2)、式(8.3)、式(8.5)中的 σ^* 为开放式基金有风险部分遵循的随机过程波动率。理论上,这个波动率并不完全等于整个开放式基金价格遵循的随机过程的波动率 σ。可通过整个开放式基金价格波动率 σ 乘以 $\dfrac{S_0}{S_0-D}$ 近似表示,这里 D 是红利贴现到当前时刻的现值。

则开放式基金的费率为

$$\frac{-c}{S_0}=\frac{-c(S_0^*,0)}{S_0}=\frac{Ke^{-rT}N(d_2^*)-S_0^*N(d_1^*)}{S_0} \quad (8.12)$$

8.2.2 红利收益率已知,承诺收益上限,到期才可以兑现的开放式基金费率模型设定

这一部分讨论红利数量未知,只知道红利收益率前提下基金费率的计算。

红利的支付使得开放式基金价格在除权日的降低幅度等于红利的数额。所以红利收益率 q 的支付使得开放式基金价格的增长率比不支付红利开放式基金价格增长率减少了 q。如果支付连续红利收益率 q 的开放式基金价格,从当前的 S_0 增加到 T 时刻的 S_T,那么,没有红利支付开放式基金价格将从当前的 S_0 增加到 T 时刻的 S_Te^{qT}。换个方式表达,也可以认为开放式基金价格是从当前的 S_0e^{-qT} 增加到 T 时刻的 S_T。

以上的分析说明,在以下两种情况下,T 时刻开放式基金价格有相同的概率分布:

第一,开放式基金价格开始为 S_0,该开放式基金连续支付红利,红利收益率为 q。

第二,开放式基金价格开始为 S_0e^{-qT},该开放式基金不支付红利。

这可得到一个简单的规则:当我们对有效期是 T、支付已知红利收益率是 q 的到期才可以兑现的开放式基金对应的权利进行估值时,我们可将开放式基金现价从 S_0 减小到 S_0e^{-qT},然后就像不支付红利开放式基金那样对投资者权利进行估值。

在 Black-Scholes 公式中以 S_0e^{-qT} 代替式(7.14)中的 S_0,可以得到支付红利收益率为 q,承诺收益下限,到期才可以兑现的开放式基金对应的权利价格为:

$$c = c(S_0, 0) = S_0 e^{-qT} N(d_1') - K e^{-rT} N(d_2') \qquad (8.13)$$

d_1'、d_2' 分别为：

$$d_1' = \left[\ln \frac{S_0}{K} + \left(r - q + \frac{1}{2}\sigma^2 \right) T \right] / \sigma \sqrt{T} \qquad \text{同}(8.8)$$

$$d_2' = \left[\ln \frac{S_0}{K} + \left(r - q - \frac{1}{2}\sigma^2 \right) T \right] / \sigma \sqrt{T} = d_1' - \sigma \sqrt{T} \qquad \text{同}(8.9)$$

需要特别说明的是，q 同 r 一样，是以连续复利计算的年化值。

由式(8.13)易得，$t = 0$ 时刻的欧式看涨期权价格 $c \geqslant 0$，即欧式看涨期权空头（有收益上限，且只能在存续期末赎回的开放式基金对应的权利）价格 $-c \leqslant 0$，意味着投资者需要支付的认购费用为负值。这表明实际过程中，是开放式基金发行机构——基金公司向投资者减免了一部分认购费用，作为交换，基金公司可以获得超过上限的超额收益。则开放式基金的费率为

$$\frac{-c}{S_0} = \frac{-c(S_0, 0)}{S_0} = \frac{K e^{-rT} N(d_2') - S_0 e^{-qT} N(d_1')}{S_0} \qquad (8.14)$$

8.3 红利数量已知，承诺收益下限，可随时赎回的开放式基金费率模型设定

8.1 节已证明不分红，承诺收益下限，且可随时赎回的开放式基金对应的权利等价于美式看跌期权多头。则红利数量已知，承诺收益下限，可随时赎回的开放式基金对应的权利等价于红利数量已知的美式看跌期权多头价格。

这一部分先求出红利数量已知的美式看跌期权多头价格 P，则开放式基金费率为 $\dfrac{P}{S_0}$。假定在开放式基金存续期内共有 p 次分红，某确定时刻 $\tau_k (k = 1, 2, \cdots\cdots, p)$ 支付确定红利数额 D_k。设 S_t 为开放式基金价格，K 为期权执行价格，T 为期权到期日，σ 为基金价格的波动率，r 为无风险的年收益率。

假设 t 时刻开放式基金价格 S_t 由以下两部分构成：一部分是对应于存续期内支付已知红利的无风险部分 D，另一个则是有风险部分 S_t^*。无风险部分 D 就是

从 t 时刻开始到开放式基金到期日 T 为止支付的所有红利按无风险利率从除权日贴现到 t 时刻的现值。

则有风险部分开放式基金价格 S_t^* 的波动率 σ^* 符合式(8.5)：

$$\sigma^* = \frac{\sigma S_0}{S_0 - D} \qquad 同(8.5)$$

且遵循下列几何布朗运动：

$$dS^* = \mu^* S^* dt + \sigma^* S^* dz \qquad (8.15)$$

其中 μ^* 为 S_t^* 的预期收益率，dz 为一个维纳过程。则基于开放式基金价格 S_t^* 的权利价格 P^* 满足下列 Black-Scholes 偏微分方程：

$$\frac{\partial P^*}{\partial t} + rS^* \frac{\partial P^*}{\partial S^*} + \frac{1}{2}(\sigma^*)^2 (S^*)^2 \frac{\partial^2 P^*}{\partial(S^*)^2} = rP^* \qquad (8.16)$$

权利的关键边界条件为：

$$P_T^* = \max(K - S_T^*, 0) \qquad (8.17)$$

在使用有限差分法计算权利价格 P_t 时，首先将从现在(设为 t 时刻)到期权到期日(即 T 时刻)的时间段 $[t, T]N$ 等分，得 $N+1$ 个小时间点：$t_i = i \times \Delta t$ $(i=0,1,\cdots,N)$，且 $\Delta t = \frac{T}{N}$。类似地，将有风险部分开放式基金价格 S_t^* 也等分为有限的价格段。设 $S_{\max}^*$ 为 S_t^* 的上限，则把开放式基金价格段 $[0, S_{\max}^*]M$ 等分，得 $M+1$ 个开放式基金价格点：$S_j^* = j \times \Delta S^*$ $(j=0,1,\cdots,M)$，且 $\Delta S^* = \frac{S_{\max}^*}{M}$。用 $P_{i,j}^*$ 表示 t_i 时刻、股价为 S_j^* 的期权价格，用 $P_{i,j}$ 表示 t_i 时刻、股价为 S_j 的期权价格，而 t_i 时刻的开放式基金价格 S_i 等于此时刻的有风险部分开放式基金价格 S_j^* 加上无风险部分开放式基金价格 D(即从 t_i 时刻起到期权到期日为止支付的所有红利按无风险利率从除权日贴现到 t_i 时刻的现值)，也就是：

当 $0 \leqslant t_i \leqslant \tau_1$ 时，$S_j = S_j^* + \sum_{k=1}^{p} D_k \exp[-r(\tau_k - t_i)]$ $\qquad (8.18)$

当 $\tau_1 < t_i \leqslant \tau_2$ 时，$S_j = S_j^* + \sum_{k=2}^{p} D_k \exp[-r(\tau_k - t_i)]$ $\qquad (8.19)$

…

当 $\tau_{p-1} < t_i \leqslant \tau_p$ 时，$S_j = S_j^* + D_p \exp[-r(\tau_p - t_i)]$ $\qquad (8.20)$

当 $t_i > \tau_p$ 时,$S_j = S_j^*$ 　　　　　　　　　　　　　　　　　　　(8.21)

这里考虑使用内含的有限差分法。在点 (i,j) 作差分近似:

$$\frac{\partial P^*}{\partial S^*} = \frac{(P_{i,j+1}^* - P_{i,j-1}^*)}{2\Delta S^*} \tag{8.22}$$

$$\frac{\partial P^*}{\partial t} = \frac{(P_{i+1,j}^* - P_{i,j}^*)}{\Delta t} \tag{8.23}$$

$$\frac{\partial^2 P^*}{\partial (S^*)^2} = \frac{(P_{i,j+1}^* - 2P_{i,j}^* + P_{i,j-1}^*)}{\Delta (S^*)^2} \tag{8.24}$$

将式(8.17)—(8.24)代入式(8.16)并整理,得:

$$a_j C_{i,j-1}^* + b_j C_{i,j}^* + c_j C_{i,j+1}^* = C_{i+1,j} \quad (j=0,1,\cdots,M-1) \tag{8.25}$$

其中

$$a_j = \frac{j\Delta t[r - j(\sigma^*)^2]}{2} \tag{8.26}$$

$$b_j = 1 + [j^2(\sigma^*)^2 + r]\Delta t \tag{8.27}$$

$$c_j = \frac{-j\Delta t[r + j(\sigma^*)^2]}{2} \tag{8.28}$$

对该权利价格而言,由边界条件(8.17)知,

$$P_{N,j}^* = \max(K - S_j^*, 0) \quad j=0,1,\cdots,M \tag{8.29}$$

另外,还需加上两个边界条件:

$$P_{i,0}^* = K \quad i=0,1,\cdots,N \tag{8.30}$$

$$P_{i,M}^* = 0 \quad i=0,1,\cdots,N \tag{8.31}$$

利用式(8.29),就可以求解式(8.25)中当 $i = N-1$ 时的 $M-1$ 个方程,得出: $P_{i,1}^*, P_{i,2}^*, \cdots P_{i,M-1}^*$ 之后,对每个 $j(j=0,1,\cdots,M)$,比较 $P_{i,j}^*$ 和 $K-S_j$ 两个值的大小。如果 $P_{i,j}^* < K-S_j$,则应该在 t_i 时刻立即执行美式期权,且 $P_{i,j} = K-S_j$,同时把 $P_{i,j}^*$ 的值修正为 $K-S$。否则,继续持有该项期权,并且 $P_{i,j} = P_{i,j}^*$,进而求出开放式基金的费率 $\frac{P}{S_0}$。

8.4 红利数量已知，承诺收益上限，可随时赎回的开放式基金费率模型设定

7.2 节已证明不分红，收益有上限，且可随时赎回的开放式基金对应的权利等价于美式看涨期权的空头。则红利数量已知，承诺收益上限，可随时赎回的开放式基金对应的权利等价于红利数量已知的美式看涨期权空头。

这一部分先求出红利数量已知的美式看涨期权的多头价格 C，则红利数量已知的美式看涨期权的空头价格为 $-C$，开放式基金费率为 $\dfrac{-C}{S_0}$。

下面我们考虑美式看涨期权。在 7.2 节，我们阐述了这样一个观点：没有红利支付的情况下，看涨期权不应该提前执行。将这个论点进一步引申表明：在支付红利的情况下，只有开放式基金付红利前的瞬时时刻执行才最优。我们假设预计有 n 个除权日 $t_1, t_2, t_3, \cdots, t_n, t_1 < t_2 < t_3 \ldots < t_n$。对应于这些时刻的红利分别表示为 $D_1, D_2, D_3, \cdots, D_n$（从除权日 T 时刻贴现到当前 t_n 时刻的现值）。如果投资者选择在某时刻 $t(t_m < t < t_{m+1}, m \in n)$ 执行权利，则时刻 $t + \Delta t$（设 $\Delta t \to 0$，则 $t_m < t + \Delta t < t_{m+1}, m \in n$）执行权利将更加优越（这两个时间点介于两个分红除权日区间，不涉及开放式基金的分红，可以参照 7.2 节对不分红，有上限，可随时兑现开放式基金对应权利的分析，得出执行期限是越往后越好）。这就意味着，如果最优执行日出现在 t_m, t_{m+1} 这两个除权日之间的一段时间内，则必定 t_{m+1} 时刻是最优的。

由此，我们得出如下结论：在支付红利的情况下，承诺收益上限，可随时赎回的开放式基金其最优赎回时刻是红利支付前的瞬时时刻。

我们先来考虑刚好在最后一个除权日（即在 t_n 时刻）执行的可能性。如果权利在 t_n 时刻执行，投资者获得收益 $(S_{t_n} - K)$。

若没有执行期权，开放式基金价格下降到 $(S_{t_n} - D_n)$。

容易证明，权利的价值 C 大于 $(S_{t_n} - D_n - K e^{-r(T - t_n)})$。证明过程如下：

t_n 时刻有如下两组合，

组合 A：一个欧式看涨期权加上金额为 $(D_n + K e^{-r(T - t_n)})$ 的现金

组合 B：一份开放式基金

在组合 A 中，现金如果按无风险利率来投资，则在 T 时刻将变为 $D_n \mathrm{e}^{r(T-t_n)} + K$。如果 T 时刻开放式基金价格 $S_T > K$，在 T 时刻应使用现金执行看涨期权，购买一份开放式基金，则组合 A 的价值为到期时一份开放式基金的价值 S_T 加上 $D_n \mathrm{e}^{r(T-t_n)}$ 的现金。如果 T 时刻开放式基金价格 $S_T < K$，期权到期价值为零，则组合 A 的价值就是持有现金的价值 $D_n \mathrm{e}^{r(T-t_n)} + K$。因此在 T 时刻，组合 A 的价值为 $\max(D_n \mathrm{e}^{r(T-t_n)} + S_T, D_n \mathrm{e}^{r(T-t_n)} + K)$。

在 T 时刻组合 B 的价值为 $D_n \mathrm{e}^{-(T-t_n)} + S_T$。因此，在 T 时刻期权到期时组合 A 的价值总是不低于 T 时刻组合 B 的价值。因此下列等式是成立的：

$$c + D_n + K \mathrm{e}^{-r(T-t_n)} \geqslant S_{t_n} \qquad (8.32)$$

即

$$c \geqslant S_{t_n} - D_n - K \mathrm{e}^{-r(T-t_n)} \qquad (8.33)$$

证明完毕。

又因为美式期权 C 包含的权利不低于欧式期权 c，所以

$$C \geqslant c \geqslant S_{t_n} - D_n - K \mathrm{e}^{-r(T-t_n)} \qquad (8.34)$$

所以，如果：

$$S_{t_n} - D_n - K \mathrm{e}^{-r(T-t_n)} \geqslant S_{t_n} - K \qquad (8.35)$$

即

$$D_n \leqslant K [1 - \mathrm{e}^{-r(T-t_n)}] \qquad (8.36)$$

则在时刻 t_n 执行权利不是最佳选择。另一方面，如果：

$$D_n > K [1 - \mathrm{e}^{-r(T-t_n)}] \qquad (8.37)$$

对任何开放式基金价格所遵循随机过程的合理假设，可以证明对于足够大的 S_{t_n} 的值，在 t_n 时刻执行权利总是最优的。当最后除权日与权利到期日相当接近（即 $T - t_n$ 很小），而且红利很大时，不等式（8.37）就会被满足。

然后考虑时刻 t_{n-1}，即倒数第二个除权日。如果权利在时刻 t_{n-1} 之前瞬间执行，产品发行机构得到 $S_{t_{n-1}} - K$。如果权利在时刻 t_{n-1} 没有执行，开放式基金价格下降到 $S_{t_{n-1}} - D_{n-1}$。最接近的下一次能够执行的时间为 t_n。因此，如果在 t_{n-1} 时

刻不执行权利,则权利价格的下限为:

$$S_{t_{n-1}} - D_{n-1} - Ke^{-r(t_n - t_{n-1})} \tag{8.38}$$

所以,如果

$$S_{t_{n-1}} - D_{n-1} - Ke^{-r(t_n - t_{n-1})} \geqslant S_{t_{n-1}} - K \tag{8.39}$$

即

$$D_{n-1} \leqslant K[1 - e^{-r(t_n - t_{n-1})}] \tag{8.40}$$

则在时刻 t_{n-1} 之前瞬间执行权利不是最优选择。同样,对任意 $i < n$,如果

$$D_i \leqslant K[1 - e^{-r(t_{i+1} - t_i)}] \tag{8.41}$$

在时刻 t_i 执行权利不是最佳选择。

不等式(8.41)近似等价于:

$$D_i \leqslant Kr(t_{i+1} - t_i) \tag{8.42}$$

假设 K 与开放式基金现价相当接近,要使这个不等式不被满足,开放式基金的红利收益率应该近似于或大于无风险利率,不符合现实情况。

从以上分析中,我们可以得出结论,即在大多数情况下,有分红,存在收益上限,可随时兑现的开放式基金的权利最可能的提前执行时间是最终除权日之前的瞬时时刻 t_n。进一步,如果对于 $i = 1, 2, \cdots, n-1$,不等式(8.41)都成立,不等式(8.36)也成立,我们可以肯定提前执行不是最佳选择。

由此,为了把提前执行看涨期权情况考虑进去,需要分别计算在时刻 T 和 t_n 到期的欧式期权的价格,然后将二者之中较大的值确定为美式期权的价格。大多数情况下,这种近似效果似乎都不错。

在假设期权于最后除权日前立即执行的前提下,从开放式基金价格减去权利有效期内的所有红利按无风险利率从除权日贴现的现值之后,就可以使用式(8.11)来计算时刻 T 和 t_n 到期的欧式期权价格了,两者中的最大值即为红利数量已知的美式看涨期权的多头价格 C,开放式基金费率即为 $\dfrac{-C}{S_0}$。

8.5 本章小结

由于很大比例的开放式基金具有分红的特性,用欧式期权类比基金费率有一

定的缺陷,这一章通过引入分红概念,对第 5～7 章的适用条件进行了放松,分别计算了有分红(红利数量或红利收益率已知)、存在收益上限和下限、到期才可赎回和可随时赎回开放式基金的费率,拓展了第 5～7 章的费率基本模型,为分红型开放式基金费率给出了一个科学定价。

◆ 第 9 章 ◆

我国开放式基金均衡费率计算

前文以我国开放式基金费率现状为基础,借鉴期权定价的研究方法,设计无套利均衡思想下我国开放式基金费率定价机制,并得出影响开放式基金费率的七种因素如下:

(1)开放式基金的现价

(2)承诺的收益上限

(3)承诺的收益下限

(4)到期期限

(5)开放式基金价格的波动率

(6)无风险利率

(7)开放式基金有效期内预计发放的红利

需要注意的是,有收益下限的开放式基金费率为正值,意味着投资者为了获得保底收益的权利,需要向基金公司支付一定的费用;有收益上限的开放式基金费率为负值,意味着基金公司减免了投资者的部分费用,向投资者购买了获得超额收益的权利。为了分析方便,表 9.1 中有收益上限的开放式基金费率用其绝对值(正值)衡量。

表 9.1 描述了当这些因素之一发生变化而其他因素不变时,开放式基金费率的变化。

表 9.1 开放式基金费率变动表

变量	到期赎回 有收益上限	到期赎回 有收益下限	可提前赎回 有收益上限	可提前赎回 有收益下限
开放式基金现价	+	−	+	−
承诺收益上限	−	/	−	/
承诺收益下限	/	+	/	+
到期期限	?	?	+	+
波动率	+	+	+	+
无风险利率	+	−	+	−
红利	−	+	−	+

"＋"表示变量的增加会引起开放式基金费率上升。

"－"表示变量的增加会引起开放式基金费率下降。

"？"表示两者之间的关系是不确定的。

（1）开放式基金现价变化

对于有收益上限的开放式基金而言，其费用大小（绝对值）等价于基金现价同收益上限的差额。随着基金价格的上升，无论是到期赎回还是可提前赎回产品，其费率都将变大。

对于有收益下限的开放式基金而言，其费用大小等价于收益下限同基金现价的差额。随着基金价格的上升，无论是到期赎回还是可提前赎回产品，其费率都将变小。

（2）承诺收益上限变化

对于有收益上限的开放式基金而言，其费用大小（绝对值）等价于基金现价同收益上限的差额。随着收益上限的提高，无论是到期赎回还是可提前赎回产品，其费率都将变小。

对于有收益下限的开放式基金而言，其费用大小等价于收益下限同基金现价的差额。无论是到期赎回还是可提前赎回产品，收益上限的变化并不会改变费率的大小。

(3)承诺收益下限变化

对于有收益上限的开放式基金而言,其费用大小(绝对值)等价于基金现价同收益上限的差额。无论是到期赎回还是可提前赎回产品,收益下限的变化并不会改变费率的大小。

对于有收益下限的开放式基金而言,其费用大小等价于收益下限同基金现价的差额。随着收益下限的提高,无论是到期赎回还是可提前赎回产品,其费率都将变大。

(4)基金到期期限变化

当到期期限增加时,可提前赎回的开放式基金(无论是有收益上限还是有收益下限)对应的权利价格(绝对值)都会增加,相应的费率变高。为了说明这一点,考虑其他条件相同但只有到期日不同的两个权利,则有效期长的权利其执行的机会不仅包含了有效期短的那项权利的所有执行机会,而且它的获利机会会更多。因此,有效期长的基金费率总是大于或等于有效期短的基金费率。

随着有效期的增加,到期赎回、有收益下限的开放式基金费率和到期赎回、有收益上限的开放式基金费率通常增加,但并不总是这样。有效期长的权利只能在其到期日执行。考虑两个有收益上限的开放式基金对应的权利,一个到期期限为 m_1 个月,另一个到期期限为 m_2 个月。假定预计在 $m_3(m_1 < m_3 < m_2)$ 周后将支付大量的红利,红利会使开放式基金价格下降。这就有可能使有效期短的费率超过有效期长的费率。

(5)基金价格的波动率

开放式基金价格的波动率用来衡量未来开放式基金价格变动的不确定性。随着波动率的增加,开放式基金价格上升很高或下降很低的机会也随着增加。对于开放式基金的持有者来说,这两种变动趋势将互相抵消。

但对于获得的权利而言,则需要区别对待:有收益上限的开放式基金对应的权利,由于其费用大小(绝对值)等价于基金现价同收益上限的差额,当开放式基金现价上升时,基金费率的绝对值上涨,意味着基金公司让渡给投资者的收益增加;但当开放式基金价格下降时,由于投资者的最大损失就是权利价格,所以仅有有限的损失。

与此类似,有收益下限的开放式基金对应的权利,由于其费用大小等价于收益下限同基金现价的差额,当开放式基金价格下降时,权利价格上涨,投资者获得相应收益;但当开放式基金价格上升时,仅有有限的损失。

因此,随着波动率的增加,无论是有收益上限还是有收益下限的开放式基金对应的权利价格都会增加,即费率绝对值增加。

(6)无风险利率

无风险利率对费率的影响则不是那么直接。当整个经济中的利率增加时,开放式基金价格的预期增长率也倾向于增加。然而,投资者受到的未来现金流的现值将减少。这两种影响都将增加有收益上限开放式基金费率(绝对值)的大小,而将减少有收益下限开放式基金的费率。

特别要指出的是,我们假定了利率变化时,开放式基金价格不变。但现实中,当利率上升(或下降)时,开放式基金价格也将下降(或上升)。考虑利率增加和随之而来的开放式基金价格降低的净效应,有收益上限开放式基金费率(绝对值)可能减少而有收益下限开放式基金费率可能增加。类似地,利率降低和随之而来的开放式基金价格增加的净效应,也可能出现有收益上限开放式基金费率(绝对值)增加而有收益下限开放式基金费率减少的结果。

(7)未来的红利

在除息日后,红利将减少开放式基金的价格。这对于有收益上限开放式基金的费率(绝对值)而言是一个坏消息,与预期未来红利的大小呈反向变动;而对于有收益下限开放式基金的费率来说则是一个好消息,与预期未来红利的大小成正向变动。

通过对上文的分析,我国开放式基金的费率定价机制可归结为:在开放式基金的销售过程中,为了保证投资者的收益,履行基金公司的社会责任,基金公司会向投资者承诺一个最低投资收益率;同时作为一个企业,基金公司的经济效益导向也需要兼顾,为了激励基金公司,可以设置一个最高收益率限制,超额收益归基金公司所有。最低收益率保证了投资者资产的安全性,最高收益率保证了基金公司追求更高收益率的动力。

如果我们把保证收益率下限视为投资者买进一个看跌期权,把规定收益率上限视为投资者卖出一个看涨期权,则可以用卖出看涨期权的收益来弥补买进看跌期权的支出。两者之和即为我国开放式基金的均衡费用,均衡费用同投资者购买开放式基金的额度之比即为开放式基金的均衡费率。概而言之,我国开放式基金费率定价机制是通过动态交易策略,购买一份开放式基金和相应期权构成的组合,然后不断地调整其头寸使之保持无套利均衡关系。

本章将结合我国开放式基金市场的实际,运用上述费率定价机制计算开放式基金的均衡费率,并通过同实际费率的比较,分析产生差异的原因,进而找出存在的问题,为给出合理的政策建议奠定基础。本章结构安排如图 9.1 所示。

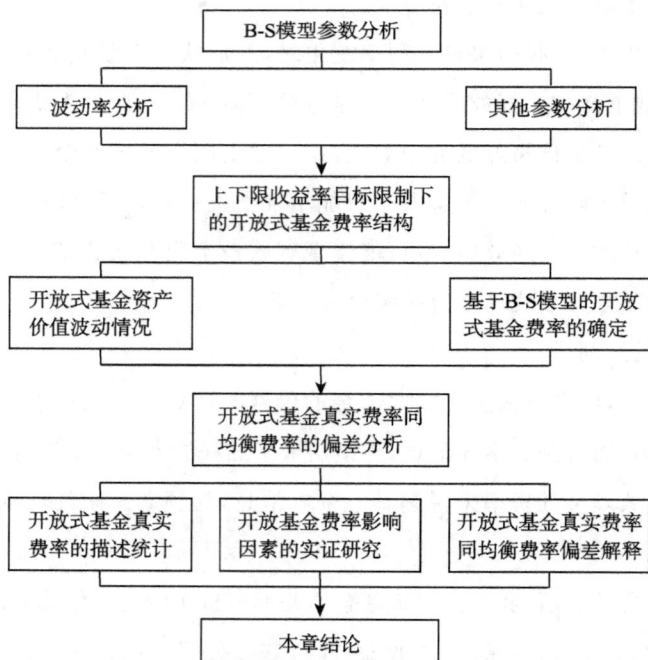

图 9.1 我国开放式基金均衡费率计算流程图

9.1 B-S 模型参数分析

　　运用 B-S 模型进行开放式基金费率设计时,有关参数是重要解释变量,对这些参数的确定也是期权理论与方法应用于费率设计中的难点之一。需要特别说明的是,第 3 章已指出,基金费用包括基金持有人费用(申购费、赎回费、转换费等)和基金运营费用(管理费、托管费等),前者从投资者申购赎回或转换的金额中一次性直接收取,后者周期性按年支付。由于开放式基金没有存续期,理论上是可以无限期存在的,也就意味着开放式基金管理运营过程中发生的费用是无限的,无法计算。因此,本研究在计算开放式基金费率时采取的是年化费率,即以年计算的费率。

　　同时,目前很多基金采取的是后端收费模式,即认购或申购基金时不收取费用,而改为在赎回基金时收费,且随着持有期限的增加,赎回费率递减,当持有期达到一定年限时赎回费率甚至为零,所以本研究的实证研究以一年期为例,以(管理费＋托管费)近似计算基金费用,两者之和同认购额度的比值即为基金费率。

9.1.1 波动率分析

　　波动率是对开放式基金收益率变化的度量。从统计推断的角度看,它是开放式基金投资收益率的标准差。

　　(1)从经济意义上解释,产生波动率的原因主要有三方面:

　　第一,宏观经济因素对开放式基金的影响,即所谓的系统风险;

　　第二,基金公司的经营管理、财务状况、市场销售等因素的变化都会影响开放式基金的价格走势,即所谓的非系统风险;

　　第三,投资者心理状态或预期的变化对投资价值所产生的作用。

　　(2)在实际应用时,波动率的分类往往是多层次的,表现为四方面:

　　第一,实际波动率。实际波动率又称作未来波动率,它是指对基金产品有效期内投资收益率波动程度的度量。由于投资收益率可视为一个随机变量,实际波动率永远是一个未知数。或者说,实际波动率是无法事先精确计算的,只能通过各种方法得到它的估计值。

第二,历史波动率。历史波动率是指投资收益率在过去一段时间内所表现出的波动率,它由基金价格过去一段时间的历史数据反映。这就是说,可以根据基金价格的时间序列数据计算出相应的收益率数据,然后运用统计推断方法估算收益率的标准差,从而得到历史波动率的估计值。显然,如果实际波动率是一个常数,它不随时间的推移而变化,则历史波动率就有可能是实际波动率的一个很好的近似。

第三,预测波动率。预测波动率又称为预期波动率,它是指运用统计推断方法对实际波动率进行预测得到的结果,并将其用于费率定价模型。这就是说,在运用期权理论计算费率时所用的波动率一般是指预测波动率。需要说明的是,预测波动率并不等于历史波动率,因为前者是投资者对实际波动率的理解和认识。当然,历史波动率往往是这种理解和认识的基础。除此之外,投资人对实际波动率的预测还可能来自经验判断等其他方面。

第四,隐含波动率。隐含波动率是指在市场中观察的开放式基金价格所蕴含的波动率。从理论上讲,要获得隐含波动率的大小并不困难。由于期权定价模型给出了期权价值与七个基本参数之间的定量关系,只要确定其中五个基本参数,就可以从中解出唯一的未知量,其大小就是隐含波动率。因此,隐含波动率又可以理解为市场对实际波动率的预期。

(3)波动率的估计

波动率是影响费率定价的一个重要因素,同时也是基金费率定价模型输入变量中唯一无法由市场直接提供的参数。因此,对波动率的估计十分必要。

对波动率的估计可以遵循如下的思路:第一,如果认为开放式基金价格的变化趋势将从过去延续到未来,则可以采用历史估计方法;第二,如果认为这种变化趋势存在某种周期性规律,它在未来某一时段再现,则可以在历史估计基础上,考虑周期性因素的修正,并运用各种统计推断方法,给出波动率的预测估计。

第一,波动率的历史估计。波动率的历史估计是一种"鉴往知来"的估计,其基本前提是开放式基金价格的变化趋势具有"惯性",即可以从过去一直延续到未来某一阶段。这样,就可以根据开放式基金价格的时间序列统计资料得到历史波动率的估计,并将这种估计方法的结果作为实际波动率的一个较好近似。

从技术上讲,波动率的历史估计重点在于计算开放式基金投资收益率的标准差,其具体的计算方法是根据收益率的历史资料计算其统计标准差,其具体步骤如下:首先,由开放式基金价格时间序列计算出相应的收益率时间序列数据$\{K_i\}$,$i=1,2,\cdots,N$;然后,根据$\{K_i\}$计算统计平均值μ^*和统计标准差σ^*:

$$\mu^* = \sum K_i / N \tag{9.1}$$

$$\sigma^* = \sqrt{\frac{\sum(K_i-\mu^*)^2}{N-1}} \tag{9.2}$$

并将σ^*作为历史波动率的估计值。

由统计推断理论,用统计标准差作为实际波动率的估计肯定存在一定的误差,而造成这种误差的原因主要是:

一是样本不具备代表性。这反映在两个方面:首先,由于随机性或季节性等因素的影响,估计历史波动率所选择的样本期可能不具有代表性,即它本身不能真实反映历史波动率。其次,由于波动性可能不是一个常数,而是随时间的推移发生变化,与样本期的波动相比,未来的实际波动或许更剧烈,或许更平缓。所以,即使样本能够较好地反映历史波动率,它也不一定能够代表未来的实际波动率。

二是样本容量不足。从统计上讲,只有当样本容量趋于无穷时,统计标准差才会等于标准差。因此,若设收益率数据的个数为有限的N,则由于样本容量有限而产生一定的统计估计误差。随着样本容量N的增加,这一误差将不断减少。

为了减少统计估计误差,Pakinson 提出了历史波动率的另一种方法,即

$$\sigma^* = \sqrt{\frac{0.361}{N}\sum[\ln(S_{i,max})-\ln(S_{i,min})]} \tag{9.3}$$

$S_{i,max}$,$S_{i,min}$分别是第i个时期开放式基金价格的最高值和最低值,$i=1,2,\cdots,N$。

用 Pakinson 公式来估计历史波动率有以下优点:第一,它不需要计算标的资产投资收益率。第二,可以证明,在相同的样本容量下,Pakinson 公式的统计估计误差只是前述统计标准差估计方法的 20% 左右。另一方面,该公式的不足在于它

需要每一时期标的资产价值的最高值和最低值,在许多场合,这一信息往往无法得到。

第二,预测波动率的估计。如前所述,费率定价模型需要的是开放式基金收益率的实际波动率,相对于当前时刻而言,它是一个未知变量,因而需要用预测波动率来代替之。在一般情况下,可以简单地将历史波动率估计作为预测波动率。然而,由于各种原因,历史毕竟不会简单地再现。因此,更好的方法是把基于历史数据的估计和对波动率变化规律的认识结合起来,综合运用各种定量与定性分析的工具,这就是预测波动率估计的基本思想。

从本质上讲,预测波动率估计属于经济预测研究的领域,对此问题的详细讨论超出了本研究的范围。因此,下面仅对预测波动率估计中可能碰到的经济日问题做简要的分析,并希望通过这种分析,体会到预测波动率估计的基本思路。

如上所述,对历史波动率的估计是以对各交易日开放式基金价格的观察数据为基础的。那么,投资者自然会提出这样的问题:开放式基金价格每个交易日的波动是一样的吗?显然,对这个问题的回答应当是否定的。一般说来,在某段时间(如半年或一年)内,波动率可能大致稳定在某个水平上。但是,由于某些突发事件的影响,其中某几天的波动会远远大于平均水平。

把日波动率显著高于平均值的那些交易日称为经济日。经济日所对应的日波动率是由于一些重大经济事件或政治事件对基金价值产生影响的结果,它具有以下特征:第一,经济日波动率的数值明显大于样本期日波动率的平均值;第二,相对于样本期的天数而言,经济日的天数是一个很小的数,这意味着重大事件不是经常发生的。

显然,如何确定经济日不是一件很容易的事。Tompkins 提出了一个实用方法,该方法基于这样的假设,即抛开导致经济日波动率增加的具体原因不谈,从较长时期来考察,经济日是按一定的概率随机出现的。在此假设下,可运用以下方法来确定经济日:首先,根据样本期内各交易日开放式基金价格数据,逐日计算收益率 K_i,并计算 K_i 的绝对值 $\{K_i\}$;其次,确定一个收益率的限制值 K^*,凡是 $\{K_i\}$ 大于 K^* 所对应的交易日就是经济日,否则为正常交易日。显然,限制值 K^* 的选择十分重要。如果 K^* 过低则会使经济日的天数过多,失去了这种划分的意义,反之如果 K^* 过高,则会使经济日的天数过少,影响最终估计的精度。因此,适当的 K^* 应该使经济日天数占样本期间交易日天数的比重在 $20\%\sim25\%$ 左右,这也是经济日出现的概率 p。一旦确定了经济日,就可以利用这一信息来估计预测波动率,其具体步骤如下:

第一步,根据样本期间正常交易日的收益率数据和经济日开放式基金价格数据,分别计算估计的正常波动率 σ_1 和估计的经济波动率 σ_2。

第二步,根据 σ_1、σ_2 以及经济日出现的概率 p,估计综合波动率。

$$\sigma^* = p\sigma_2 + (1-p)\sigma_1 \tag{9.4}$$

第三步,并将其作为估计预测波动率的初始值。

第四步,随着时间的推移,根据新得到的实际资料,不断调整组合波动率计算公式中的权重系数,从而得到估计预测波动率的修正值。

9.1.2 其他参数分析

开放式基金的价格——开放式基金的价格可以从当前基金公司的公告信息中获取。

期权的执行价格——当分析收益有下限的开放式基金时,执行价格即为基金公司承诺的保底收益;当分析收益有上限的开放式基金时,执行价格即为基金公司承诺的最高收益。

期权期限——费率以年化计算,相应的期权年限也以一年期为限。

无风险利率——以样本期即 2012 年一年期存款利率衡量。

9.2 上下限收益率目标限制下的开放式基金费率结构

按照第 5 章至第 8 章的分析,当开放式基金承诺最低收益率目标时,投资者支付的费率相当于购买了一份执行价格为保底收益的美式看跌期权,从而使投资者的收益得到了保障,基金公司的社会责任得以履行;当开放式基金规定最高收益率目标时,超额收益归基金公司所有,投资者支付的费率(负值)相当于卖出了一份执行价格为最高收益的美式看涨期权,从而使基金公司的经济效益得到保障。

也就是说,对基金费率的创新,着重点在于寻求一个均衡费率,该费率既体现基金公司的社会责任,同时又兼顾其经济效益。当开放式基金真实费率高于均衡费率时,表明基金公司过于偏重其经济效益;当开放式基金真实费率低于均衡费率时,表明基金公司过于偏重其社会责任。

这一节通过建立基金公司目标函数,探讨在基金公司寻求目标最大化前提下是否存在均衡费率的问题。

首先提出如下假设:

假设 1:基金公司的效益可划分为经济效益和社会效益。

假设 2:基金公司的目标是获取经济效益和社会效益之和的最大化。需要注意的是,这里的和不是简单相加,而是加权值。

首先构造基金公司目标函数,如式(9.5)所示:

$$W = \lambda_e U_e(Q) + \lambda_s U_s(Q) \tag{9.5}$$

其中,Q 为开放式基金费率,$U_e(Q)$ 为费率为 Q 时基金公司所获得的经济效益。由于费率越高,基金公司的经济效益越高,所以假设 $U_e(Q)$ 同 Q 正相关。$U_s(Q)$ 为费率为 Q 时基金公司履行其社会责任所获得的社会效益,由于费率越高,基金公司履行的社会责任越少,社会效益越低,所以设 $U_s(Q)$ 同 Q 负相关。

λ_e 为经济效益的影响因子,设 $\lambda_e > 0$,反映经济效益在基金公司目标中的权重每增加 1 单位经济效益对基金公司目标贡献增加 λ_e 单位,或者说减少 1 单位经济效益对基金公司目标贡献减少 λ_e 单位;λ_s 为社会效益的影响因子,设 $\lambda_s > 0$,反映社会效益在基金公司目标中的权重,即增加一单位社会效益对基金公司目标贡献增加 λ_s 单位,或者说减少 1 单位社会效益对基金公司目标贡献减少 λ_s 单位。W 反映基金公司的目标实现程度,体现为其经济效益和社会效益的加权和。开放式基金费率 Q 越大,基金公司的经济效益越大,但同时其社会效益越低,反之亦然。只有当基金费率达到均衡费率时,才能使基金公司目标最大化。

本研究假设 $W, U_e(Q), U_s(Q)$ 都是连续和二阶可微的,同时经济效益随基金费率的增加而增加,即:

$$\frac{\partial U_e}{\partial Q} > 0 \tag{9.6}$$

社会效益随基金费率的增加而减少,即

$$\frac{\partial U_s}{\partial Q} > 0 \tag{9.7}$$

基金公司的目标是追求经济效益和社会效益之和的最大化,基金公司目标函数式(9.5)两边对 Q 求导,可以得到最优化的一阶条件式(9.8):

$$\frac{\partial W}{\partial Q} = \lambda_e \frac{\partial U_e}{\partial Q} + \lambda_s \frac{\partial U_s}{\partial Q} = 0 \tag{9.8}$$

令 $\dfrac{\partial U_e}{\partial Q} = \mathrm{MR}(Q), \dfrac{\partial U_s}{\partial Q} = \mathrm{MC}(Q)$,则

$$\left| \frac{\partial U_e}{\partial Q} \Big/ \frac{\partial U_s}{\partial Q} \right| = |\mathrm{MR}(Q)/\mathrm{MC}(Q)| = \lambda_s / \lambda_e \tag{9.9}$$

式(9.9)的含义可表达如下:基金公司为寻求目标最大化,会选择一个均衡费率,在这一费率的基础上,基金公司每增加 1 个单位的基金费率,新增的经济效益同减少的社会效益之比等于对应 2 个权重之比的倒数;同理,基金公司每减少 1 个单位的基金费率,减少的经济效益同新增的社会效益之比等于对应 2 个权重之比的倒数。

对式(9.9)进行转化,可得:

$$\left| \lambda_e \frac{\partial U_e}{\partial Q} \Big/ \lambda_s \frac{\partial U_s}{\partial Q} \right| = 1 \tag{9.10}$$

式(9.10)的含义可表达如下:基金公司为寻求目标最大化,会选择一个均衡费率,在这一费率的基础上,基金公司增加 1 个单位的基金费率,由于经济效益增加而导致的基金公司目标提升程度同由于社会效益减少而导致的基金公司目标降低程度是等价的;同理,基金公司减少 1 个单位的基金费率,由于经济效益减少而导致的基金公司目标降低程度同由于社会效益增加而导致的基金公司目标提升程度是等价的。由此,在基金公司寻求目标最大化前提下存在均衡费率。

9.2.1 开放式基金资产价值波动情况

在这一小节中,我们以国内开放式基金为例,实证分析上下限收益率目标下我国开放式基金的均衡费率,并同实际费率比较,分析差异的原因。

本研究利用 B-S 期权定价模型来对开放式基金费率进行定价,而 B-S 期权定价模型的一个极为重要的假设就是资产价格服从对数正态分布,在复杂的金融市场上,大多数金融资产的价格本身并不服从正态分布,但是这些金融资产的收益率服从正态分布,从而金融资产价格服从对数正态分布。

我们利用天软数据库搜集了 2012 年证券市场上 816 只开放式基金的收益率数据,对其利用 Eviews 6.0 软件进行了描述统计分析,结果如图 9.2 所示。

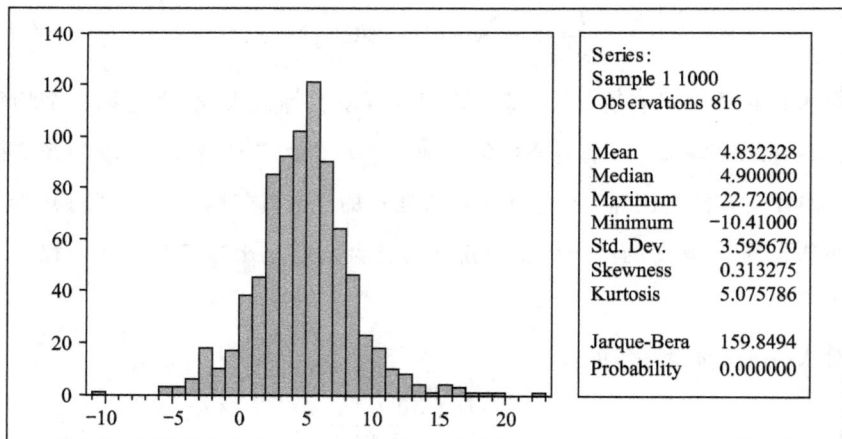

图 9.2 2012 年开放式基金收益率描述性统计

从图 9.2 中我们可以看出,2012 年开放式基金收益率近似服从均值为 4.83%、标准差为 3.596% 的正态分布。为了进一步检验正态分布总体 $N(4.83\%, 3.596\%)$ 的概率密度函数对开放式基金收益率的概率密度函数的拟合度,我们还利用频率密度数据进行了相关计算,计算出样本决定系数 R^2 为 0.857468,样本的拟合度较高,由此可以认定 2012 年开放式基金收益率服从 $N(4.83\%, 3.596\%)$ 的正态分布,从而开放式基金价格服从对数正态分布,适用于 B-S 期权定价模型。

9.2.2 基于 B-S 模型的开放式基金费率的确定

（1）限定最低收益率目标下的基金费率

这部分将在不同最低投资收益率目标下对开放式基金费率进行确定。在投资过程中,投资者都会给基金公司设定一个最低的投资目标,这些投资目标的高低主要取决于投资人对风险的承受能力,这些最低收益率也就是看跌期权的执行价格。

根据和讯网数据,截至 2012 年 12 月 31 日,开放式基金总资产为 17185.72 亿元,占全行业管理资产规模的 75.39%,其中基金型基金 534 只,净值规模 11475.28 亿元,占全行业管理资产规模的 31.75%;混合型基金 218 只,净值规模 5646.17 亿元,占全行业管理资产规模的 15.62%;债券型基金 225 只,净值规模 3779.70 亿元,占全行业管理资产规模的 10.46%;货币市场基金 61 只,净值规模 5717.28 亿元,占全行业管理资产规模的 15.82%;QDII 基金 67 只,净值规模 629.58 亿元,占全行业管理资产规模的 1.74%。

为了更好地分析,本研究以 2012 年末开放式基金总资产 17185.72 亿元作为计算期权价值的期初资产价格 S_0,以 $N(4.83\%,3.596\%)$ 作为 2012 年开放式基金收益率的概率分布;期权期限设为 1 年。

在此基础上,本研究选取以下四个最低收益率目标,它们分别是:开放式基金收益率不低于期初资产价值（0%）;开放式基金收益率不低于一年期国债收益率（3.61%）;开放式基金收益率不低于 2012 年通货膨胀率（3.70%）;开放式基金收益率不低于 2012 年整个开放式基金市场平均收益率（4.83%）。与此收益率相对应的资产价值分别是:17185.72 亿元,17806.12 亿元,17821.60 亿元,18015.80 亿元。以这四个委托资产价值作为期权的执行价格,运用式（5.44）计算:

$$p = p(S_0,0) = K e^{-rT} N(-d_2) - S_0 N(-d_1) \qquad 同(5.44)$$

$$其中:d_1 = \left[\ln\frac{S_0}{K} + \left(r+\frac{1}{2}\sigma^2\right)T\right]/\sigma\sqrt{T} \qquad 同(5.45)$$

$$d_2 = \left[\ln\frac{S_0}{K} + \left(r-\frac{1}{2}\sigma^2\right)T\right]/\sigma\sqrt{T} = d_1 - \sigma\sqrt{T} \qquad 同(5.46)$$

$N(\cdot)$ 是累计正态分布函数。p 为看跌期权的价值,K 是期权的执行价格,S_0 为 0 时刻即当前时刻的开放式基金价格,T 为距离到期的时间,σ 是波动率,即连续计算收益率的开放式基金在单位时间内收益率的标准差，r 为连续复利计算的年化无风险利率。

我们可以分别计算出上述执行价格下不同最低目标下的看跌期权的价值。具体过程如下：

第一步，建立电子表格如表 9.2 所示，单元格 B5～B9 为 5 个变量输入处，B3 为期权价值输出处。

表 9.2

	A	B
1	期权定价 B-S 模型	
2	结果输出	
3	期权价值 $V=$	
4	变量输入	
5	标的期初资产价值=	
6	波动率=	
7	执行价格=	
8	到期时间=	
9	无风险利率=	
10	d_1	
11	d_2	
12	最优费率	

第二步，计算公式的输入，如表 9.3 所示。

表 9.3

单元格	公式输入
B3	$=$B7 * EXP$(-$B9 * B8$)$ * NORMSDIST(B11)$-$B5 * NORMSDIST(B10)
B10	$=($LN(B5/B7)$+($B9$+$POWER(B6,2)/2$)$ * B8$)/($POWER(B8,1/2) * B6$)$
B11	$=$B10$-$B6 * POWER(B8,1/2)

在 B5～B9 处输入变量值,B3 处显示结果,得到在不同最低收益率目标下的相关数据。当开放式基金最低收益率为 0 即不低于最初资产价值时,如表 9.4 所示。

表 9.4

期权价值 $V=$	7.64949396
标的期初资产价值=	17185.72
波动率=	3.596％
执行价格=	17185.72
到期时间=	1
无风险利率=	6.63％
d_1	1.86113907
d_2	1.82517907
费率	0.00044511

当开放式基金收益率不低于 1 年期国债收益率 3.61％时,如表 9.5 所示。

表 9.5

期权价值 $V=$	66.0826312
标的期初资产价值=	17185.72
波动率=	3.596％
执行价格=	17806.12
到期时间=	1
无风险利率=	6.63％
d_1	0.87494852
d_2	0.83898852
费率	0.00384521

当开放式基金收益率不低于 2012 年通货膨胀率 3.70％时,如表 9.6 所示。

表 9.6

期权价值 $V=$	69.0402235
标的期初资产价值=	17185.72
波动率=	3.596%
执行价格=	17821.6
到期时间=	1
无风险利率=	6.63%
d_1	0.85078316
d_2	0.81482316
费率	0.0040173

当开放式基金收益率不低于 2012 年开放式基金市场平均收益率 4.83% 时,如表 9.7 所示。

表 9.7

期权价值 $V=$	115.238705
标的期初资产价值=	17185.72
波动率=	3.596%
执行价格=	18015.8
到期时间=	1
无风险利率=	6.63%
d_1	0.54939423
d_2	0.51343423
费率	0.00670549

由表 9.4～表 9.7 可知,在不同最低收益率目标下的看跌期权价值即开放式基金收费分别为 7.65 亿元、66.08 亿元、69.04 亿元、115.24 亿元,运用式(5.47):

$$\frac{p}{S_0} = \frac{p(S_0,0)}{S_0} = \frac{Ke^{-rT}N(-d_2) - S_0 N(-d_1)}{S_0} \qquad 式(5.47)$$

可得:相应的开放式基金费率为 0.0445%、0.3845%、0.4017%、0.6705%,结果

如表 9.8 所示。

表 9.8

最低收益率/%	费率/%
0	0.0445
3.61	0.3845
3.70	0.4017
4.83	0.6705

(2)限定最低收益率目标下开放式基金最终收益率

投资者之所以关心费率,根本原因在于其能获得的最终收益率等于投资收益率减去费率,即最终收益率同费率呈反向关系。

如前所述,不同的最低收益率目标对应不同的费率,下面我们计算限定最低收益率目标下开放式基金的最终收益率以及最终收益率的期望值。

开放式基金最终收益率计算过程如下:

$$R_L = R_d - w_1 \quad R < R_d \tag{9.11a}$$

$$R_L = R - w_1 \quad R \geqslant R_d \tag{9.11b}$$

其中 R_L 为最终收益率, R_d 为最低收益率, R 为投资收益率, w_1 为限定最低收益率目标下的基金费率。由式(9.11)可得不同最低收益率目标下的最终收益率如下:

当要求开放式基金收益率不低于期初资产价值(0)时,

$$R_{L1} = 0 - 0.0445\% = -0.0445\% \quad R < 0 \tag{9.12a}$$

$$R_{L1} = R - 0.0445\% \quad R \geqslant 0 \tag{9.12b}$$

当要求开放式基金收益率不低于一年期国债收益率(3.61%)时,

$$R_{L2} = 3.61\% - 0.3845\% = 3.2255\% \quad R < 3.61\% \tag{9.13a}$$

$$R_{L2} = R - 0.3845\% \quad R \geqslant 3.61\% \tag{9.13b}$$

当要求开放式基金收益率不低于 2012 年通货膨胀率(3.70%)时,

$$R_{L3} = 3.70\% - 0.4017\% = 3.2983\% \quad R < 3.70\% \tag{9.14a}$$

$$R_{L3} = R - 0.4017\% \quad R \geqslant 3.70\% \tag{9.14b}$$

当要求开放式基金收益率不低于 2012 年开放式基金市场平均收益率(4.83%)时,

$$R_{L4} = 4.83\% - 0.6705\% = 4.1595\% \quad R < 4.83\% \tag{9.15a}$$

$$R_{L4} = R - 0.6705\% \quad R \geqslant 4.83\% \tag{9.15b}$$

综上所述,委托投资最终收益率的期望值

$$E(R_L) = \int_{-\infty}^{+\infty} R_L \frac{1}{\sqrt{2\pi}\sigma} e^{-\frac{(r-\mu)^2}{2\sigma^2}} dr$$

$$= \int_{-\infty}^{R_d} (R_d - w) \frac{1}{\sqrt{2\pi}\sigma} e^{-\frac{(r-\mu)^2}{2\sigma^2}} dr + \int_{R_d}^{+\infty} (r - w) \frac{1}{\sqrt{2\pi}\sigma} e^{-\frac{(r-\mu)^2}{2\sigma^2}} dr$$

$$= (R_d - \mu) N\left(\frac{R_d - \mu}{\sigma}\right) + \frac{\sigma}{\sqrt{2\pi}} e^{-\frac{(R_d - \mu)^2}{2\sigma^2}} + \mu - w \tag{9.16}$$

结合开放式基金投资收益率的概率分布 $N(4.83\%, 3.596\%)$,由式(9.16)可得不同最低收益率目标下最终收益率的期望值:$E(R_{L1}) = 4.25\%$;$E(R_{L2}) = 4.28\%$;$E(R_{L3}) = 4.34\%$;$E(R_{L4}) = 4.67\%$;$E(R_{L5}) = 5.25\%$。

通过计算我们可以发现,不同最低收益率目标和基金费率下会有不同的最终收益率。作为投资者,当然希望自己所投资的开放式基金投资收益率能高于整个市场的平均投资水平,所以本研究选取 2012 年开放式基金市场的收益率均值作为最低收益率,对应的资产价值作为看跌期权的执行价格进行计算,可以得到在最低收益率下,开放式基金平均年化费用为 115.24 亿元,平均年化费率为 0.6705%。

(3)限定最高收益率目标下开放式基金的费率

在开放式基金的投资管理实践中,设置收益率下限能够获得最低收益,但基金公司缺少动力追求更高的实际收益。因此,我们不妨设定一个合理的最高收益率。在这种情况下,可引入上限策略来研究基金费率。

由上文分析可知,可以把上限策略看作卖出一个看涨期权,最高收益率对应的资产价值对应于看涨期权的执行价格。运用式(6.15)计算限定最高收益率目标下开放式基金的费率:

$$\frac{-c}{S_0} = \frac{-c(S_0,0)}{S_0} = \frac{Ke^{-rT}N(d_2) - S_0 N(d_1)}{S_0} \qquad 式(6.15)$$

负值意味着如果基金公司规定收益上限，其将获得超额收益，由此需要向投资者减免一部分费率。

其中 R_L 为最终收益率，R_u 为最高收益率，R 为投资收益率，w_2 为限定最高收益率目标下基金费率。我们选取 2012 年整个开放式基金市场上收益率排名前 100 的 100 只基金，以其平均收益率 10.9225％作为投资开放式基金的最高收益率，即收益率上限，相对应的资产价值是 19062.83 亿元，以其作为看涨期权的执行价格，相应的基金费用为 -48.62 亿元，费率为 $-0.28％$。

则开放式基金最终收益率：

$$R_L = R - w_2 \quad R < R_u \qquad (9.17a)$$

$$R_L = R_u - w_2 \quad R \geqslant R_u \qquad (9.17b)$$

即：

$$R_L = R + 0.28％ \quad R < 10.9225％ \qquad (9.18a)$$

$$R_L = 10.9225％ + 0.28％ = 11.2025％ \quad R \geqslant 10.9225％ \qquad (9.18b)$$

（4）双限收益率目标下的基金费率

如果基金公司考虑投资者收益，注重企业的社会责任，则会规定投资收益率下限；如果基金公司考虑自身收益，注重企业的经济效益，则会规定投资者收益率的上限。两者的结合，成为我们考虑双限收益率目标下基金费率的出发点。

由式（9.11）和式（9.17）可得开放式基金最终收益率如下：

$$R_L = R_d - w_1 - w_2 \quad R < R_d \qquad (9.19a)$$

$$R_L = R - w_1 - w_2 \quad R_d \leqslant R \leqslant R_u \qquad (9.19b)$$

$$R_L = R_u - w_1 - w_2 \quad R > R_u \qquad (9.19c)$$

其中 R_L 为最终收益率，R_d 为最低收益率，R_u 为最高收益率，R 为投资收益率，w_1 为限定最低收益率目标下基金费率，w_2 为限定最高收益率目标下基金费率。

具体而言，当要求开放式基金收益率不低于期初资产价值（0），不高于整个基金市场前 100 只基金的平均收益率 10.9225％时,结合表 9.8 中相应的 $w_1 =$ 0.0445％又因为此时 $w_2 = -0.28％, R_d = 0, R_u = 10.9225％$,可得:

$$R_L = R_d - (-0.2355％) = 0 + 0.2355％ = 0.2355％ \quad R < 0 \tag{9.20a}$$

$$R_L = R + 0.2355％ \quad 0 \leqslant R \leqslant 10.9225％ \tag{9.20b}$$

$$R_L = 10.9225％ + 0.2355％ = 11.158％ \quad R > 10.9225％ \tag{9.20c}$$

当要求开放式基金收益率不低于 1 年期国债收益率(3.61％),不高于整个基金市场前 100 只基金的平均收益率 10.9225％时,结合表 9.8 中相应的 $w_1 =$ 0.3845％,又因为此时 $w_2 = -0.28％, R_d = 3.61％, R_u = 10.9225％$,可得:

$$R_L = R_d - 0.1045％ = 3.61％ - 0.1045％ = 3.5055％ \quad R < 3.61％ \tag{9.21a}$$

$$R_L = R - 0.1045％ \quad 3.61％ \leqslant R \leqslant 10.9225％ \tag{9.21b}$$

$$R_L = R_u - 0.1045％ \quad R > 10.9225％ \tag{9.21c}$$

当要求开放式基金收益率不低于 2012 年通货膨胀率(3.70％),不高于整个基金市场前 100 只基金的平均收益率 10.9225％时,结合表 9.8 中相应的 $w_1 =$ 0.4017％,又因为此时 $w_2 = -0.28％, R_d = 3.70％, R_u = 10.9225％$,可得:

$$R_L = R_d - 0.1217％ = 3.70％ - 0.1217％ = 3.5783％ \quad R < 3.70％ \tag{9.22a}$$

$$R_L = R - 0.1217％ \quad 3.70％ \leqslant R \leqslant 10.9225％ \tag{9.22b}$$

$$R_L = R_u - 0.1217％ \quad R > 10.9225％ \tag{9.22c}$$

当要求开放式基金收益率不低于 2012 年整个开放式基金市场平均收益率 (4.83％),不高于整个基金市场前 100 只基金的平均收益率 10.9225％时,结合表 9.8 中相应的 $w_1 = 0.6705％$,又因为此时 $w_2 = -0.28％, R_d = 4.83％, R_u = $ 10.9225％,可得:

$$R_L = 4.83％ - 0.3905％ = 4.4395％ \quad R < 4.83％ \tag{9.23a}$$

$$R_L = R - 0.3905％ \quad 4.83％ \leqslant R \leqslant 10.9225％ \tag{9.23b}$$

$$R_L = R_u - 0.3905％ \quad R > 10.9225％ \tag{9.23c}$$

本研究选取 2012 年开放式基金市场的收益率均值 4.83％作为下限收益率,其对应年化费率 w_1 为 0.6705％,同时上限设为 10.9225％(排名前 100 的开放式基金平均收益水平),其对应年化费率 w_2 为 $-0.28％$,则开放式基金的均衡费率为

$w_1 + w_2 = 0.3905\%$。虽然这是一个不低的费率水平,但是,投资者已经将收益率波动风险转嫁给了基金公司,当然,如果收益率超过上限水平,则基金公司有权占有超额收益。

需要强调的是,按照双限期权策略确定的开放式基金费率与现行费率制度有重大区别:第一,基金公司必须有能力承担投资风险,承诺最低收益率并保证投资者能获得最低收益;第二,不同的目标收益率对应不同的费率;第三,为了促使基金公司提高绩效,开放式基金会设置合理的收益率上限,这也是对基金公司的激励。当实际收益率高于上限时,超额收益全部归基金公司所有。

9.3 开放式基金真实费率同均衡费率的偏差分析

9.3.1 开放式基金真实费率的描述统计

上文我们已经运用 B-S 模型求出了双限下开放式基金的均衡费率,下面我们将其与实际的基金费率进行比较分析。

首先,我们先对 2012 年整个开放式基金的费率进行统计分析,剔除由于信息公布不充分而导致的缺失,得到 203 个基金产品样本。

需要说明的是,由于开放式基金的持续期多不确定,所以认购费和申购费不能以统一期限折算,同时随着持有期限的增加赎回费率递减,当持有期达到一定年限时通常赎回费率为 0,即基金运营费用无法年化,所以本研究在用 B-S 模型计算均衡费率时是以开放式基金资产净值作为期初价值,以管理和托管费率近似模拟基金总费率。

由图 9.3 可知,2012 年我国开放式基金平均费率为 1.2355%,标准差为0.5535,最大值为 2.35%,最小值为 0.28%。前文我们已求出开放式基金的均衡费率为0.3905%,也就是说,真实费率比均衡费率要高,差值达到 0.845%之多。对这一偏差的解释,首先需要理清哪些是影响开放式基金费率的因素。

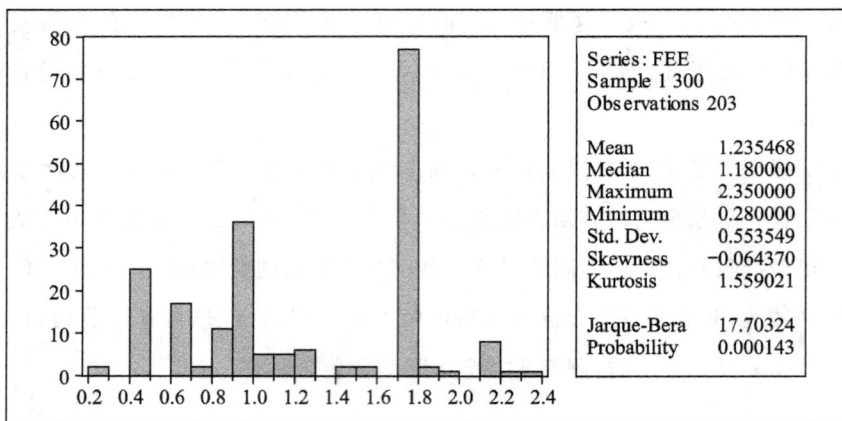

图 9.3

9.3.2 开放式基金费率影响因素的实证研究

（1）数据来源和相关变量

这部分研究的数据来源于和讯网 2012—2013 年开放式基金数据。计算过程运用了 Eviews 6.0。

被解释变量为开放式基金费率 fee，本研究以管理费率与托管费率之和近似表示。这样选择的原因如下：基金费用包括基金持有人费用（认购费、赎回费、转换费等）和基金运营费用（管理费、托管费等），前者从投资者申购赎回或转换的金额中一次性直接收取，后者周期性按年支付。由于开放式基金没有存续期，理论上是可以无限期存在的，这也就意味着开放式基金管理运营过程中发生的费用是无限的，无法计算。由此本研究在计算开放式基金费率时，采取的是年化费率，即以年计算的费率。而目前很多基金采取后端收费模式，即认购或申购基金时不收取费用，而改为在赎回基金时收费，且随着持有期限的增加，赎回费率递减，当持有期达到一定年限时甚至赎回费率为 0，意味着基金持有人费用无法年化处理。所以这一部分的实证研究以 1 年期为例，以"管理费＋托管费"近似计算基金费用，两者之和同认购额度的比值即为基金费率。

解释变量为开放式基金的特征变量，包括基金类型、基金规模与基金家族规模。

第一,基金类型。根据和讯网数据,国内的开放式基金分为八种投资类型,即基金型、债券型、货币市场型、配置型、指数型、保本型、FOF 型和创新理财型,本研究选取前三种类型,分别用 equity,bond,money 表示。通过虚拟变量衡量,1 表示是此类基金,0 则为否。设为三个虚拟变量,分别为 d_1、d_2、d_3。

第二,基金规模。以和讯网 2012 年度基金规模数据作为基金的规模,用 size 表示。

第三,基金家族规模。基金家族是指同一基金公司发行并管理的全部基金的总称。基金家族集中管理和运作多只基金,投资人一般可以把资金从一只基金转换到同一家族的其他基金。本研究以基金管理公司总资产规模定义基金家族规模,用基金管理公司所有基金期末资产净值之和衡量,单位为亿元,用 fam 表示。

(2)相关变量的描述统计

在进行开放式基金费率影响因素回归分析之前,先对除虚拟变量以外的三个变量即开放式基金费率 fee、基金规模 size、基金家族规模 fam 进行了描述性统计。图 9.4、图 9.5、图 9.6 分别是所述三个变量的描述统计。从图 9.4 可以看出所选 203 个样本的最高费率为 2.35%,比前面 B-S 模型所得均衡费率 0.3905% 高;最低费率为 0.28%,比均衡费率低;均值为 1.2355%,高于均衡费率。费率的标准差为 0.5535,波动较大。

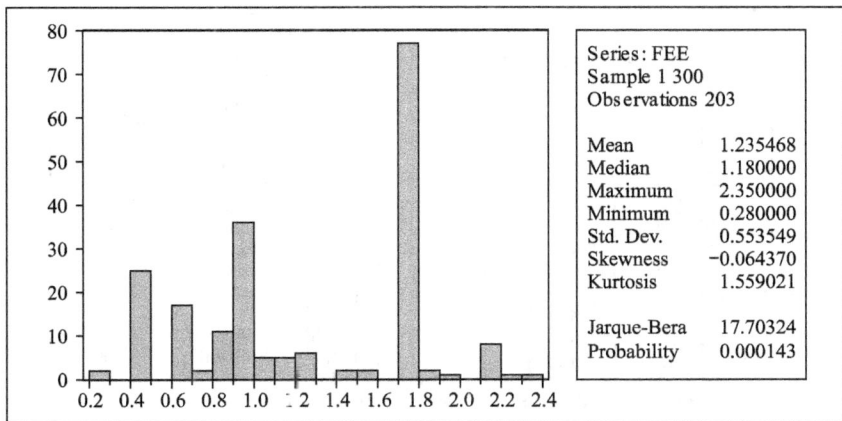

图 9.4 基金费率的描述性统计

图 9.5 是基金规模的描述统计，由图可见所选样本的均值为 3.84e＋09（亿元），中值为 1.05e＋09（亿元），均值高于中值，标准差为 7.08e＋09（亿元），可看出基金规模波动差异较大。

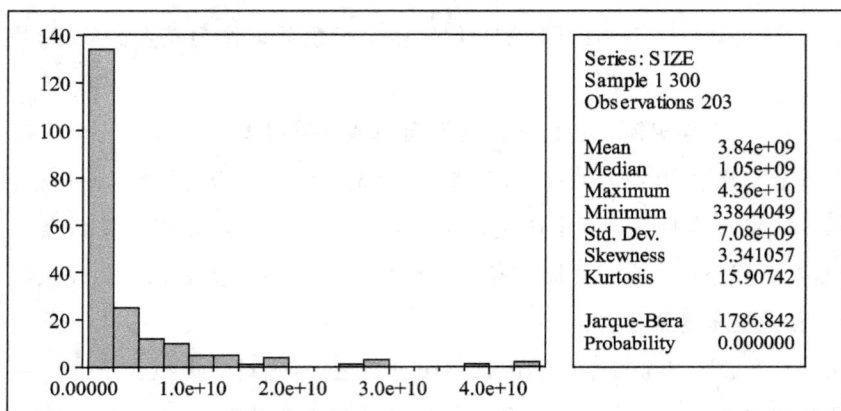

图 9.5　基金规模的描述性统计

图 9.6 是所取 203 只开放式基金所属基金公司净资产（基金家族规模）的描述性统计，由图可以得到基金公司的净资产均值为 1.00e＋11（亿元），标准差为 6.32e＋10（亿元），波动较大。

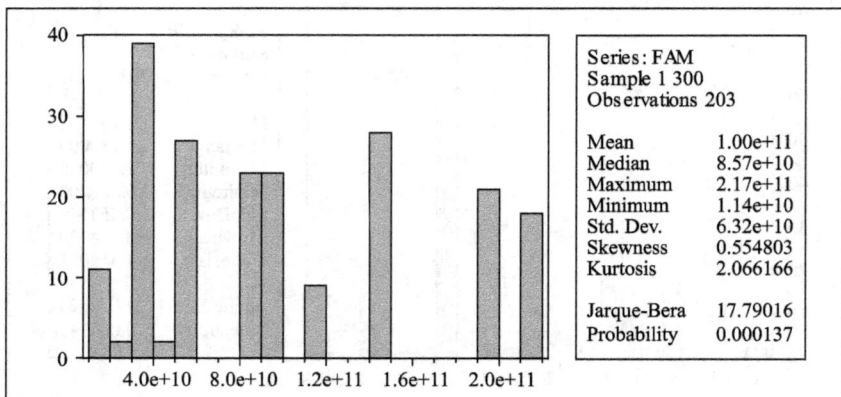

图 9.6　基金家族规模的描述性统计

（3）实证模型与分析

根据变量的描述统计,本研究选取开放式基金费率（管理费＋托管费）为被解释变量,基金规模、基金家族规模以及基金类型为解释变量,从而建立模型如下：

$$fee = c(1)size + c(2)fam + c(3)d_1 + c(4)d_2 + c(5)d_3 + \varepsilon \qquad (9.24)$$

其中 ε 为误差项。

本研究使用普通最小二乘法（OLS）进行估计,通过 Eviews 6.0 软件分析,结果如表 9.9 所示。

表 9.9　开放式基金费率影响因素回归结果

Dependent Variable：FEE			
Method：Least Squares			
Date：04/29/13　Time：15：05			
Sample（adjusted）：2 204			
Included observations：201 after adjustments			
Variable	Coefficient	Std. Error	t-Statistic	Prob.
SIZE	−4.43E−12	4.21E−12	−1.053458	0.2934
FAM	−7.48E−13	4.48E−13	−1.670203 *	0.0965
D1	1.619675	0.052393	30.91384 ***	0.0000
D2	0.992932	0.069153	14.35853 ***	0.0000
D3	0.559969	0.093536	5.986660 ***	0.0000
R-squared	0.643017	Mean dependent var		1.244975
Adjusted R-squared	0.733691	S.D. dependent var		0.547960
S.E. of regression	0.374185	Akaike info criterion		0.896426
Sum squared resid	27.44276	Schwarz criterion		0.978597
Log likelihood	−85.09078	Hannan-Quinn criter.		0.929676
Durbin-Watson stat	0.062721			

***、**、* 分别表示相关系数在 0.01、0.05、0.10 的水平下显著。

从模型估计结果可以看出,可调整的 R^2 仅为 0.734。这显示模型中的自变量中,至少有部分变量已具有很强的解释力。但由于它的值还不是非常高,因此可能还有其他具有解释能力的自变量我们并没有考虑到。

由表9.9可以看出基金本身规模对开放式基金的费率影响不显著,基金家族规模对开放式基金的费率影响较为显著,基金类型对开放式基金费率影响非常显著,其中货币市场型基金影响程度最低,债券型基金居中,基金型基金最高。

由此得出本研究的三个推论:

推论9.1:我国开放式基金真实费率与基金规模无显著相关性。

推论9.2:我国开放式基金真实费率与基金家族规模呈负相关。

推论9.3:在我国,受基金投资类型的影响,真实费率会有所差异,货币市场型基金、债券型基金、基金型基金的影响程度逐渐升高。

推论9.2在许多国家的基金市场已得到证明。Mcleod and Malhotra(1994)研究了开放式基金管理中的规模经济,发现基金家族规模越大,其基金费率越低,即基金公司规模与基金费率呈负相关关系。[同61]

此外,由于金融市场上收益和风险并存,高风险在带来高收益的同时,往往也意味着更高的管理成本和费用。由于货币市场型基金、债券型基金、基金型基金的风险趋于加大,因此相应的费率水平也应逐渐升高。推论9.3存在一定的合理性。

按照Dellva and Olson(1998)的研究,国际市场上规模大的基金运作更有效,并且这种高效的运作可以以低成本的形式传递给投资者,即规模越大的基金,其费率越低。[同73]而本研究结果则表明我国开放式基金费率与基金规模无显著相关性(推论9.1)。此外,我国开放式基金的实际费率高于均衡费率,这同已有的权威文献结论相悖,之所以出现上述背离,原因可能如下:

我国目前的基金公司在发行新的开放式基金时,往往不加区别地收取固定的费率,采用单一费率制,即各基金产品之间实行固定的无差别费率。单一费率的定价并没有排除对风险因素的考虑,其定价依据主要体现在按大数定理和建立时间序列函数对目标基金所面临的系统风险进行估算的基础上。系统风险的统计数据源于目标基金或相关产品的经验资料,基金公司通常根据系统风险发展演变的特征对数据资料不断修改,以此动态调整费率水平。

　　由于基金公司通过发行多款基金产品筹集的资金,可充分在本公司的产品间灵活调剂,及时化解可能出现的赎回压力,因此基金公司倾向于不考虑对不同风险类型的产品制定差异化的费率标准,而仅仅将不同的基金风险类型作为估算总体风险的考察指标。

　　这种统一的费率标准对基金公司而言,有利于节约风险计量成本,方便产品费用的征缴;对金融监管机构而言,便于对基金产品统一考核和监控。在以往金融承受过多管制和金融抑制时代,各基金产品之间风险差异不大,因此面临的系统性风险概率较低,单一费率与各基金产品风险差异性之间的矛盾不是很突出,这种单一费率有其存在的合理性。但随着我国基金业的发展,其弊端也逐渐显露出来:

　　第一,同一基金公司发行的基金产品可简单分为三类:大规模基金产品、中等规模基金产品和小规模基金产品(在大、中规模基金产品之间和中、小规模基金产品之间都有一个风险层次的渐变区,渐变区分布的是风险不一的各个基金产品)。首先,由于发行规模大的基金筹集的资金雄厚,可充分在本产品内灵活调剂资金,来及时化解可能出现的赎回压力;其次,规模大的基金在一定程度上可以影响金融市场,使后者朝着有利于该产品的方向发展;最后,基金产品规模越大,越容易引起系统性风险,给经济和社会稳定带来很大的负面影响,国家在必要时可能会提供信用支持,如在必要时仍会对影响范围广的基金产品加以兜底,以排除因赎回压力可能导致的金融机构倒闭风险。因此一般而言,大规模基金的风险是最小的(同时也意味着对风险的补偿即预期收益最低,在市场不存在无风险套利前提下,产品的相应费率也应最低),中等规模基金次之,小规模基金最大。

　　显然,如果对风险不一的基金产品收取单一费率,投资者必然认为大规模基金产品的费率过高,中等规模基金产品次之,小规模基金产品偏低。市场选择的结果是大规模基金产品退出市场,整个基金市场的风险程度因缺乏大规模基金产品的稀释作用而增加。而基金公司又会根据现有基金产品的风险指标重新进行统计预测,提高现有的产品费率。新费率相对于中等规模金融产品又会过高,于是中等规模基金产品也会退出保险市场。最后基金产品市场只留下风险高的小规模基金产品。在自由选择制度下,费率的单一性将导致投资者无法根据自身偏好购买基金产品,产生"劣币驱逐良币"的现象。

第二,在单一费率下,开放式基金一旦发生大幅亏损,则可能出现基金管理人的道德风险。以 2008 年为例,国内 292 支基金型开放式基金加权平均净值增长率为一51.66%,但是在这种严重亏损的情况下基金公司依旧对基金费用照提不误,基金型开放式基金光管理费提取即高达 174.27 亿元,较 2007 年提高了 22.54 亿元。这种基金业绩无论好坏都旱涝保收地提取固定费率的现状,引起了广大投资者对基金单一费率模式的质疑。

第三,单一费率使基金公司无法根据基金运作水平提取费用:当资本市场处于大幅上升行情时,即使基金公司管理能力一般,其管理的基金资产市值也会大幅上涨,基金公司也可以收取较高的费用,获取不错的收益;相反,当资本市场大幅下挫时,即使基金公司运作能力突出,跑赢业绩比较基准,但仍会因资本市场大幅下挫而使管理的基金资产市值减少,从而导致费用收入的降低,并影响优质基公司的运作积极性。

第四,单一费率容易导致基金公司与投资者利益冲突。以 2007 年为例,当时国内开放式基金规模迅速膨胀,投资者教育工作难以覆盖快速增长的基金投资者群体,由于不了解开放式基金产品的风险收益特点,很多投资者偏爱低净值基金,认为低净值基金风险低,潜在收益大,而对运作业绩优良、管理水平高的高净值基金避而远之,导致基金运作业绩越好,客户赎回的越多。

在这种情况下,很多基金公司为扩大基金规模,提升同业排名,获取更多费用收入,不但没有加强对基金投资者的教育,反而采取了基金拆分、大比例分红等方式降低基金净值,以此吸引投资者投资。此举一方面摊薄了老客户的投资利益,另一方面也导致基金运作难度陡然加大,伤害了新基金投资者的利益,引发了很大的问题,后来被监管部门叫停。

鉴于单一费率制的上述缺陷,针对不同基金产品实行差别费率制进入了学界和业界的视野。差别费率制,又称风险调整费率制,是指按各种基金产品特定风险水平来设定不同的费率标准。相对于单一费率来说,这种费率制度更公平合理,政策效果更强,溢出效应较少。

全球金融危机以来,金融产品的风险加大,金融机构破产事件时有发生,单一费率制由于同金融产品的风险水平相脱节,已难以适应形势发展要求,而差别费率制有利于将金融产品的购买成本同其风险状况相联系,因而越来越受到关注,成为各国费率制度改革的方向。

差别费率制是基于风险—收益关系,在确定某类基金产品风险的基础上制定其费率。需要注意的是,这一方法假定基金风险是外生的,可以精确计量,这与事实相悖:由于信息垄断行为会为基金公司带来信息租金,因此期望通过基金公司的信息披露来解决基金产品风险计量问题,这涉及信用体系的制度化建设和公司治理等问题,需要面临更多不确定性。此外,基金公司风险衡量方法的选择也存在困难。这就意味着,对比单一费率制,差别费率制定价方法也存在诸多弊端。

9.3.3　开放式基金真实费率同均衡费率的偏差解释

要解释开放式基金真实费率同均衡费率偏差的原因,首先要对两种最重要的金融定价模式——CAPM(资本资产定价模型)和 APT(套利定价理论)进行区别。

CAPM 在 1965 年前后由威廉·夏普(William Sharpe)、约翰·林特纳(John Lintner)和简·莫辛(Jan Mossin)分别独立提出,其核心思想是单个资产或证券组合的预期收益与其系统性风险线性相关。CAPM 对金融实践产生了巨大影响,在该理论下,任何证券组合都可视为市场组合与单个资产的混合体,从而大大简化了投资基金的管理工作,促进了共同基金的飞速发展。CAPM 有许多前提性的假设条件,主要包括对市场的完善性和环境的无摩擦性。其主要假设条件如下:

第一,市场上存在许多投资者,与整个市场相比,每位投资者的财富份额都很小,所以投资者都是价格的接受者,不具备操控市场的能力,市场处于完善的竞争状态。

第二,所有的投资者都只计划持有投资资产一个相同的周期。所有的投资者都只关心投资计划期内的情况,不考虑计划期以后的事情。

第三,投资者只能交易公开交易的金融工具如基金、债券等,即不把人力资本(教育)、私人企业(指负债和权益不进行公开交易的企业)、基金公司融资项目等考虑在内。并假设投资者可以不受限制地以固定的无风险利率借贷(容许卖空无风险证券)。

第四,无税和无交易成本,即市场环境是无摩擦的。

第五,所有的投资者的行为都是理性的。

第六,所有的投资者都以相同的观点和分析方法来对待各种投资工具,他们对所交易的金融工具未来的收益现金流的概率分布、预期值和方差等都有相同的估计,这就是一致预期假设。

CAPM 只有在这些条件成立的前提下才成立,是典型的收益/风险权衡所主导的市场均衡,每一位投资者都按照自己的收益/风险偏好选择位于有效组合边界上的投资组合。如果市场组合中某一项证券价格失衡,资本市场线就会发生移动,所有的投资者都会吸纳价值被低估的证券而抛出价值被高估的证券。所以重建市场均衡的力量来自许多投资者的共同行为,而每位投资者只是小范围地调整其投资组合的头寸。

CAPM 本质上属于绝对定价法,即以单项资产的预期收益和风险水平(与市场组合相比)来定价,其实际运用由于上述严格的假设条件受到了很大限制,并且由于市场组合的选取和范围很模糊,被很多金融经济学家批评。

1976 年,罗尔(Roll)提出了多因素定价理论——套利定价理论(APT),其理论基础是不存在无风险套利机会,核心思想是影响随机贴现因子的所有因素都被恰当地体现在资产价格上,如果有因素被不恰当定价,套利者可以通过低买高卖获得无风险收益,并使资产价格回到均衡水平。

APT 属于相对定价法,即以受相同因素影响的一类资产之间比价关系确定资产价格。APT 大大扩展了资产定价理论的适用性,投资者可以按照自己的偏好跟踪特定资产和特定因素,寻找套利机会,这也是很多共同基金和交易模型设计的基础。

在资产定价理论发展的支持下,套利定价方法得到广泛应用,形成了现代金融市场的主导定价模式,替代了以会计信息为基础、经验导向的传统定价模式,定量化、模型化成为金融产品定价的基本趋势。从近几十年的金融产品定价模式变迁历程看,最主要特点是从传统的风险定价主导转化为套利定价主导,从绝对定价法向相对定价法转变。

推论 9.2、推论 9.3 表明我国开放式基金真实费率与基金家族规模呈负相关，且基金投资类型不同，真实费率会有所差异，货币市场型基金、债券型基金、基金型基金的真实费率水平逐渐升高。也就是说，我国开放式基金真实费率是由基金家族规模和基金类型决定的，基金家族规模越大，其抵御风险的能力就越强，相应的费率也越低；同时基金投资的类型不同，费率也不一样，随着标的资产风险的增强，其费率也随之增加。由此可以断定：

第一，我国开放式基金的真实费率，其定价的出发点源于投资标的物的风险状况，风险越大，则投资的预期收益率也越高，由此基金公司也将向投资者收取较高的费率。简而言之，真实费率的计算本质上是基于 CAPM(资本资产定价模型)。

第二，在统筹兼顾基金公司经济效益和其社会责任的思路下，第 5 章至第 9 章通过期权定价方式得出我国开放式基金的均衡费率，其核心原理是动态无套利均衡分析，即动态复制技术。我们回顾前文的 B-S 模型，可以发现用于复制期权这样一种衍生工具的证券组合的头寸需要不断地进行调整，才能维持住无套利均衡关系。也就是说，均衡费率的计算本质上是基于 APT(套利定价理论)。

由此，本研究发现影响真实费率和均衡费率差异的根本原因在于：真实费率的定价源于 CAPM，而均衡费率的定价源于 APT。两种定价方式的差异导致了费率的偏移。由此对两种费率的优劣性探讨，也演变为对两种资产定价方式的比较分析：

CAPM 是典型的收益/风险权衡所主导的市场均衡，一旦价格失衡，就会有许多投资者调整自己的投资组合来重建市场均衡，但每位投资者只对自己的头寸做有限范围的调整；而 APT 的出发点则是排除无风险套利机会，一旦市场出现套利机会，每一位套利者都会尽可能大的构筑套利头寸，从而产生巨大的市场压力来重建均衡。这是与经济学的供需均衡分析(收益/风险权衡所主导的市场均衡分析可以看作特例)基本不同之处，供需均衡是大量市场参与者共同行为的结果。在金融市场中，市场参与者有各自不同的收益/风险偏好。如果顾及每个市场参与者的偏好来研究价格的供需均衡，会使问题变得非常复杂，以至于无从下手。

金融系统无疑是一个复杂系统,由于人的参与使系统的复杂性大为增加。无套利均衡分析抓住了这样一个关键点:只要出现无风险套利机会,则所有的市场参与者都会去套利,而无论其个人的风险偏好如何。从而,市场的均衡是建立在消除套利机会的基础之上,而均衡所确定的价格也就与个人的风险偏好无关。就这一方面而言,APT 比 CAPM 更具优势;此外,APT 不需要 CAPM 赖以成立的那些有关市场假设的条件,其适用范围更广;更为关键的,CAPM 要求有一个有风险市场组合,这在实际中难以实现,因为对于规模比较大的金融市场而言,编制全样本指数是很困难的。APT 是利用一个在实际上与理论的有风险市场组合完全正相关的综合指数(如上证综指)来代替实际不存在的有风险市场组合。所以,在实际的投资策略制定中,APT 是真正具有实用价值的。

当然,也应该注意到,对于充分分散化的投资组合定价来说,APT 比 CAPM 更优越。但就单项资产的定价而言,这一优势就无法维持,因为可能出现这样的情况:组合中个别几项资产的定价失衡,但由于证券间的互相抵消作用,整个组合的定价并未失衡。此外,APT 要求在投资周期内,证券收益率的概率是稳定的,这对统计取样测算的科学性提出了很高的要求。这就意味着,套利定价理论(APT)和资本资产定价模型(CAPM)孰优孰劣,要视实际情况而定。

9.4 本章小结

这一章以影响开放式基金费率因素的现实数据为基础,以第 5 章至第 8 章不同限制条件下开放式基金费率的定价机制为依托,计算我国开放式基金的均衡费率;比较我国开放式基金的实际费率同均衡费率,解释两者差异的原因,并找出存在的问题,为下文给出合理的政策建议打下基础。

◆ 第 10 章 ◆

研究结论、政策建议和未来研究展望

本章是对全书的总结,包括研究结论、政策建议和研究展望三部分。

金融危机的发生证明了一个现实,即现在使用的各类主流定价模式在衡量产品风险和收益的同时,忽略了对市场乃至相关社会层面的影响。这就提醒业界和学界在设计新的金融定价模式时需要充分考虑其外部性,充分融合定价模式的经济功能和社会功能,通过多元目标的设定,挖掘金融机构的经济趋利动机和社会责任担当。

本研究基于期权思想,建立了开放式基金目标导向下的基金费率分析框架,提出了双限收益率目标下基金费率的创新模式。这一费率结构既考虑到了基金公司的经济效益,也承担了其相应的社会责任,对我国目前的费率设计有一定的启发意义,也为我国金融市场的进一步深化和金融产品的创新提供了有益借鉴。

10.1 研究结论

第一,通过模型设置和实证检验,表明开放式基金费率对基金公司经济效益和社会责任存在显著影响,这就提醒我们要从经济效益和社会责任的视角思考开放式基金产品的费率设置问题,并建立基金公司目标导向型的费率调整框架:首先,对基金公司而言,我们需要意识到,基金公司绩效并不单纯看经济层面的指标,而应综合体现基金公司的经济价值和社会价值。从本质上说,基金公司创立的最初动力来源于趋利动机。追求经济利益的最大化无可厚非,但与此同时,基金公司也应强化社会责任意识,积极承担社会责任。其次,一般认为,费率的选择往往建立在对目标基金公司绩效预判的基础上,即绩效决定基金费率。本研究的分析则挖掘出基金费率对基金公司绩效的反作用,确认了两者之间双向效应的存在,由此启发投资者在一个多重博弈框架内调整自身的理财策略。

理论及实证分析表明,单方面考虑经济效益时,基金费率同基金公司绩效存在正相关关系;单方面考虑社会责任时,基金费率同基金公司绩效呈 U 形关系,随着费率的上升,基金公司绩效起初随之下降。但是,当费率足够高时,随着费率的上升,基金公司绩效会上升。存在最差费率,使得基金公司绩效最小化;基金公司调高基金产品费率,将提升基金公司综合目标的实现程度;基金公司调低基金产品费率,并不会改变基金公司的综合目标。实证结果也显示,国内的基金公司已从单纯关注经济效益转向重视企业的社会责任,其制定相关收费标准的出发点已从经济视角转向综合目标实现程度的提升。

全球金融危机爆发期间,为规避市场风险,基金公司降低了相关产品费率。该措施削减了基金公司的经济效益,但却有利于投资者的收入增加,故综合考虑提升自身利润和增加投资者收益,基金公司的综合目标并未受到影响。此外,从长远角度考虑,经济的平稳增长将是一个常态,由此基金公司将逐步调高开放式基金产品的费率,追求自身综合目标更大程度的提升。

第二,当需要照顾基金的社会责任时,基金公司可以设置一个收益下限,当开放式基金产品的收益率低于这一下限时,基金公司将保证投资者获得承诺的下限收益;当需要照顾基金公司的经济效益时,基金公司可以设置一个收益上限,当开放式基金产品的收益率超过这一上限时,超额收益归基金公司所有。由此出发,本研究结合期权定价方法,对开放式基金产品进行如下分类:从收益角度出发,分为限制最低收益和限制最高收益两种,可通过买权和卖权模拟分析;从赎回期限出发,分为到期才可赎回型和可随时赎回型两种,可通过欧式和美式概念模拟分析;从分红角度出发,分为分红型和不分红型,可通过期权是否分红予以模拟。由此逐步建立了开放式基金费率设置模型。

第三,通过对影响我国开放式基金真实费率因素的实证分析,发现真实费率与基金家族规模呈负相关,且基金投资类型不同,真实费率会有所差异,货币市场型基金、债券型基金、基金型基金的真实费率水平逐渐升高。也就是说,我国开放式基金真实费率是由基金家族规模和基金类型决定的,基金家族规模越大,其抵御风险的能力就越强,相应的费率也就越低;同时,基金投资的类型不同,费率也不一样,随着标的资产风险的增强,其费率也随之增加。需要特别注意的是,我国开放式基金的真实费率同基金规模无显著相关性。

第四,本研究选取 2012 年开放式基金市场的收益率均值 4.83% 作为下限收益率,以收益率排名前 100 位的基金产品收益率均值 10.9225% 作为上限,得出我国开放式基金均衡费率为 0.3905%,而真实平均费率为 1.2355%,真实费率高于理论费率。影响真实费率和均衡费率差异的根本原因在于:真实费率的定价源于 CAPM,而均衡费率的定价源于 APT。两种定价方式的差异导致了费率的偏移。

具体而言,我国开放式基金真实费率是由基金家族规模和基金类型决定的,基金家族规模越大,其抵御风险的能力就越强,相应的费率也就越低;同时,基金投资的类型不同,费率也不一样,随着标的资产风险的增强,其费率也随之增加。由此可以断定:我国开放式基金的真实费率,其定价的出发点源于投资标的物的风险状况,风险越大,则投资的预期收益率也越高,由此基金公司也将向投资者收取较高的费率。简而言之,真实费率的计算本质上是基于 CAPM(资本资产定价模型);此外,在统筹兼顾基金公司经济效益和其社会责任的思路下,第五至九章通过期权定价方式得出我国开放式基金的理论费率,其核心原理是动态无套利均衡分析,即动态复制技术。我们回顾前文的 B-S 模型,可以发现用于复制期权这样一种衍生工具的证券组合的头寸需要不断地进行调整,才能维持住无套利均衡关系。也就是说,理论费率的计算本质上是基于 APT(套利定价理论)。

10.2 政策建议

近年来,开放式基金发行数量日益增多,在减税降费这一宏观政策背景下,如何设计更具吸引力的费率结构,统筹兼顾基金公司和投资者利益就成为一个重要的议题。在本研究研究结论的基础上，就我国开放式基金未来费率设置提出如下建议：

第一，在创新开放式基金费率体制时，应以基金公司目标为导向。前文的分析已经验证了基于寻求目标（经济效益和社会效益）最大化的费率调整框架对解释我国目前开放式基金费率设置的合理性。由此提醒我们，作为费率的制定者和供给者，基金公司是未来费率体系创新的核心因素。任何忽视基金公司目标最大化的费率创新都是不可持续的。所以在费率的供给方面，本研究强调基金公司作为唯一供给者的特殊性和必要性，只有这样，才能使基金费率的创新具有可行性，避免增加不必要的制度成本。

第二，趋同基金公司和投资者的目标。由于基金费率是建立在基金公司寻求目标最大化的基础上的，要使建立的费率模式符合投资者的利益方向，则必须使得基金公司目标和投资者利益具有一致性。由于基金公司目标函数中存在着多个影响因子，投资者利益作为基金公司社会责任需要考虑的因素仅是其中一个而已，要趋同基金公司目标和投资者利益，就必须增大基金公司目标函数中社会责任的权重。而考虑到制约社会责任影响因子的诸多因素中有些在短期是相对无法改变的，如经济环境、资本市场定位等，本研究认为较可行的方法是增大社会责任评价在社会上的认可度。我们很欣喜地看到，这一改变正在发生，如陆续出台的行业社会责任报告等。尽管这些措施在提高社会责任影响因子的实际效果方面还存在，但任何改进都是从表象到实质的逐级渐变，社会应该对上述转变予以支持。

第三，通过对基金公司目标函数的分析，本研究发现经济效益和社会效益权重的比值直接决定了均衡费率，这就启发我们在创新开放式基金费率时，不能仅仅局限于在经济层面进行讨论，而应该从一个更广阔的视野着手，综合考虑经济行为的外部性，这样才能产生新的思路，从而较为系统地提出解决的方法。更进一步，本研究基于寻求经济效益和社会效益最大化的基金公司目标导向型费率调整框架仅是一个简单的假设和推理，只考虑了基金公司的经济效益和社会责任，而随着中国资本市场成长步伐的加快，未来我们在创新基金费率时将面对联系更加紧密、结构更加复杂的经济局面，这就需要政府官员和学者集思广益，真正做到从全局角度统筹兼顾,设计更具针对性和可行性的费率体系。

第四,我国目前的开放式基金费率设置存在如下状况:不同的基金公司主要依据自身的基金家族规模制定差异化的费率政策;而就单家基金公司而言,在发行新的开放式基金时,为了节约风险计量成本,往往不加区别地收取固定的费率,采用单一费率制,即各基金产品之间实行固定的无差别费率。

由于上述定价方式存在严格的适用条件,同我国基金市场实际不符,建议运用期权定价方式,通过套利定价理论,为基金产品设置收益率上限和下限,其产生的收益由基金公司和投资者共同分享,统筹兼顾基金公司的经济效益和社会责任。

第五,我国目前的开放式基金平均费率过高,建议调低至均衡费率为宜。由此既实现了基金公司目标的最大化.也消除了资本市场上存在的套利机会,有利于保持资本市场的均衡和稳定。

10.3 研究展望

第一,文章在提出本研究的分析框架时,将开放式基金公司设定为追求经济效益和社会效益目标的最大化,实际上,随着我国资本市场的发展,基金公司的目标诉求将越来越多元化,需要适当补充新的元素。希望在后续的研究中能完善这一划分标准,进一步提高分析结果的准确性。

第二,本研究利用 B-S 期权定价模型来对我国开放式基金费率进行定价,而该模型的一个极为重要的假设就是资产价格服从对数正态分布。笔者通过对 2012 年开放式基金数据的收集,认为我国开放式基金的收益率近似服从均值为 4.83％、标准差为 3.596％ 的正态分布。虽然本研究的样本采集量符合统计学的要求,但考虑到概率分布函数的确定影响到下文的费率计算,后续研究中将尽可能加大取样力度,使收益率的分布函数更加精确,以便更好地界定我国开放式基金的均衡费率。

第三,基金费用包括基金持有人费用(申购费、赎回费、转换费等)和基金运营费用(管理费和托管费等)。目前很多基金采取后端收费模式,即认购或申购基金时不收取费用,而改为在赎回基金时收费,且随着持有期限的增加,赎回费率递减,当持有期达到一定年限时甚至赎回费率为 0,所以本研究的实证研究以基金运营费用(管理费+托管费)近似计算基金费用,两者之和同认购额度的比值视为基金费率。虽然这一方法已尽可能地贴近基金费率的真实值,但仍然存在较大的改进空间。

◆ 参考文献 ◆

[1] VERNON, RAYMOND. The international aspect of state-owned enterprises[J].Journal of International Business Studies,1979,Vol.10(3):7-15.

[2]AHARONI, YAIR. Performance evaluation in state-owned enterprises: A process perspective[J]. Management Science,1981,Vol.27(11):1340-1347.

[3]ZIF,JEHIEL. Managerial strategic behavior in state-owned enterprises—Business and political orientations[J]. Management Science, 1981, Vol.27(11): 1326-1339.

[4] RAMAMURTI, RAVI. Performance evaluation of state-owned enterprises in theory and practice [J]. Management Science,1987,Vol.33(7): 876-893.

[5] RAMANADHAM V V. The economics of public enterprise [M]. London:Routledge,1991.

[6]吕政,金碚,张世贤,等. 论国有企业与市场经济的兼容性和矛盾性[J]. 中国工业经济,1995(2):9-16.

[7]金碚. 论国有企业是特殊企业[J]. 学习与探索,1999(3):11-14.

[8]黄速建,余菁. 国有企业的性质、目标与社会责任[J]. 中国工业经济,2006(2):68-76.

[9]PRYKE, RICHARD. Public enterprise in practice[M]. New York:St. Martin's Press,1972.

[10] HART, OLIVER, SHLEIFER, ROBERT W. The proper scope of government theory and an application to prisons[J]. The Quarterly Journal of Economics, 1997,Vol.112(4):1127-1161.

[11]SHLEIFER,ROBERT W. A survey of corporate governance[J]. The Journal of Finance,1997,Vol.52(2): 737-783.

[12]SHLEIFER,ANDREI. State versus private ownership[J]. The Journal of Economic Perspective, 1998,Vol.12(4):133-150.

[13]FRIEDMAN, PHILANTHROPY. An interview with milton friedman [J]. Business and Society Review,1989,Vol.24(4):191-221.

[14]AUPPERLE. An empirical examination of the relationship between corporate social responsibility and profitability[J]. Academy of Management Journal,1985,Vol.28(2): 446-463.

[15]CORNELL, SHAPIRO. Corporate stakeholders and corporate finance [J]. Financial Management, 1987, Vol.16(1):5-14.

[16] FREEMAN. Corporate social responsibility: a critical approach [J]. Business Horizons, 1991, Vol.7(8):92-98.

[17] SANDRA A WADDOCK, SAMUEL B GRAVES. The social performance financial performance link. Strategic Management Journal,1997,Vol. 18(4):303-319.

[18]GRIFFIN J,MAHON JOHN. The corporate social performance and corporate financial performance debate: 25 years of incomparable research[J]. Business and Society,1997,Vol.36(1):5-31.

[19]MCWILLIAMS A,SIEGEL D. Corporate social responsibility:a theory of the firm perspective [J]. The Academy of Management Review,2001,Vol.26 (1):117-127.

[20] HARRISON J,FREEMAN R. Stakeholders, social responsibility and performance: empirical evidence and theoretical perspectives[J]. Academy of

Management Journal,1999,Vol.42(5):479-485.

[21]RUF B M,MURALIDHAR K,BROWN R. An empirical investigation of the relationship between change in corporate social performance and financial performance:a stakeholder theory perspective [J]. Journal of Business Ethics, 2001,Vol.32(2):143-156.

[22] SIMPSON W,KOHERS T. The link between corporate social and financial performance: evidence from the banking industry [J]. Journal of Business Ethics,2002,Vol.35(2): 97-109.

[23] SCHNIETZ K. Exploring the financial value of a reputation for corporate social responsibility during a crisis[J]. Corporate Reputation Review, 2005,Vol.7(4):327-345.

[24]MOSKOWITZ M. Choosing socially responsible stocks[J]. Business and Society Review,1972,Vol.1(1):71-75.

[25] COCHRAN P,Wood R. Corporate social responsibility and financial performance [J]. Academy of Management,1984,Vol.27(1):42-56.

[26]ABBOTT W F,MONSEN R J. On the measurement of corporate social responsibility: self-report disclosure as a method of measuring social involvement [J]. Academy of Management Journal,1979,Vol.22(3): 501-515.

[27] PRESTON L. Analyzing corporate social performance: methods and results[J]. Journal of Contemporary Business,1978,Vol.7(1):297-308.

[28]陈玉清. 我国上市公司社会责任会计信息市场反应实证分析[J]. 会计研究,2005(11):76-81.

[29]李正. 企业社会责任与企业价值的相关性研究——来自沪市上市公司的经验证据[J]. 中国工业经济,2006(2):77-83.

[30]宋献中,龚明晓. 公司会计年报中社会责任信息的价值研究——基于内容的专家问卷分析[J]. 管理世界,2006(12):104-110,167.

[31]沈洪涛,杨熠. 公司社会责任信息披露的价值相关性研究——来自我国上

市公司的经验证据[J]. 当代财经,2008(3):103-107.

[32]OTERO M, E RHYNE. The new world of microenterprise finance: building healthy financial institutions for the poor[M]. West Hartford:Kumarian Press,1994.

[33]CONNING, J OUTREACH. Sustainability and leverage in monitored and peer-monitored lending[J]. Journal of Development Economics,1999,Vol.60 (5):229-248.

[34] DRAKE D, E RHYNE. The commercialization of microfinance: balancing business and development[M].Connecticut:Kumarian Press,2002.

[35]LAPENU C,M ZELLER. Distribution,growth and performance of the microfinance institutions in Africa, Asia and Latin America:a recent Inventory [J]. Savings and Development,2002,Vol.26(1):87-111.

[36]SCHREINER M. Aspects of outreach:a framework for discussion of the social benefits of microfinance[J]. Journal of International Development,2002, Vol.14(5):591-603.

[37] ZELLER M, R L MEYER. The triangle of microfinance: financial sustainability, outreach, and impact [M]. London: Johns Hopkins University Press,2002.

[38]OLIVARES POLANCO F. Commercializing microfinance and deepening outreach? [J]. Journal of Microfinance,2005,Vol.7(2):47-69.

[39]DOLIGEZ F, C LAPEN. Stakes of measuring social performance in microfinance[R]. CERISE Discussion Papers,2006,No. 1.

[40]SEN M. Assessing Social performance of microfinance institutions in India[J]. Journal of Applied Finance,2008,Vol.14(7): 78-86.

[41]HULME D,P MOSLEY. Financial sustainability,targeting the poorest, and income impact: are there trade-offs for microfinance institutions? [R].CGAP Focus Note,1996,5,December.

[42]MCINTOSH C, G VILLARAN, B WYDICK. Microfinance and home improvement: using retrospective panel data to measure program effects on fundamental events[J].World Development,2011,Vol.39(6): 922-937.

[43] HARTARSKA V, D NADOLNYAK. Do regulated microfinance institutions achieve better sustainability and outreach? cross-country evidence[J]. Applied Economics,2007,Vol.39(10):1207-1222.

[44]PERERA D. Commercial Microfinance: A strategy to reach the poor? [R].Working Paper Series,2010,January 16,University of Kelaniya-Department of Accountancy.

[45]HERMES N, R LENSINK, A MEESTERS. Outreach and efficiency of microfinance institutions[J].World Development,2011,Vol.39(6): 938-948.

[46]CHRISTEN P, E RHYNE, R VOGEL, C MCKEAN. Maximizing the outreach of microenterprise finance: an analysis of successful microfinance programs[R]. USAID Program and Operations Assessment Report No.10,1995, Washington,D.C.: U.S.Agency for International Development.

[47]CULL R, A DEMIRGÜ-KUNT, J MORDUCH. Financial performance and outreach: a global analysis of leading microbanks[J]. Economic Journal, 2007,Vol.117(5): 107-133.

[48]KERETA B.Outreach and financial performance analysis of microfinance institutions in Ethiopia[C]. African Economic Conference,2007,Addis Ababa.

[49]ANNIM S K. Targeting the poor versus financial sustainability and external funding: evidence of microfinance institutions in Ghana [R]. Brooks World Poverty Institute,2009.Working Paper 8809.

[50]BRAU J, G WOLLER. Microfinance: A comprehensive review of the existing literature[J]. Journal of Entrepreneurial Finance and Business Ventures, 2004,Vol.9(1): 1-26.

[51]ARMENDARIZ B,J MORDUCH. The economics of microfinance[M].

Cambridge：The MIT Press，2005.

[52]CHRISTEN P，R ROSENBERG，V JAYADEVA. Financial institutions with double bottom line：implications for the future of microfinance[R].2004，CGAP Occasional Paper，No.8，July.

[53] SINHA F. Social rating and social performance reporting in microfinance：towards a common framework[W].Available at http：∥zunia.org∕uploads∕media∕knowledge∕Social Performance Rating.pdf.2006.

[54]WOLLER G. The cost-effectiveness of social performance assessment：the case of prizma in Bosnia-Herzegovina[J]. Small Enterprise Development，2004，Vol.15(3)：41-51.

[55]BAUMANN T. Imp-act cost-effectiveness study of small enterprise foundation in South Africa[J]. Small Enterprise Development，2005，Vol.15(3)：28-40.

[56]ANGORA W，F BÉDÉCARRATS，C LAPENU. Is social performance profitable？ the relationship between social and financial performance in microfinance[J]. MicroBanking Bulletin，2009，Vol.19(1)：22-29.

[57]杨骏.我国农村金融的覆盖面和可持续性——一个系统性回顾和评价[J].金融与经济，2007(2)：14-19.

[58]张波.多元目标冲突与农村合作金融机构可持续发展[J].中国农村信用合作，2009(5)：24-25.

[59]李喜梅，林素媛，陈银芳.我国新型农村金融机构会履行社会责任吗——基于博弈论视角的分析[J].贵州财经学院学报，2009(6)：56-60.

[60]冯庆水，孙丽娟.农村信用社双重改革目标冲突性分析——以安徽省为例[J].农业经济问题，2010(3)：78-84.

[61]费方域.企业的契约性质——张五常的企业理论评介[J].外国经济与管理，1996(12)：10-13.

[62]简兆权，刘益.企业理论的演进与最新前沿[J].西安交通大学学报，2000

(1):25-28.

[63]林毅夫.财产权利与制度变迁[M].上海:上海三联书店,1994.

[64]杨小凯,黄有光.专业化与经济组织——一种新兴古典微观经济学框架[M].北京:经济科学出版社,1999.

[65]李海舰,聂辉华.论企业与市场的相互融合[J].中国工业经济,2004(8):26-35.

[66]路易斯·普特曼,兰德尔·克罗茨纳.企业的经济性质[M].上海:上海财经大学出版社,2000.

[67]朱小斌.开放式基金费率问题研究[J].证券市场导报,2001(7):58-62.

[68]文雪冬.开放式基金如何开发更具竞争力的费率结构[J].证券市场导报,2002(2):40-41.

[69]贺强,陈灵.关于开放式基金费率水平的实证分析[J].价格理论与实践,2003(2):33-34.

[70]唐宇.中国内地开放式证券投资基金的费率制度问题[J].管理科学,2003(2):55-58.

[71]余晓东,秦玲.开放式基金规模决定的内生机制[J].上海经济研究,2003(4):50-55.

[72]赵旭,吴冲锋.开放式基金流动性赎回风险实证分析与评价[J].运筹与管理,2003(12):1-6.

[73]BAUMOL W J,S M GOLDFELD,L A GORDON,M F KOEHN.The economics of mutual fund markets:competition versus regulation[M].Boston:Kluwer Academic Publisher,1990.

[74]FERRIS STEPHEN P,DON M. CHANCE. The effects of 12b-1 plans on mutual fund expense ratios:a note[J]. Journal of Finance,1987,Vol.42(4),1077-1082.

[75]McLeod,Robert W,Malhotra D K. A re-examination of the effect of 12b-1 plans on mutual fund expense ratios[J]. Journal of Financial Research,

1994,Vol.17(2),231-240.

[76]LATZKO, DAVID A. Economies scale in mutual fund administration [J]. Journal of Financial Research,1999,Vol.22(3),331-339.

[77] DELLVA, OLSON. The relationship between mutual fund fees and expenses and their effect on performance[J]. Financial Review,1998,Vol.33(1), 85-104.

[78]SHARPE W F. Mutual fund performance[J]. Journal of Business,1966, Vol.39(1):119-138.

[79]GRUBER,MARTIN J. Another puzzle:the growth in actively managed mutual funds[J]. Journal of Finance,1996,Vol.51(3):783-810.

[80]TUFANO P, SEVICK M. Board structure and fee-setting in the US mutual fund industry[J]. Journal of Financial Economics, 1997, Vol. 46 (3): 321-355.

[81]ELTON,EDWIN J,MARTIN J GRUBER,CHRISTOPHER R BLAKE. A first look at the accuracy of the CRSP mutual fund database and a comparison of the CRSP and morning star mutual fund databases[J]. Journal of Finance, 2001,Vol.56(6):2415-2430.

[82] MICHAEL K, BERKOWITZ, JIAPING QIU. Ownership, risk and performance of mutual fund management companies[J]. Journal of Economics and Business,2003,Vol.55 (2):109-134.

[83] AJAY KHORANA, HENRI SERVAES, PETER TUFANO. Mutual fund fees around the world[J]. The Review of Financial Studies,2009,Vol.22(3): 1279-1310.

[84]CHEN Z W,PENG X. Discounts on illiquid stocks:evidence from China [D]. Yale University Working Paper,2002,No.00-56.

[85]陈小悦,肖星,过晓艳. 配股权与上市公司利润操纵[J]. 经济研究,2000 (1):30-36.

[86]孙永祥,黄祖辉.上市公司的股权结构与绩效[J].经济研究,1999(12)：23-30.

[87]李义超,蒋振声.上市公司资本结构与企业绩效的实证分析[J].数量经济技术经济研究,2001(2):118-120.

[88]高雷,宋顺林.高管人员持股与企业绩效——基于上市公司 2000—2004年面板数据的经验证据[J].财经研究,2007(3):134-143.

◆ 附录 ◆

部分开放式基金费率列表

代码	基金名称	管理费率/%	托管费率/%	最大认购费率/%	最大申购费率/%	最大赎回费率/%
004450	嘉实前沿科技沪港深	2.00	0.25	1.2	1.5	1.5
161818	银华消费分级混合	2.00	0.35	1.2	1.5	0.5
161834	银华鑫锐定增混合	2.00	1.50	1.2	1.5	0.0
168101	九泰锐智定增混合	2.00	0.25	1.5	1.5	1.5
168103	九泰锐益定增混合	2.00	0.25	1.2	1.5	1.5
168105	九泰泰富定增主题	2.00	0.25	1.2	1.5	1.5
168109	九泰锐兴定增混合	2.00	0.25	1.2	1.5	1.5
168110	九泰锐信定增混合	2.00	0.25	1.2	1.5	1.5
501017	国泰融丰定增混合	2.00	0.25	1.5	1.5	1.5
501022	银华鑫盛混合	2.00	0.25	1.2	1.5	0.5
000041	华夏全球	1.85	0.35	1.5	1.6	1.5
183001	银华全球优选	1.85	0.30	1.5	0.6	0.5
202801	南方全球精选	1.85	0.30	1.5	1.6	1.5
000043	嘉实成长人民币	1.80	0.35	1.2	1.5	1.5
000044	嘉实成长美元	1.80	0.35	1.2	1.5	1.5
000906	广发全球美元现汇	1.80	0.35	0.0	1.6	1.5
000927	博时大中华美元现汇	1.80	0.35	0.0	1.6	1.5
000988	嘉实全球互联网人民币	1.80	0.35	1.2	1.5	1.5
000989	嘉实全球互联网现汇	1.80	0.35	1.2	1.5	1.5
000990	嘉实全球互联网现钞	1.80	0.35	1.2	1.5	1.5

续表

代码	基金名称	管理费率/%	托管费率/%	最大认购费率/%	最大申购费率/%	最大赎回费率/%
C01668	汇添富全球移动混合	1.80	0.35	1.5	1.6	1.5
001691	南方香港成长混合	1.80	0.30	1.5	1.6	1.5
002230	华夏大中华企业混合	1.80	0.35	1.2	1.5	1.5
002379	工银香港中小盘人民币	1.80	0.35	1.2	1.5	1.5
002380	工银香港中小盘美元	1.80	0.35	1.2	1.5	1.5
002891	华夏移动互联人民币	1.80	0.35	1.2	1.5	1.5
002892	华夏移动互联美元现汇	1.80	0.35	1.2	1.5	1.5
002893	华夏移动互联美元现钞	1.80	0.35	1.2	1.5	1.5
004877	汇添富全球医疗人民币	1.80	0.35	1.5	1.6	1.5
004878	汇添富全球医疗现汇	1.80	0.35	1.5	1.6	1.5
004879	汇添富全球医疗现钞	1.80	0.35	1.5	1.6	1.5
005698	华夏全球科技先锋混合	1.80	0.35	1.2	1.5	1.5
050015	博时大中华	1.80	0.35	1.5	1.6	1.5
070012	嘉实海外中国股票混合	1.80	0.30	1.2	1.5	1.5
080006	长盛环球	1.80	0.30	1.2	1.5	1.5
100055	富国顶级消费品	1.80	0.35	1.2	1.8	0.6
161210	国投新兴	1.80	0.35	1.5	1.6	1.5
161229	国投瑞银中国价值	1.80	0.30	1.2	1.5	1.5
161620	融通丰利四分法	1.80	0.35	1.6	1.8	1.5
161815	银华通胀	1.80	0.35	1.5	1.6	0.5
163813	中银全球	1.80	0.35	1.2	1.5	1.5
168104	九泰锐丰定增两年混合	1.80	0.25	1.2	1.5	1.5
168106	九泰锐华定增混合 A	1.80	0.25	1.2	1.5	1.5
168107	九泰锐华定增混合 C	1.80	0.25	0.0	0.0	0.5
217015	招商全球资源	1.80	0.35	1.5	1.6	1.5
229001	泰达全球新格局	1.80	0.35	1.2	1.5	0.5

续表

代码	基金名称	管理费率/%	托管费率/%	最大认购费率/%	最大申购费率/%	最大赎回费率/%
241001	华宝海外中国成长混合	1.80	0.35	1.2	1.5	0.5
262001	景顺长城大中华混合	1.80	0.35	1.5	1.6	1.5
270023	广发全球精选	1.80	0.35	1.5	1.6	1.5
377016	上投亚太优势	1.80	0.35	1.5	1.8	1.5
378006	上投摩根新兴市场	1.80	0.35	1.3	1.6	1.5
378546	上投摩根全球资源	1.80	0.35	1.3	1.6	1.5
457001	国富亚洲机会	1.80	0.35	1.2	1.5	1.5
460010	华泰柏瑞亚洲领导混合	1.80	0.35	1.2	1.6	1.5
470888	汇添富香港优势混合	1.80	0.35	1.2	1.2	1.5
486001	工银瑞信全球	1.80	0.30	1.5	0.6	1.5
486002	工银全球精选	1.80	0.35	1.5	1.6	1.5
519602	海富通大中华精选混合	1.80	0.30	1.2	1.5	1.5
519696	交银环球精选混合	1.80	0.35	1.2	1.5	1.5
519709	交银全球资源股票	1.80	0.35	1.2	1.5	1.5
539001	建信全球机遇混合	1.80	0.35	1.5	1.6	1.5
539002	建信新兴市场优选混合	1.80	0.35	1.5	1.6	1.5
539003	建信全球资源混合	1.80	0.35	1.5	1.6	1.5
165510	信诚金砖四国	1.75	0.30	1.2	1.6	0.5
165513	信诚全球商品主题	1.75	0.30	1.2	1.6	0.5
070031	嘉实全球房地产	1.70	0.35	1.2	1.5	1.5
001731	广发百发大数据混合 A	1.65	0.10	1.0	1.2	1.5
001732	广发百发大数据混合 C	1.65	0.10	0.6	0.6	1.5
001734	广发百发大数据混合 A	1.65	0.10	1.0	1.2	1.5
001735	广发百发大数据混合 E	1.65	0.10	0.6	0.6	1.5
001741	广发大数据策略混合 A	1.65	0.25	1.0	1.2	1.5
001742	广发大数据策略混合 E	1.65	0.25	0.6	0.6	1.5

续表

代码	基金名称	管理 费率/%	托管 费率/%	最大认购 费率/%	最大申购 费率/%	最大赎回 费率/%
002802	广发东财大数据混合	1.65	0.25	1.0	1.2	1.5
003629	上投全球配置人民币	1.60	0.25	1.2	1.5	1.5
003630	上投全球配置美元现钞	1.60	0.25	1.2	1.5	1.5
003631	上投全球配置美元现汇	1.60	0.25	1.2	1.5	1.5
005557	广发海外多元人民币	1.60	0.25	1.2	1.5	1.5
005558	广发海外多元美元	1.60	0.25	1.2	1.5	1.5
005699	工银新经济混合人民币	1.60	0.27	1.2	1.5	1.5
005700	工银新经济混合美元	1.60	0.27	1.2	1.5	1.5
050020	博时抗通胀	1.60	0.30	1.2	1.5	0.5
100061	富国中国中小盘股票	1.60	0.30	1.2	1.8	0.6
160125	南方香港优选股票	1.60	0.30	0.0	1.4	1.5
519132	海富通东财大数据混合	1.60	0.25	1.2	1.5	1.5
000001	华夏成长	1.50	0.25	1.0	1.5	1.5
000011	华夏大盘精选	1.50	0.25	1.2	1.5	1.5
000017	财通可持续发展	1.50	0.25	1.2	1.5	1.5
000020	景顺长城品质投资混合	1.50	0.25	1.2	1.5	1.5
000021	华夏优势增长混合	1.50	0.25	1.2	1.5	1.5
000029	富国宏观策略配置	1.50	0.25	1.2	1.8	0.6
000031	华夏复兴混合	1.50	0.25	1.2	1.5	1.5
000039	农银汇理高增长股票	1.50	0.25	1.2	1.5	1.5
000056	建信消费升级	1.50	0.25	1.2	1.5	1.5
000057	中银消费主题混合	1.50	0.25	1.2	1.5	1.5
000061	华夏盛世精选混合	1.50	0.25	1.2	1.5	1.5
000063	长盛电子主题混合	1.50	0.25	0.0	1.5	1.5
000065	富兰克林国海焦点	1.50	0.25	1.2	1.5	1.5
000073	上投摩根成长动力	1.50	0.25	1.2	1.5	1.5

续表

代码	基金名称	管理费率/%	托管费率/%	最大认购费率/%	最大申购费率/%	最大赎回费率/%
000082	嘉实阿尔法股票	1.50	0.25	1.0	1.5	1.5
000083	汇添富消费行业混合	1.50	0.25	1.2	1.5	1.5
000117	广发轮动配置混合	1.50	0.25	1.2	1.5	1.5
000120	中银美丽中国混合	1.50	0.25	1.2	1.5	1.5
000124	华宝服务优选混合	1.50	0.25	1.2	1.5	1.5
000127	农银汇理行业领先	1.50	0.25	1.2	1.5	1.5
000136	民生加银策略精选	1.50	0.25	1.2	1.5	1.5
000165	国投瑞银策略精选	1.50	0.25	1.2	1.5	1.5
000167	广发聚优	1.50	0.25	1.2	1.5	1.5
000173	汇添富美丽30混合	1.50	0.25	1.2	1.5	1.5
000193	国泰美国房地产	1.50	0.35	0.8	1.0	0.5
000199	国泰策略收益混合	1.50	0.25	0.0	1.2	1.5
000209	信诚新兴产业混合	1.50	0.25	1.2	1.5	0.5
000214	广发成长优选	1.50	0.25	1.2	1.5	1.5
000215	广发趋势	1.50	0.25	1.2	1.5	1.5
000219	博时裕益灵活配置	1.50	0.25	1.2	1.5	1.5
000220	富国医疗保健行业混合	1.50	0.25	1.2	1.8	0.6
000241	宝盈核心优势C	1.50	0.25	0.0	0.0	1.5
000242	景顺长城策略精选	1.50	0.25	1.2	1.5	1.5
000251	工银瑞信金融地产	1.50	0.25	1.2	1.5	1.5
000259	农银汇理区间收益	1.50	0.25	1.2	1.5	1.5
000263	工银瑞信信息产业	1.50	0.25	1.2	1.5	1.5
000264	博时内需增长	1.50	0.25	1.2	1.5	1.5
000279	华商红利优选	1.50	0.25	1.2	1.5	1.5
000294	华安生态优先股票	1.50	0.25	1.2	1.5	1.5
000308	建信创新新中国混合	1.50	0.25	1.2	1.5	1.5

续表

代码	基金名称	管理费率/%	托管费率/%	最大认购费率/%	最大申购费率/%	最大赎回费率/%
000309	大摩华鑫品质生活	1.50	0.25	1.2	1.5	1.5
000314	招商瑞丰 A	1.50	0.25	1.2	1.5	1.5
000328	上投摩根转型动力	1.50	0.25	1.2	1.5	1.5
000336	农银汇理研究精选	1.50	0.25	1.2	1.5	1.5
000339	长城医疗保健混合	1.50	0.25	1.2	1.5	1.5
000354	长盛城镇化主题	1.50	0.25	1.2	1.5	1.5
000362	国泰聚信灵活配置 A	1.50	0.20	1.2	1.5	1.5
000363	国泰聚信灵活配置 C	1.50	0.20	0.0	0.0	1.5
000390	华商优势行业	1.50	0.25	1.2	1.5	1.5
000398	华富灵活配置	1.50	0.25	0.0	1.5	1.5
000404	易方达新兴成长	1.50	0.25	1.2	1.5	1.5
000408	民生加银城镇化	1.50	0.25	1.2	1.5	1.5
000409	鹏华环保产业	1.50	0.25	1.2	1.5	1.5
000410	益民服务领先	1.50	0.25	1.2	1.5	1.5
000411	景顺长城优质成长	1.50	0.25	1.2	1.5	1.5
000417	国联安新精选	1.50	0.25	1.2	1.5	1.5
000418	景顺长城成长之星	1.50	0.25	1.2	1.5	1.5
000431	鹏华品牌传承	1.50	0.25	1.2	1.5	1.5
000432	中银优秀企业混合	1.50	0.25	1.2	1.5	1.5
000452	南方医药保健	1.50	0.25	1.2	1.5	1.5
000457	上投摩根核心成长	1.50	0.25	1.2	1.5	1.5
000458	英大领先回报	1.50	0.25	1.2	1.5	1.5
000462	农银汇理主题轮动	1.50	0.25	1.2	1.5	1.5
000471	富国城镇发展	1.50	0.25	1.6	1.8	0.6
000477	广发主题领先混合	1.50	0.25	1.2	1.5	1.5
000480	东方红新动力	1.50	0.25	1.2	1.5	1.5

续表

代码	基金名称	管理费率/%	托管费率/%	最大认购费率/%	最大申购费率/%	最大赎回费率/%
000496	长安产业精选 A	1.50	0.25	1.2	1.5	1.5
000511	国泰国策驱动 A	1.50	0.25	0.4	0.5	1.5
000512	国泰结构转型 A	1.50	0.25	0.6	0.8	1.5
000513	富国高端制造行业	1.50	0.25	1.6	1.8	1.5
000520	上银新兴价值混合	1.50	0.25	1.2	1.5	1.5
000522	华润元大信息传媒混合	1.50	0.25	1.2	1.5	1.5
000523	国投瑞银医疗保健	1.50	0.25	1.2	1.5	1.5
000524	上投摩根民生需求	1.50	0.25	1.2	1.5	1.5
000527	南方新优享	1.50	0.25	1.2	1.5	1.5
000529	广发竞争优势	1.50	0.25	1.2	1.5	1.5
000530	招商丰盛稳定增长 A	1.50	0.25	1.2	1.5	1.5
000531	东吴阿尔法	1.50	0.25	1.2	1.5	1.5
000532	景顺长城优势企业混合	1.50	0.25	1.2	1.5	1.5
000534	长盛高端装备	1.50	0.25	1.2	1.5	1.5
000535	长盛航天海工	1.50	0.25	1.2	1.5	1.5
000538	诺安优势行业 A	1.50	0.25	1.2	1.5	1.5
000541	华商创新成长	1.50	0.25	1.2	1.5	1.5
000545	中邮核心竞争力	1.50	0.25	1.0	1.5	1.5
000547	建信健康民生	1.50	0.25	1.2	1.5	1.5
000549	华安大国新经济	1.50	0.25	1.2	1.5	1.5
000550	广发新动力混合	1.50	0.25	1.2	1.5	1.5
000551	信诚幸福消费混合	1.50	0.25	1.2	1.5	1.5
000554	南方中国梦	1.50	0.25	1.2	1.5	1.5
000566	华泰柏瑞创新升级	1.50	0.25	1.0	1.2	1.5
000567	广发聚祥	1.50	0.25	1.2	1.5	1.5
000572	中银多策略	1.50	0.25	1.2	1.5	1.5

续表

代码	基金名称	管理费率/%	托管费率/%	最大认购费率/%	最大申购费率/%	最大赎回费率/%
C00574	宝盈新价值	1.50	0.25	1.2	1.5	1.5
000584	新华鑫益灵活配置	1.50	0.25	0.0	0.0	0.5
000586	景顺长城精选股票	1.50	0.25	1.2	1.5	1.5
000587	大成灵活配置	1.50	0.25	1.2	1.5	1.5
000589	光大银发商机	1.50	0.25	1.0	1.5	1.5
000590	华安新活力	1.50	0.25	1.2	1.5	1.5
000591	中银健康生活混合	1.50	0.25	1.2	1.5	1.5
000592	建信改革红利	1.50	0.25	1.2	1.5	1.5
000594	大摩华鑫进取优选	1.50	0.25	1.2	1.5	1.5
000595	嘉实泰和	1.50	0.25	1.2	1.5	1.5
000598	长盛生态环境主题	1.50	0.25	1.2	1.5	1.5
000601	华宝创新优选混合	1.50	0.25	1.2	1.5	1.5
000603	易方达创新驱动混合	1.50	0.25	1.2	1.5	1.5
000609	华商新量化	1.50	0.25	1.2	1.5	1.5
000612	华宝生态中国混合	1.50	0.25	1.2	1.5	1.5
000619	东方红产业升级	1.50	0.25	1.2	1.5	1.5
000628	大成高新技术产业	1.50	0.25	1.2	1.5	1.5
000634	富国天盛基金	1.50	0.25	1.6	1.8	1.5
000646	华润元大医疗保健混合	1.50	0.25	1.2	1.5	1.5
000652	博时裕隆	1.50	0.25	1.2	1.5	1.5
000654	华商新锐产业	1.50	0.25	1.2	1.5	1.5
000663	国投瑞银美丽中国	1.50	0.25	1.2	1.5	1.5
000664	国联安通盈混合 A	1.50	0.15	0.6	0.7	1.5
000667	工银瑞信绝对收益 A	1.50	0.25	1.2	1.5	1.5
000672	工银瑞信绝对收益 B	1.50	0.25	0.0	0.0	1.5
000679	招商丰利混合 A	1.50	0.25	1.2	1.5	1.5

续表

代码	基金名称	管理费率/%	托管费率/%	最大认购费率/%	最大申购费率/%	最大赎回费率/%
000684	长盛养老健康产业	1.50	0.25	1.2	1.5	1.5
000688	景顺长城研究精选	1.50	0.25	1.2	1.5	1.5
000689	前海开源新经济	1.50	0.25	1.2	1.5	1.5
000690	前海开源大海洋	1.50	0.25	1.2	1.5	1.5
000696	汇添富环保行业	1.50	0.25	1.2	1.5	1.5
000697	汇添富移动互联	1.50	0.25	1.2	1.5	1.5
000698	宝盈科技30	1.50	0.25	1.2	1.5	1.5
000706	中邮多策略	1.50	0.25	1.0	1.5	1.5
000708	华安安享混合	1.50	0.25	1.2	1.5	1.5
000711	嘉实医疗保健股票	1.50	0.25	1.0	1.5	1.5
000714	诺安稳健回报A	1.50	0.25	1.2	1.5	1.5
000717	融通转型三动力	1.50	0.25	1.6	1.8	1.5
000727	融通健康产业混合	1.50	0.25	1.6	1.8	1.5
000729	建信中小盘先锋	1.50	0.25	1.2	1.5	1.5
000739	平安大华新鑫先锋A	1.50	0.25	1.0	1.2	1.5
000742	国泰新经济	1.50	0.25	1.2	1.5	1.5
000746	招商行业精选股票	1.50	0.25	1.2	1.5	1.5
000747	广发逆向策略混合	1.50	0.25	1.2	1.5	1.5
000749	国金通用鑫安保本	1.50	0.20	0.0	0.0	3.0
000751	嘉实新兴产业股票	1.50	0.25	1.0	1.5	1.5
000755	富安达新兴成长	1.50	0.25	1.2	1.5	1.5
000756	建信潜力新蓝筹	1.50	0.25	1.2	1.5	1.5
000757	华富智慧城市	1.50	0.25	1.2	1.5	1.5
000761	国富健康优质生活	1.50	0.25	1.2	1.5	1.5
000762	汇添富绝对收益混合	1.50	0.25	1.2	1.5	1.5
000763	工银瑞信新财富	1.50	0.25	1.2	1.5	1.5

续表

代码	基金名称	管理 费率/%	托管 费率/%	最大认购 费率/%	最大申购 费率/%	最大赎回 费率/%
000772	景顺长城中国回报	1.50	0.25	1.2	1.5	1.5
000778	鹏华先进制造股票	1.50	0.25	1.2	1.5	1.5
000780	鹏华医疗保健股票	1.50	0.25	1.2	1.5	1.5
000788	前海开源中国成长	1.50	0.25	1.2	1.5	1.5
000793	工银瑞信高端制造	1.50	0.25	1.2	1.5	1.5
000794	宝盈睿丰创新 A	1.50	0.25	1.0	1.2	1.5
000796	宝盈睿丰创新 C	1.50	0.25	0.0	0.0	1.5
000800	华商未来主题	1.50	0.25	1.2	1.5	1.5
000803	工银瑞信研究精选	1.50	0.25	1.2	1.5	1.5
000805	中银新经济混合	1.50	0.25	1.2	1.5	1.5
000822	东海美丽中国	1.50	0.25	1.2	1.5	1.5
000823	银华高端制造业	1.50	0.25	1.2	1.5	1.5
000824	圆信永丰双红利 A	1.50	0.25	1.2	1.5	1.5
000825	圆信永丰双红利 C	1.50	0.25	0.0	0.0	0.5
000828	泰达宏利转型机遇	1.50	0.25	1.0	1.2	1.5
000831	工银瑞信医疗保健	1.50	0.25	1.2	1.5	1.5
000845	国投瑞银信息消费	1.50	0.25	1.2	1.5	1.5
000849	汇丰晋信双核策略 A	1.50	0.25	1.2	1.5	1.5
000850	汇丰晋信双核策略 B	1.50	0.25	0.0	0.0	0.5
000854	鹏华养老产业股票	1.50	0.25	1.2	1.5	1.5
000866	华宝高端制造股票	1.50	0.25	1.2	1.5	1.5
000867	华宝品质生活股票	1.50	0.25	1.2	1.5	1.5
000877	华泰柏瑞量化优选	1.50	0.25	1.2	1.5	1.5
000878	中海医药健康产业 A	1.50	0.25	1.2	1.5	1.5
000879	中海医药健康产业 C	1.50	0.25	0.0	0.0	0.8
000880	富国研究精选混合	1.50	0.25	1.2	1.5	2.0

续表

代码	基金名称	管理费率/%	托管费率/%	最大认购费率/%	最大申购费率/%	最大赎回费率/%
000884	民生加银优选股票	1.50	0.25	1.2	1.5	1.5
000886	北信瑞丰无限互联	1.50	0.25	1.2	1.5	1.5
000893	工银瑞信创新动力	1.50	0.25	1.2	1.5	1.5
000913	农银汇理医疗保健	1.50	0.25	1.2	1.5	1.5
000916	前海开源股息率100强	1.50	0.25	1.2	1.5	1.5
000924	宝盈先进制造混合	1.50	0.25	1.2	1.5	1.5
000925	汇添富外延增长	1.50	0.25	1.2	1.5	1.5
000928	中融国企改革混合	1.50	0.25	1.2	1.5	1.5
000934	国富大中华精选	1.50	0.27	1.2	1.5	1.5
000935	浙商汇金转型成长	1.50	0.25	1.0	1.5	1.5
000936	博时产业新动力混合	1.50	0.25	1.2	1.5	1.5
000939	中银研究精选混合	1.50	0.25	1.2	1.5	1.5
000940	富国中小盘	1.50	0.25	1.2	1.8	1.5
000945	华夏医疗健康混合A	1.50	0.25	1.0	1.2	1.5
000946	华夏医疗健康混合C	1.50	0.25	0.0	0.0	1.5
000947	德邦新动力混合A	1.50	0.25	1.2	0.8	0.5
000953	国泰睿吉混合A	1.50	0.25	1.0	1.5	1.5
000954	国泰睿吉混合C	1.50	0.25	0.0	0.0	1.5
000955	南方产业活力股票	1.50	0.25	1.2	1.5	1.5
000960	招商医药健康产业	1.50	0.25	1.2	1.5	1.5
000963	兴业多策略混合	1.50	0.25	1.2	1.5	1.5
000965	汇丰晋信新动力混合	1.50	0.25	1.2	1.5	1.5
000966	中邮核心科技创新	1.50	0.25	1.0	1.5	1.5
000967	华泰柏瑞创新动力	1.50	0.25	1.2	1.5	1.5
000969	前海开源大安全核心	1.50	0.25	1.2	1.5	1.5
000971	诺安新经济股票	1.50	0.25	1.2	1.5	1.5

续表

代码	基金名称	管理费率/%	托管费率/%	最大认购费率/%	最大申购费率/%	最大赎回费率/%
000972	新华万银多元策略	1.50	0.25	1.2	1.5	1.5
000974	安信消费医药主题	1.50	0.25	1.2	1.5	1.5
000976	长城新兴产业混合	1.50	0.25	1.2	1.5	1.5
000977	长城环保主题	1.50	0.25	1.2	1.5	1.5
000978	景顺长城量化精选	1.50	0.25	1.2	1.5	1.5
000979	景顺长城沪港深精选	1.50	0.25	1.2	1.5	1.5
000985	嘉实逆向策略股票	1.50	0.25	1.2	1.5	1.5
000986	中原英石灵活配置	1.50	0.25	1.2	1.5	1.5
000991	工银瑞信战略转型	1.50	0.25	1.2	1.5	1.5
000993	华宝稳健回报混合	1.50	0.25	1.2	1.5	1.5
000994	建信睿盈混合 A	1.50	0.25	1.2	1.5	1.5
000995	建信睿盈混合 C	1.50	0.25	0.0	0.0	1.5
000996	中银新动力股票	1.50	0.25	1.2	1.5	1.5
001000	中欧明睿新起点	1.50	0.25	1.2	1.5	1.5
001005	中海合鑫混合	1.50	0.25	1.2	1.5	1.5
001007	国联安鑫安混合	1.50	0.25	0.6	0.7	1.5
001008	工银瑞信国企改革	1.50	0.25	0.8	1.5	1.5
001009	上投摩根安全战略	1.50	0.25	1.2	1.5	1.5
001017	泰达宏利改革动力 A	1.50	0.25	1.2	1.5	1.5
001018	易方达新经济混合	1.50	0.25	1.2	1.5	1.5
001028	华安物联网主题	1.50	0.25	1.2	1.5	1.5
001030	天弘云端生活优选	1.50	0.25	1.5	1.5	1.5
001036	嘉实企业变革股票	1.50	0.25	1.2	1.5	1.5
001037	国投瑞银锐意改革	1.50	0.25	1.2	1.5	1.5
001039	嘉实先进制造股票	1.50	0.25	1.0	1.5	1.5
001040	新华策略精选股票	1.50	0.25	1.2	1.5	1.5

续表

代码	基金名称	管理费率/%	托管费率/%	最大认购费率/%	最大申购费率/%	最大赎回费率/%
001042	华夏领先股票	1.50	0.25	1.0	1.5	1.5
001043	工银瑞信美丽城镇	1.50	0.25	1.2	1.5	1.5
001044	嘉实新消费股票	1.50	0.25	1.2	1.5	1.5
001047	光大保德信国企改革	1.50	0.25	1.2	1.5	1.5
001048	富国新兴产业股票	1.50	0.25	1.2	1.8	1.5
001050	汇添富成长多因子	1.50	0.25	1.2	1.5	1.5
001053	南方创新经济混合	1.50	0.25	1.2	1.5	1.5
001054	工银瑞信新金融股票	1.50	0.25	1.2	1.5	1.5
001056	北信瑞丰健康生活	1.50	0.25	1.2	1.5	1.5
001060	前海开源高端装备	1.50	0.25	1.2	1.5	1.5
001067	鹏华弘盛混合 A	1.50	0.25	1.2	1.5	1.5
001068	华融新锐混合	1.50	0.25	1.0	1.2	1.5
001069	华泰柏瑞消费成长	1.50	0.25	1.2	1.5	1.5
001070	建信信息产业股票	1.50	0.25	1.2	1.5	1.5
001071	华安媒体互联网混合	1.50	0.25	1.2	1.5	1.5
001072	华安智能装备主题	1.50	0.25	1.2	1.5	1.5
001073	华泰柏瑞绝对收益	1.50	0.25	1.2	1.5	1.5
001074	华泰柏瑞量化驱动	1.50	0.25	1.2	1.5	1.5
001075	宝盈转型动力混合	1.50	0.25	1.2	1.5	1.5
001076	易方达改革红利混合	1.50	0.25	1.2	1.5	1.5
001088	华宝国策导向混合	1.50	0.25	1.2	1.5	1.5
001097	华泰柏瑞积极优选	1.50	0.25	1.2	1.5	1.5
001102	前海开源比较优势	1.50	0.25	1.2	1.5	1.5
001103	前海开源工业革命 4.0	1.50	0.25	1.2	1.5	1.5
001104	华安新丝路股票	1.50	0.25	1.2	1.5	1.5
001105	信达澳银转型创新	1.50	0.25	1.2	1.5	1.5

续表

代码	基金名称	管理费率/%	托管费率/%	最大认购费率/%	最大申购费率/%	最大赎回费率/%
001106	华商健康生活混合	1.50	0.25	1.2	1.5	1.5
001112	东方红中国优势混合	1.50	0.25	1.2	1.5	1.5
001118	华宝事件驱动混合	1.50	0.25	1.2	1.5	1.5
001119	国投瑞银新回报混合	1.50	0.25	1.2	1.5	2.0
001120	东方睿鑫混合 A	1.50	0.25	1.0	1.2	1.5
001121	东方睿鑫混合 C	1.50	0.25	0.0	0.0	0.5
001125	博时互联网主题	1.50	0.25	1.2	1.5	1.5
001126	上投摩根卓越制造	1.50	0.25	1.2	1.5	1.5
001127	中银宏观策略混合	1.50	0.25	1.2	1.5	1.5
001128	宝盈新兴产业混合	1.50	0.25	1.2	1.5	1.5
001135	益民品质升级混合	1.50	0.25	1.2	1.5	1.5
001139	华安新动力混合	1.50	0.25	1.2	1.5	1.5
001140	工银瑞信总回报	1.50	0.25	1.2	1.5	1.5
001143	华商量化进取混合	1.50	0.25	1.2	1.5	1.5
001144	大成互联网思维混合	1.50	0.25	1.0	1.2	1.5
001148	申万菱信多策略混合 A	1.50	0.25	0.6	0.7	1.5
001150	融通互联网传媒混合	1.50	0.25	1.6	1.8	1.5
001152	融通新区域新经济混合	1.50	0.25	1.6	1.8	1.5
001154	北信瑞丰平安中国	1.50	0.25	1.2	1.5	1.5
001156	申万菱信新能源汽车	1.50	0.25	1.2	1.5	1.5
001157	国联安睿祺混合	1.50	0.25	1.2	1.5	1.5
001158	工银瑞信新材料	1.50	0.25	1.2	1.5	1.5
001163	银华中国梦 30 股票	1.50	0.25	1.2	1.5	1.5
001166	建信环保产业股票	1.50	0.25	1.2	1.5	1.5
001167	金鹰科技创新股票	1.50	0.25	1.2	1.5	1.5
001170	泰达宏利复兴伟业	1.50	0.25	1.2	1.5	1.5

续表

代码	基金名称	管理费率/%	托管费率/%	最大认购费率/%	最大申购费率/%	最大赎回费率/%
001171	工银瑞信养老产业股票	1.50	0.25	1.2	1.5	1.5
001172	鹏华弘泽混合 A	1.50	0.25	1.2	1.5	1.5
001173	中欧瑾和混合 A	1.50	0.25	1.2	1.5	1.5
001174	中欧瑾和混合 C	1.50	0.25	0.0	0.0	1.5
001178	前海开源再融资主题	1.50	0.25	1.2	1.5	1.5
001179	德邦大健康混合	1.50	0.25	1.2	1.5	1.5
001181	南方改革机遇混合	1.50	0.25	1.2	1.5	1.5
001184	易方达新常态混合	1.50	0.25	1.2	1.5	1.5
001186	富国文体健康股票	1.50	0.25	1.2	1.8	1.5
001188	鹏华改革红利股票	1.50	0.25	1.2	1.5	1.5
001192	上投摩根整合驱动	1.50	0.25	1.2	1.5	1.5
001193	中金消费升级股票	1.50	0.25	1.2	1.5	1.5
001195	工银瑞信农业产业	1.50	0.25	1.2	1.5	1.5
001197	长盛转型升级主题	1.50	0.25	1.2	1.5	1.5
001201	申万菱信安鑫回报 A	1.50	0.25	0.6	0.7	1.5
001202	东方红领先精选	1.50	0.25	1.2	1.5	1.5
001208	诺安低碳经济股票	1.50	0.25	1.2	1.5	1.5
001209	前海开源一带一路 A	1.50	0.25	1.2	1.5	1.5
001210	天弘互联网基金	1.50	0.25	1.2	1.5	1.5
001215	博时沪港深优质企业 A	1.50	0.25	1.2	1.5	1.5
001218	国投瑞银精选收益混合	1.50	0.25	1.2	1.5	2.0
001219	上投摩根动态策略	1.50	0.25	1.2	1.5	1.5
001220	民生加银研究精选混合	1.50	0.25	1.2	1.5	1.5
001222	鹏华外延成长混合	1.50	0.25	1.2	1.5	1.5
001223	鹏华文化传媒娱乐	1.50	0.25	1.2	1.5	1.5
001224	中邮新思路混合	1.50	0.25	1.0	1.5	1.5

续表

代码	基金名称	管理费率/%	托管费率/%	最大认购费率/%	最大申购费率/%	最大赎回费率/%
001225	中邮趋势精选	1.50	0.25	1.0	1.5	1.5
001227	中邮信息灵活配置	1.50	0.25	1.2	1.5	1.5
001230	鹏华医药科技	1.50	0.25	1.2	1.5	1.5
001236	博时丝路主题基金 A	1.50	0.25	1.2	1.5	1.5
001239	长盛国企改革	1.50	0.25	1.2	1.5	1.5
001244	华泰柏瑞量化智慧	1.50	0.25	1.2	1.5	1.5
001245	工银瑞信生态环境	1.50	0.25	1.2	1.5	1.5
001247	华泰柏瑞新利混合 A	1.50	0.25	1.2	1.5	1.5
001249	易方达新利混合	1.50	0.20	1.0	1.2	1.5
001255	长城改革红利	1.50	0.25	1.2	1.5	1.5
001256	泓德优选成长混合	1.50	0.25	1.0	1.5	1.5
001259	德邦鑫星稳健	1.50	0.25	1.2	1.5	1.5
001261	中融新机遇混合	1.50	0.25	1.2	1.5	1.5
001267	泰达宏利蓝筹价值	1.50	0.25	1.2	1.5	1.5
001268	富国国家安全主题	1.50	0.25	1.2	1.8	1.5
001275	中邮创新优势混合	1.50	0.25	1.2	1.5	1.5
001276	建信新经济配置	1.50	0.25	1.2	1.5	1.5
001277	博时国企改革股票	1.50	0.25	1.2	1.5	1.5
001278	前海开源清洁能源 A	1.50	0.25	1.2	1.5	1.5
001279	中海积极增利混合	1.50	0.25	1.2	1.5	1.5
001283	红塔红土盛金新动力 A	1.50	0.15	1.0	1.0	1.5
001284	红塔红土盛金新动力 C	1.50	0.15	0.0	0.0	1.5
001291	大摩华鑫量化多策略	1.50	0.25	1.2	1.5	1.5
001294	新华战略新兴产业	1.50	0.25	1.2	1.5	1.5
001296	长城转型成长混合	1.50	0.25	1.2	1.5	1.5
001297	平安大华智慧中国混合	1.50	0.25	1.2	1.5	1.5

续表

代码	基金名称	管理费率/%	托管费率/%	最大认购费率/%	最大申购费率/%	最大赎回费率/%
001300	大成睿景灵活配置 A	1.50	0.25	1.2	1.5	1.5
001301	大成睿景灵活配置 C	1.50	0.25	0.0	0.0	0.5
001302	前海开源金银珠宝 A	1.50	0.25	1.2	1.5	1.5
001305	九泰天富改革新动力	1.50	0.25	1.2	1.5	1.5
001306	中欧永裕混合 A	1.50	0.25	1.2	1.5	1.5
001307	中欧永裕混合 C	1.50	0.25	0.0	0.0	0.5
001309	东方红睿逸混合	1.50	0.20	1.2	1.2	2.0
001310	华泰柏瑞行业竞争	1.50	0.25	1.2	1.5	1.5
001311	华安新回报灵活	1.50	0.25	1.2	1.5	1.5
001312	华安新优选混合 A	1.50	0.25	1.2	1.5	1.5
001313	上投摩根智慧互联	1.50	0.25	1.2	1.5	1.5
001319	农银汇理信息传媒	1.50	0.25	1.2	1.5	1.5
001320	工银瑞信丰盈回报	1.50	0.25	1.2	1.5	1.5
001322	东吴新趋势价值线	1.50	0.25	1.2	1.5	1.5
001323	东吴移动互联 A	1.50	0.25	1.2	1.5	1.5
001349	富国改革动力混合	1.50	0.25	1.2	1.5	1.5
001352	民生加银新战略	1.50	0.25	1.2	1.5	1.5
001359	国联安添鑫混合 A	1.50	0.25	1.2	1.5	1.5
001364	大成景润灵活配置	1.50	0.25	1.2	1.5	1.5
001365	大成正向回报混合	1.50	0.25	1.2	1.5	1.5
001366	金鹰产业整合混合	1.50	0.25	1.2	1.5	1.5
001371	富国沪港深精选	1.50	0.25	1.2	1.8	1.5
001373	易方达新丝路混合	1.50	0.25	1.2	1.5	1.5
001377	中融新产业混合 A	1.50	0.25	1.2	1.5	1.5
001378	中融新产业混合 C	1.50	0.25	0.0	0.0	0.5
001380	鹏华弘盛混合 C	1.50	0.25	0.0	1.5	1.5

续表

代码	基金名称	管理费率/%	托管费率/%	最大认购费率/%	最大申购费率/%	最大赎回费率/%
001381	鹏华弘泽混合 C	1.50	0.25	0.0	1.5	1.5
001382	易方达国企改革混合	1.50	0.25	1.2	1.5	1.5
001387	中融新经济混合 A	1.50	0.25	1.2	1.5	1.5
001388	中融新经济混合 C	1.50	0.25	0.0	0.0	0.5
001389	中融新优势混合 A	1.50	0.25	1.2	1.5	1.5
001390	中融新优势混合 C	1.50	0.25	0.0	0.0	1.5
001392	国富金融地产混合 A	1.50	0.25	1.2	1.5	1.5
001393	国富金融地产混合 C	1.50	0.25	0.0	0.0	1.5
001396	建信互联网＋股票	1.50	0.25	1.2	1.5	1.5
001398	华泰柏瑞健康生活	1.50	0.25	1.2	1.5	1.5
001403	招商国企改革混合	1.50	0.25	1.2	1.5	1.5
001404	招商移动互联网股票	1.50	0.25	1.2	1.5	1.5
001409	工银瑞信互联网加	1.50	0.25	1.2	1.5	1.5
001410	信达澳银新能源股票	1.50	0.25	1.2	1.5	1.5
001411	诺安创新混合 A	1.50	0.25	1.2	1.5	1.5
001412	德邦鑫星价值混合 A	1.50	0.25	1.2	1.5	1.5
001416	嘉实事件驱动股票	1.50	0.25	1.2	1.5	1.5
001417	汇添富医疗服务混合	1.50	0.25	1.2	1.5	1.5
001421	南方量化成长股票	1.50	0.25	1.2	1.5	1.5
001433	易方达瑞景混合	1.50	0.25	1.2	1.5	1.5
001445	华安国企改革混合	1.50	0.25	1.2	1.5	1.5
001449	华商双驱优选混合	1.50	0.25	1.2	1.5	1.5
001456	华泰中国制造 2025A	1.50	0.25	1.2	1.5	1.5
001457	华商新常态混合	1.50	0.25	1.2	1.5	1.5
001463	光大保德信一带一路	1.50	0.25	1.2	1.5	1.5
001468	广发改革先锋混合	1.50	0.25	1.2	1.5	1.5

续表

代码	基金名称	管理费率/%	托管费率/%	最大认购费率/%	最大申购费率/%	最大赎回费率/%
001471	融通新能源混合	1.50	0.25	1.6	1.8	1.5
001473	建信大安全战略精选	1.50	0.25	1.2	1.5	1.5
001475	易方达国防军工混合	1.50	0.25	1.2	1.5	1.5
001476	中银智能制造股票	1.50	0.25	1.2	1.5	1.5
001479	中邮风格轮动混合	1.50	0.25	1.0	1.5	1.5
001480	财通成长优选混合	1.50	0.25	1.2	1.5	1.5
001482	上投摩根新兴服务	1.50	0.25	1.2	1.5	1.5
001487	宝盈优势产业混合	1.50	0.25	1.2	1.5	1.5
001490	汇添富国企创新	1.50	0.25	1.2	1.5	1.5
001496	工银瑞信聚焦30股票	1.50	0.25	1.2	1.5	1.5
001500	泓德远见回报混合	1.50	0.25	1.2	1.5	1.5
001508	富国新动力混合 A	1.50	0.25	1.2	1.8	1.5
001510	富国新动力混合 C	1.50	0.25	0.0	0.0	1.5
001513	易方达信息产业混合	1.50	0.25	1.2	1.5	1.5
001515	平安大华新鑫先锋 C	1.50	0.25	0.0	0.0	1.5
001520	国投瑞银研究精选股票	1.50	0.25	1.2	1.5	1.5
001521	国寿安保成长优选股票	1.50	0.25	1.2	1.5	1.5
001524	华泰柏瑞中国军工	1.50	0.25	1.2	1.5	1.5
001528	诺安先进制造股票	1.50	0.25	1.2	1.5	1.5
001532	华安文体健康混合	1.50	0.25	1.2	1.5	1.5
001534	华宝万物互联混合	1.50	0.25	1.2	1.5	1.5
001535	景顺长城改革机遇	1.50	0.25	1.2	1.5	1.5
001536	南方君选混合	1.50	0.25	1.2	1.5	1.5
001537	中加改革红利混合	1.50	0.25	1.2	1.5	1.5
001538	上投摩根科技前沿	1.50	0.25	1.2	1.5	1.5
001540	浙商汇金转型驱动	1.50	0.25	1.0	1.5	1.5

续表

代码	基金名称	管理 费率/%	托管 费率/%	最大认购 费率/%	最大申购 费率/%	最大赎回 费率/%
C01541	汇添富民营新动力投票	1.50	0.25	1.2	1.5	1.5
001542	国泰互联网＋股票	1.50	0.25	1.2	1.5	1.5
001543	宝盈新锐混合	1.50	0.25	1.2	1.5	1.5
001563	华富健康文娱混合	1.50	0.25	1.2	1.5	1.5
001564	东方红京东大数据混合	1.50	0.25	1.2	1.5	1.5
001568	泰达宏利增利混合	1.50	0.25	1.2	1.5	1.5
001569	泰信国策驱动混合	1.50	0.25	1.2	1.5	1.5
001574	中海混改红利混合	1.50	0.25	1.2	1.5	1.5
001576	国泰智能装备股票	1.50	0.25	1.2	1.5	1.5
001577	嘉实低价策略股票	1.50	0.25	1.2	1.5	1.5
001579	国泰大农业股票	1.50	0.25	1.2	1.5	1.5
001581	华安沪港深通精选	1.50	0.25	1.2	1.5	1.5
001583	安信沪港深精选股票	1.50	0.25	1.2	1.5	1.5
001604	浙商汇金转型升级混合	1.50	0.25	1.0	1.5	1.5
001605	国富沪港深成长精选	1.50	0.25	1.2	1.5	1.5
001606	农银汇理工业 4.0	1.50	0.25	1.2	1.5	1.5
001614	东方区域发展混合	1.50	0.25	1.2	1.5	1.5
001615	中欧睿尚混合	1.50	0.20	1.0	1.2	2.5
001616	嘉实环保低碳股票	1.50	0.25	1.2	1.5	1.5
001620	嘉实新机遇混合	1.50	0.25	1.2	1.5	1.5
001623	兴业国企改革混合	1.50	0.25	1.2	1.5	1.5
001626	国泰央企改革股票	1.50	0.25	1.2	1.5	1.5
001628	招商体育文化股票	1.50	0.25	1.2	1.5	1.5
001637	嘉实腾讯自选股大数据	1.50	0.25	1.2	1.5	1.5
001643	汇丰智造先锋股票 A	1.50	0.25	1.2	1.5	1.5
001644	汇丰智造先锋股票 C	1.50	0.25	0.0	0.0	0.5

续表

代码	基金名称	管理费率/%	托管费率/%	最大认购费率/%	最大申购费率/%	最大赎回费率/%
001645	国泰大健康股票	1.50	0.25	1.2	1.5	1.5
001648	工银新价值灵活配置	1.50	0.25	1.2	1.5	1.5
001651	工银瑞信新蓝筹股票	1.50	0.25	1.2	1.5	1.5
001656	农银中国优势混合	1.50	0.20	1.2	1.5	1.5
001659	富安达新动力混合	1.50	0.25	1.2	1.5	1.5
001662	创金合信沪港深混合	1.50	0.25	1.2	1.5	1.5
001663	中银互联网＋股票	1.50	0.25	1.2	1.5	1.5
001667	南方转型增长混合	1.50	0.25	1.2	1.5	1.5
001672	国寿安保智慧生活股票	1.50	0.25	1.2	1.5	1.5
001677	中银战略新兴产业	1.50	0.25	1.2	1.5	1.5
001679	前海开源稀缺资产 A	1.50	0.25	1.2	1.5	1.5
001681	新华积极价值混合	1.50	0.25	1.2	1.5	1.5
001682	新华鑫回报混合	1.50	0.25	1.2	1.5	1.5
001683	华夏新经济混合	1.50	0.25	1.0	1.2	1.5
001685	汇添富沪港深新价值	1.50	0.25	1.2	1.5	1.5
001692	南方国策动力股票	1.50	0.25	1.2	1.5	1.5
001694	华安沪港深外延增长	1.50	0.25	1.2	1.5	1.5
001696	南方智造未来股票	1.50	0.25	1.2	1.5	1.5
001701	中融产业升级混合	1.50	0.25	1.2	1.5	1.5
001702	东方创新科技混合	1.50	0.25	1.2	1.5	1.5
001703	银华沪港深增长股票	1.50	0.25	1.2	1.5	1.5
001705	泓德战略转型股票	1.50	0.25	1.2	1.5	1.5
001707	诺安高端制造股票	1.50	0.25	1.2	1.5	1.5
001708	东兴改革精选混合	1.50	0.25	1.2	1.5	1.5
001709	华富物联世界混合	1.50	0.25	1.2	1.5	1.5
001712	东方红优势精选混合	1.50	0.25	1.2	1.5	1.5

续表

代码	基金名称	管理费率/%	托管费率/%	最大认购费率/%	最大申购费率/%	最大赎回费率/%
001714	工银文体产业股票	1.50	0.25	1.2	1.5	1.5
001717	工银瑞信前沿医疗	1.50	0.25	1.2	1.5	1.5
001718	工银瑞信物流产业股票	1.50	0.25	1.2	1.5	1.5
001719	工银瑞信国家战略	1.50	0.25	1.2	1.5	1.5
001723	华商新动力混合	1.50	0.25	1.2	1.5	1.5
001724	申万菱信多策略混合 C	1.50	0.25	0.0	0.0	1.5
001725	汇添富高端制造股票	1.50	0.25	1.2	1.5	1.5
001726	汇添富新兴消费	1.50	0.25	1.2	1.5	1.5
001727	申万菱信安鑫回报 C	1.50	0.25	0.0	0.0	1.5
001730	兴银大健康混合	1.50	0.25	1.2	1.5	1.5
001736	圆信永丰优加生活股票	1.50	0.25	1.2	1.5	1.5
001740	光大中国制造 2025 混合	1.50	0.25	1.2	1.5	1.5
001749	招商中国机遇股票	1.50	0.25	1.2	1.5	1.5
001753	红土创新新兴产业混合	1.50	0.25	1.2	1.5	1.5
001754	永赢量化灵活配置混合	1.50	0.20	1.2	1.5	1.5
001756	嘉实策略优选混合	1.50	0.25	1.2	1.5	1.5
001757	嘉实主题增强混合	1.50	0.25	1.2	1.5	1.5
001758	嘉实研究增强混合	1.50	0.25	1.2	1.5	1.5
001759	嘉实成长增强混合	1.50	0.25	1.2	1.5	1.5
001760	嘉实创新成长混合	1.50	0.25	1.2	1.5	1.5
001763	广发多策略混合	1.50	0.25	1.2	1.5	1.5
001764	广发沪港深新机遇股票	1.50	0.25	1.2	1.5	1.5
001766	上投摩根医疗健康	1.50	0.25	1.2	1.5	1.5
001767	华宝中国互联网人民币	1.50	0.35	1.2	1.5	1.5
001768	华宝中国互联网美元	1.50	0.35	1.2	1.5	1.5
001771	南方量化混合	1.50	0.25	1.2	1.5	1.5

续表

代码	基金名称	管理费率/%	托管费率/%	最大认购费率/%	最大申购费率/%	最大赎回费率/%
001777	德邦多元回报混合 A	1.50	0.25	1.2	1.5	1.5
001778	德邦多元回报混合 C	1.50	0.25	0.0	0.0	1.5
001780	诺安改革趋势混合	1.50	0.25	1.2	1.5	1.5
001781	建信现代服务业股票	1.50	0.25	1.2	1.5	1.5
001790	国泰智能汽车股票	1.50	0.25	1.2	1.5	1.5
001791	大成绝对收益混合 A	1.50	0.25	1.2	1.5	1.5
001792	大成绝对收益混合 C	1.50	0.25	0.0	0.0	0.5
001795	上投摩根文体休闲混合	1.50	0.25	1.2	1.5	1.5
001808	银华互联网主题混合	1.50	0.25	1.2	1.5	1.5
001810	中欧潜力价值混合 A	1.50	0.25	1.2	1.5	1.5
001811	中欧明睿新常态混合 A	1.50	0.25	1.2	1.5	1.5
001815	华泰柏瑞激励动力 A	1.50	0.25	1.2	1.5	1.5
001822	华商智能生活混合	1.50	0.25	1.2	1.5	1.5
001824	博时沪港深成长企业	1.50	0.25	1.2	1.5	1.5
001825	建信中国制造 2025 股票	1.50	0.25	1.2	1.5	1.5
001827	富国研究优选混合	1.50	0.25	1.2	1.5	2.0
001829	北信瑞丰中国智造主题	1.50	0.25	1.2	1.5	1.5
001830	融通跨界成长混合	1.50	0.25	1.6	1.8	1.5
001837	前海开源沪港深蓝筹	1.50	0.25	1.2	1.5	1.5
001838	国投瑞银国家安全混合	1.50	0.25	1.2	1.5	1.5
001849	前海开源强势共识 100	1.50	0.25	1.2	1.5	1.5
001851	中融强国制造混合	1.50	0.25	1.2	1.5	1.5
001852	融通中国风 1 号混合	1.50	0.25	1.6	1.8	1.5
001856	易方达环保主题混合	1.50	0.25	1.2	1.5	1.5
001857	易方达现代服务业混合	1.50	0.25	1.2	1.5	1.5
001861	富安达健康混合	1.50	0.25	1.2	1.5	1.5

续表

代码	基金名称	管理费率/%	托管费率/%	最大认购费率/%	最大申购费率/%	最大赎回费率/%
001864	中海魅力长三角混合	1.50	0.25	1.2	1.5	1.5
001869	招商制造业转型混合 A	1.50	0.25	1.2	1.5	1.5
001874	前海开源沪港深价值	1.50	0.25	1.2	1.5	1.5
001875	前海开源沪港深优势	1.50	0.25	1.2	1.5	1.5
001877	宝盈国家安全战略股票	1.50	0.25	1.2	1.5	1.5
001878	嘉实沪港深精选股票	1.50	0.25	1.2	1.5	1.5
001879	长城创新动力灵活配置	1.50	0.25	1.2	1.5	1.5
001880	长城中国智造混合	1.50	0.25	1.2	1.5	1.5
001881	中欧新趋势混合 E	1.50	0.25	0.0	1.5	0.5
001882	中欧价值发现混合 E	1.50	0.25	0.0	1.5	1.5
001883	中欧新动力混合 E	1.50	0.25	0.0	1.5	1.5
001885	中欧新蓝筹混合 E	1.50	0.25	0.0	1.5	1.5
001886	中欧行业成长混合 E	1.50	0.25	0.0	1.5	0.5
001887	中欧价值智选 E	1.50	0.25	0.0	1.5	1.5
001888	中欧盛世成长混合 E	1.50	0.25	0.0	1.5	0.5
001891	中欧成长优选回报 E	1.50	0.25	0.0	1.5	1.5
001892	长盛新兴成长混合	1.50	0.25	1.2	1.5	1.5
001897	九泰久盛量化混合 A	1.50	0.25	1.2	1.5	1.5
001898	易方达大健康主题混合	1.50	0.25	1.2	1.5	1.5
001910	泰康新机遇混合	1.50	0.25	1.2	1.5	1.5
001915	宝盈医疗健康沪港深	1.50	0.25	1.2	1.5	1.5
001917	招商量化精选股票	1.50	0.25	1.2	1.5	1.5
001924	华夏国企改革混合	1.50	0.25	1.2	1.5	1.5
001927	华夏消费升级混合 A	1.50	0.25	1.2	1.5	1.5
001928	华夏消费升级混合 C	1.50	0.25	0.0	0.0	1.5
001933	华商新兴活力混合	1.50	0.25	1.2	1.5	1.5

续表

代码	基金名称	管理费率/%	托管费率/%	最大认购费率/%	最大申购费率/%	最大赎回费率/%
001938	中欧时代先锋股票 A	1.50	0.25	1.2	1.5	1.5
001940	农银汇理现代农业混合	1.50	0.25	1.2	1.5	1.5
001951	金鹰改革红利混合	1.50	0.25	1.2	1.5	1.5
001954	银华生态环保主混合	1.50	0.25	1.2	1.5	1.5
001955	中欧养老产业混合	1.50	0.25	1.2	1.5	1.5
001956	国联安科技动力股票	1.50	0.25	1.2	1.5	1.5
001959	华商乐享互联混合	1.50	0.25	1.2	1.5	1.5
001967	华宝转型升级混合	1.50	0.25	1.2	1.5	1.5
001970	泰信鑫选混合 A	1.50	0.25	1.2	1.5	1.5
001972	前海开源智慧生活混合	1.50	0.25	1.2	1.5	1.5
001974	景顺长城量化新动力	1.50	0.25	1.2	1.5	1.5
001975	景顺长城环保优势股票	1.50	0.25	1.2	1.5	1.5
001978	泰信互联网＋主题	1.50	0.25	1.2	1.5	1.5
001979	南方沪港深价值主题	1.50	0.25	1.2	1.5	1.5
001980	中欧量化驱动混合	1.50	0.25	1.2	1.5	1.5
001983	中邮低碳经济混合	1.50	0.25	1.2	1.5	1.5
001984	上投摩根智慧生活混合	1.50	0.25	1.2	1.5	1.5
001985	富国低碳新经济混合	1.50	0.25	1.2	1.5	1.5
001986	前海开源人工智能混合	1.50	0.25	1.2	1.5	1.5
001990	中欧数据多因子混合 A	1.50	0.25	1.2	1.5	1.5
002001	华夏回报混合 A	1.50	0.25	1.2	1.5	1.5
002011	华夏红利	1.50	0.25	1.2	1.5	1.5
002017	招商瑞丰 C	1.50	0.25	0.0	0.0	1.5
002020	国都创新驱动混合	1.50	0.25	1.2	1.5	1.5
002021	华夏回报二号	1.50	0.25	2.0	2.0	1.5
002031	华夏策略精选	1.50	0.25	1.2	1.5	1.5

续表

代码	基金名称	管理费率/%	托管费率/%	最大认购费率/%	最大申购费率/%	最大赎回费率/%
002035	安信平稳增长混合 C	1.50	0.25	0.0	1.5	1.5
002049	融通新机遇混合	1.50	0.25	1.6	1.8	1.5
002051	诺安创新混合 C	1.50	0.25	0.0	1.5	0.5
002052	诺安稳健回报 C	1.50	0.25	0.0	1.5	0.5
002053	诺安优势行业 C	1.50	0.25	0.0	1.5	0.5
002062	国泰国策驱动 C	1.50	0.25	0.0	0.8	1.5
002063	国泰结构转型 C	1.50	0.25	0.0	0.8	1.5
002064	华富产业升级混合	1.50	0.25	1.2	1.5	1.5
002068	东方多策略 C	1.50	0.25	0.0	0.0	0.5
002071	长安产业精选 C	1.50	0.25	0.0	1.5	0.5
002079	前海开源稀缺资产 C	1.50	0.25	0.0	1.5	0.5
002080	前海开源一带一路 C	1.50	0.25	0.0	1.5	0.5
002082	华泰柏瑞激励动力 C	1.50	0.25	0.0	0.0	1.5
002083	新华鑫动力混合 A	1.50	0.25	0.8	1.0	1.5
002084	新华鑫动力混合 C	1.50	0.25	0.8	1.0	0.5
002085	长盛互联网＋主题混合	1.50	0.25	1.2	1.5	1.5
002091	华泰柏瑞新利混合 C	1.50	0.25	0.0	0.0	1.5
002094	华泰中国制造 2025C	1.50	0.25	0.0	0.0	1.5
002103	招商康泰养老混合	1.50	0.25	1.2	1.5	1.5
002112	德邦鑫星价值混合 C	1.50	0.25	0.0	0.0	1.5
002113	德邦新动力混合 C	1.50	0.25	0.0	0.0	0.5
002121	广发沪港深新起点股票	1.50	0.25	1.2	1.5	1.5
002122	广发新常态混合	1.50	0.25	1.2	1.5	1.5
002123	北信瑞丰外延增长混合	1.50	0.25	1.2	1.5	1.5
002124	广发新兴产业混合	1.50	0.25	1.2	1.5	1.5
002125	广发新兴成长混合	1.50	0.25	1.2	1.5	1.5

续表

代码	基金名称	管理费率/%	托管费率/%	最大认购费率/%	最大申购费率/%	最大赎回费率/%
002142	博时外延增长混合	1.50	0.25	1.2	1.5	1.5
002144	华安新优选混合 C	1.50	0.25	0.0	0.0	1.5
002152	华宝核心优势混合	1.50	0.25	1.2	1.5	1.5
002159	东吴国企改革主题	1.50	0.25	1.2	1.5	1.5
002160	南方转型驱动混合	1.50	0.25	1.2	1.5	1.5
002161	银华万物互联灵活配置	1.50	0.25	1.2	1.5	1.5
002168	嘉实智能汽车股票	1.50	0.25	1.2	1.5	1.5
002170	东吴移动互联 C	1.50	0.25	0.0	0.0	1.5
002172	海富通新内需混合 C	1.50	0.25	0.0	1.5	1.5
002173	东方大健康混合	1.50	0.25	1.2	1.5	1.5
002174	东方互联网嘉混合	1.50	0.25	1.2	1.5	1.5
002179	华安事件驱动量化混合	1.50	0.25	1.2	1.5	1.5
002181	华安大安全主题混合	1.50	0.25	1.2	1.5	1.5
002182	东兴蓝海财富混合	1.50	0.25	1.2	1.5	1.5
002189	农银汇理国企改革	1.50	0.25	1.2	1.5	1.5
002190	农银汇理新能源混合	1.50	0.25	1.2	1.5	1.5
002191	农银汇理物联网	1.50	0.25	1.2	1.5	1.5
002193	东方利群混合 C	1.50	0.25	0.0	0.0	0.5
002207	前海开源金银珠宝 C	1.50	0.25	0.0	1.5	0.5
002210	创金合信量化多因子 A	1.50	0.25	1.2	1.5	1.5
002214	中海沪港深价值优选	1.50	0.25	1.2	1.5	1.5
002216	易方达量化混合 A	1.50	0.25	1.2	1.5	1.5
002217	易方达量化混合 C	1.50	0.25	0.0	0.0	1.5
002221	嘉实价值增强混合	1.50	0.25	1.2	1.5	1.5
002229	华夏经济转型股票	1.50	0.25	1.2	1.5	1.5
002244	景顺长城低碳科技	1.50	0.25	1.2	1.5	1.5

代码	基金名称	管理费率/%	托管费率/%	最大认购费率/%	最大申购费率/%	最大赎回费率/%
002250	红土创新改革红利混合	1.50	0.25	1.2	1.5	1.5
002251	华夏军工安全混合	1.50	0.25	1.2	1.5	1.5
002252	融通成长30混合	1.50	0.25	1.6	1.8	1.5
002256	金信新能源汽车混合	1.50	0.25	1.2	1.5	1.5
002258	大成国企改革混合	1.50	0.25	1.2	1.5	1.5
002259	鹏华健康环保混合	1.50	0.25	1.2	1.5	1.5
002263	泰达同顺大数据量化A	1.50	0.25	1.2	1.5	1.5
002264	华夏乐享健康混合	1.50	0.25	1.2	1.5	1.5
002270	东吴安盈量化混合	1.50	0.25	1.2	1.5	1.5
002272	新华科技创新混合	1.50	0.25	1.2	1.5	1.5
002289	华商改革创新股票	1.50	0.25	1.2	1.5	1.5
002300	长盛医疗行业量化	1.50	0.25	1.2	1.5	1.5
002303	金鹰智慧生活混合	1.50	0.25	1.2	1.5	1.5
002305	光大风格轮动混合	1.50	0.25	1.2	1.5	1.5
002307	银华多元视野混合	1.50	0.25	1.2	1.5	1.5
002317	招商睿逸稳健混合	1.50	0.25	1.2	1.5	1.5
002319	大成一带一路灵活配置	1.50	0.25	1.2	1.5	1.5
002332	汇丰晋信沪港深股票A	1.50	0.25	1.2	1.5	1.5
002333	汇丰晋信沪港深股票C	1.50	0.25	0.0	0.0	0.5
002334	汇丰晋信大盘波动A	1.50	0.25	1.2	1.5	1.5
002335	汇丰晋信大盘波动C	1.50	0.25	0.0	0.0	0.5
002339	海富通养老收益混合C	1.50	0.25	0.0	1.5	1.5
002340	富国价值优势混合	1.50	0.25	1.2	1.5	1.5
002345	华夏高端制造混合	1.50	0.25	1.2	1.5	1.5
002360	前海开源清洁能源C	1.50	0.25	0.0	1.5	0.5
002376	国寿安保核心产业混合	1.50	0.25	1.2	1.5	1.5

续表

代码	基金名称	管理费率/%	托管费率/%	最大认购费率/%	最大申购费率/%	最大赎回费率/%
002383	大成趋势回报混合	1.50	0.25	1.2	1.5	1.5
002384	九泰鸿祥服务升级混合	1.50	0.25	1.2	1.5	1.5
002386	工银瑞信中国制造2025	1.50	0.25	1.2	1.5	1.5
002387	工银瑞信沪港深股票	1.50	0.25	1.2	1.5	1.5
002408	中信建投医改混合	1.50	0.20	1.0	1.2	1.5
002416	招商丰利混合C	1.50	0.25	0.0	1.5	1.5
002417	招商丰盛稳定增长C	1.50	0.25	0.0	1.5	1.5
002424	博时文体娱乐混合	1.50	0.25	1.2	1.5	1.5
002443	前海开源沪港深龙头	1.50	0.25	1.2	1.5	1.5
002449	民生加银量化中国混合	1.50	0.25	1.2	1.5	1.5
002450	平安大华睿享文娱A	1.50	0.25	1.2	1.5	1.5
002451	平安大华睿享文娱C	1.50	0.25	0.0	0.0	1.5
002463	创金合信价值混合A	1.50	0.25	1.2	1.5	1.5
002465	东兴众智优选混合	1.50	0.25	1.2	1.5	1.5
002472	光大保德信先进混合	1.50	0.25	1.2	1.5	1.5
002482	宝盈互联网沪港深混合	1.50	0.25	1.2	1.5	1.5
002485	国联安通盈混合C	1.50	0.15	0.0	0.0	1.5
002495	前海开源量化混合A	1.50	0.25	1.2	1.5	1.5
002496	前海开源量化混合C	1.50	0.25	1.2	1.5	0.5
002547	民生加银养老服务混合	1.50	0.25	1.2	1.5	1.5
002553	博时创业成长混合C	1.50	0.25	0.0	0.0	1.5
002555	博时沪港深优质企业C	1.50	0.25	0.0	0.0	1.5
002556	博时丝路主题基金C	1.50	0.25	0.0	0.0	1.5
002561	东吴安鑫量化混合	1.50	0.25	1.2	1.5	1.5
002562	泓德泓益量化混合	1.50	0.20	1.2	1.5	1.5
002563	泓德泓汇混合	1.50	0.20	1.2	1.5	1.5

续表

代码	基金名称	管理费率/%	托管费率/%	最大认购费率/%	最大申购费率/%	最大赎回费率/%
002564	新沃通混合	1.50	0.20	1.2	1.5	1.5
002567	大成国家安全主题混合	1.50	0.25	1.2	1.5	1.5
002574	招商瑞庆混合	1.50	0.25	1.2	1.5	1.5
002577	南方新兴龙头混合	1.50	0.25	1.2	1.5	1.5
002580	泰信鑫选混合 C	1.50	0.25	0.0	1.5	1.5
002593	富国美丽中国混合	1.50	0.25	1.2	1.5	1.5
002594	工银瑞信现代服务业	1.50	0.25	1.2	1.5	1.5
002595	博时工业 4.0 股票	1.50	0.25	1.2	1.5	1.5
002597	兴业成长动力混合	1.50	0.25	1.2	1.5	1.5
002598	平安大华智能生活 A	1.50	0.25	0.2	1.5	1.5
002599	平安大华智能生活 C	1.50	0.25	0.0	0.0	1.5
002605	融通新消费混合	1.50	0.25	1.6	1.8	1.5
002612	融通国企改革新机遇	1.50	0.25	1.6	1.8	1.5
002620	中邮未来新蓝筹混合	1.50	0.25	1.2	1.5	1.5
002621	中欧消费主题股票 A	1.50	0.25	1.2	1.5	1.5
002623	广发服务业精选混合	1.50	0.25	1.2	1.5	1.5
002624	广发优企精选混合	1.50	0.25	1.2	1.5	1.5
002634	华宝未来主导产业混合	1.50	0.25	1.2	1.5	1.5
002639	天弘价值精选混合	1.50	0.25	1.2	1.5	1.5
002653	泰康沪港深精选混合	1.50	0.20	1.2	1.5	1.5
002654	上投摩根策略精选混合	1.50	0.25	1.2	1.5	1.5
002662	前海开源沪港深混合 A	1.50	0.25	1.2	1.5	1.5
002663	前海开源沪港深混合 C	1.50	0.25	1.2	1.5	0.5
002666	前海开源沪港深创新 A	1.50	0.25	1.2	1.5	1.5
002667	前海开源沪港深创新 C	1.50	0.25	1.2	1.5	0.5
002669	华商万众创新混合	1.50	0.25	1.2	1.5	1.5

续表

代码	基金名称	管理费率/%	托管费率/%	最大认购费率/%	最大申购费率/%	最大赎回费率/%
002683	民生加银前沿科技混合	1.50	0.25	1.2	1.5	1.5
002685	中欧丰泓沪港深混合 A	1.50	0.25	1.2	1.5	1.5
002686	中欧丰泓沪港深混合 C	1.50	0.25	0.0	0.0	1.5
002692	富国创新科技混合	1.50	0.25	1.2	1.5	1.5
002694	中银新蓝筹混合	1.50	0.25	1.2	1.5	1.5
002697	中欧消费主题股票 C	1.50	0.25	0.0	0.0	1.5
002707	大摩华鑫科技领先混合	1.50	0.25	1.2	1.5	1.5
002708	大摩华鑫健康产业混合	1.50	0.25	1.2	1.5	1.5
002713	广发转型升级混合	1.50	0.25	1.2	1.5	1.5
002715	新华健康生活混合	1.50	0.25	1.2	1.5	1.5
002732	长盛沪港深优势精选	1.50	0.25	1.2	1.5	1.5
002746	汇添富多策略定开混合	1.50	0.25	1.5	1.5	1.5
002772	光大保德信产业新动力	1.50	0.25	1.2	1.5	1.5
002778	新疆前海联合新思路 A	1.50	0.25	1.2	1.5	1.5
002779	新疆前海联合新思路 C	1.50	0.25	0.0	0.0	0.5
002780	新疆前海联合全民健康	1.50	0.15	1.2	1.5	1.5
002803	东方红沪港深混合	1.50	0.25	1.2	1.5	1.5
002804	华泰柏瑞量化对冲混合	1.50	0.25	1.2	1.5	1.5
002808	泓德优势领航混合	1.50	0.25	1.2	1.5	1.5
002810	金信转型创新成长混合	1.50	0.25	1.2	1.5	1.5
002819	招商丰美混合 A	1.50	0.25	1.2	1.5	1.5
002820	招商丰美混合 C	1.50	0.25	1.2	1.5	0.5
002823	招商盛达混合 A	1.50	0.25	1.2	1.5	1.5
002824	招商盛达混合 C	1.50	0.25	1.2	1.5	1.5
002831	国投瑞银瑞宁混合	1.50	0.15	1.2	1.5	1.5
002837	华夏网购精选混合	1.50	0.25	1.2	1.5	1.5

续表

代码	基金名称	管理费率/%	托管费率/%	最大认购费率/%	最大申购费率/%	最大赎回费率/%
002844	金鹰多元策略混合	1.50	0.25	1.2	1.5	1.5
002849	金信智能中国2025混合	1.50	0.25	1.2	1.5	1.5
002850	南方甄智定开混合	1.50	0.25	1.2	1.5	1.5
002851	南方品质优选混合	1.50	0.25	1.2	1.5	1.5
002860	前海开源沪港深新机遇	1.50	0.25	1.2	1.5	1.5
002861	工银智能制造股票	1.50	0.25	1.2	1.5	1.5
002862	金信量化精选混合	1.50	0.25	1.2	1.5	1.5
002863	金信深圳成长混合	1.50	0.25	1.2	1.5	1.5
002885	大摩华鑫万众创新混合	1.50	0.25	1.2	1.5	1.5
002908	富国睿利定期开放混合	1.50	0.20	1.2	1.2	2.0
002910	易方达供给改革混合	1.50	0.25	1.2	1.5	1.5
002919	东吴智慧医疗混合	1.50	0.25	1.2	1.5	1.5
002938	中银证券健康产业混合	1.50	0.20	1.2	1.5	1.5
002939	广发创新升级混合	1.50	0.25	1.2	1.5	1.5
002943	广发多因子混合	1.50	0.25	1.2	1.5	1.5
002944	信诚主题轮动混合	1.50	0.25	1.2	1.5	1.5
002945	大成盛世精选混合	1.50	0.25	1.2	1.5	1.5
002952	建信多因子量化股票	1.50	0.25	1.2	1.5	1.5
002955	融通新趋势混合	1.50	0.25	1.6	1.8	1.5
002967	浙商大数据智选消费	1.50	0.25	1.2	1.5	1.5
002968	新华高端制造混合	1.50	0.25	1.2	1.5	1.5
002980	华夏创新前沿股票	1.50	0.25	1.2	1.5	1.5
002983	长信国防军工量化混合	1.50	0.25	1.2	1.5	1.5
002989	融通通乾研究精选混合	1.50	0.25	1.2	1.5	1.5
003001	招商丰德混合C	1.50	0.25	1.2	1.5	1.5
003004	招商睿祥混合	1.50	0.20	1.2	1.5	1.5

续表

代码	基金名称	管理费率/%	托管费率/%	最大认购费率/%	最大申购费率/%	最大赎回费率/%
003025	新华红利回报	1.50	0.25	1.2	1.5	1.5
003032	平安大华医疗健康混合	1.50	0.25	1.2	1.5	1.5
003053	嘉实文体娱乐股票 A	1.50	0.25	1.2	1.5	1.5
003054	嘉实文体娱乐股票 C	1.50	0.25	0.0	0.0	1.5
003069	光大保德信创业板量化	1.50	0.25	1.2	1.5	1.5
003095	中欧医疗健康混合 A	1.50	0.25	1.2	1.5	1.5
003096	中欧医疗健康混合 C	1.50	0.25	0.0	0.0	1.5
003125	中科沃土沃鑫成长混合	1.50	0.25	1.2	1.5	1.5
003131	国寿安保强国智造混合	1.50	0.25	1.2	1.5	1.5
003145	中融竞争优势股票	1.50	0.25	1.2	1.5	1.5
003150	中欧睿诚混合 A	1.50	0.15	1.0	1.2	2.0
003151	中欧睿诚混合 C	1.50	0.15	0.0	0.0	2.0
003152	华富天鑫混合 A	1.50	0.15	1.2	1.5	1.5
003153	华富天鑫混合 C	1.50	0.15	0.0	0.0	0.5
003158	国投瑞银瑞达混合	1.50	0.25	1.2	1.5	1.5
003175	华泰柏瑞多策略	1.50	0.25	1.2	1.5	1.5
003208	东兴量化多策略混合	1.50	0.25	1.2	1.5	1.5
003238	新华外延增长主题混合	1.50	0.25	1.2	1.5	1.5
003241	创金合信量化发现 A	1.50	0.25	1.2	1.5	1.5
003242	创金合信量化发现 C	1.50	0.25	0.0	0.0	0.5
003243	上投中国世纪人民币	1.50	0.30	1.2	1.5	1.5
003244	上投中国世纪美元现钞	1.50	0.30	1.2	1.5	1.5
003245	上投中国世纪美元现汇	1.50	0.30	1.2	1.5	1.5
003279	融通沪港深智慧生活	1.50	0.25	1.2	1.5	1.5
003284	中邮医药健康混合	1.50	0.25	1.2	1.5	1.5
003291	信达澳银健康中国混合	1.50	0.25	1.2	1.5	1.5

续表

代码	基金名称	管理费率/%	托管费率/%	最大认购费率/%	最大申购费率/%	最大赎回费率/%
003292	嘉实优势成长混合	1.50	0.25	1.2	1.5	1.5
003293	易方达科瑞混合	1.50	0.25	0.0	1.5	1.5
003298	嘉实物流产业股票 A	1.50	0.25	1.2	1.5	1.5
003299	嘉实物流产业股票 C	1.50	0.25	0.0	0.0	1.5
003304	前海开源沪港深核心 A	1.50	0.25	1.2	1.5	1.5
003305	前海开源沪港深核心 C	1.50	0.25	1.2	1.5	0.5
003308	中信建投睿利混合 A	1.50	0.25	1.0	1.2	1.5
003311	大摩睿成大盘弹性股票	1.50	0.25	1.2	1.5	1.5
003312	大摩华鑫睿成中小盘	1.50	0.25	1.2	1.5	1.5
003326	招商睿诚定开混合	1.50	0.20	1.2	1.5	1.5
003333	泰信智选成长混合	1.50	0.25	1.2	1.5	1.5
003339	华安睿享混合 A	1.50	0.20	1.0	1.2	2.5
003340	华安睿享混合 C	1.50	0.20	0.0	0.0	2.5
003351	招商稳荣混合 A	1.50	0.15	1.2	1.5	1.5
003352	招商稳荣定开混合 C	1.50	0.15	0.0	0.0	1.5
003378	泰康策略优选混合	1.50	0.25	1.2	1.5	1.5
003396	东方红优享红利沪港深	1.50	0.25	1.2	1.5	1.5
003397	银华体育文化混合	1.50	0.25	1.2	1.5	1.5
003413	华泰柏瑞新经济沪港深	1.50	0.25	1.2	1.5	1.5
003416	招商财经大数据股票	1.50	0.25	1.2	1.5	1.5
003456	信达澳银新目标混合	1.50	0.15	1.2	1.5	1.5
003462	新华鑫盛混合	1.50	0.25	1.2	1.5	1.5
003492	前海开源外向企业股票	1.50	0.25	1.2	1.5	1.5
003494	富国天惠精选 C	1.50	0.25	0.0	0.0	1.5
003501	泰达宏利睿智稳健混合	1.50	0.25	1.2	1.5	1.5
003508	华安睿安定开混合 A	1.50	0.25	1.2	1.5	2.5

续表

代码	基金名称	管理费率/%	托管费率/%	最大认购费率/%	最大申购费率/%	最大赎回费率/%
003509	华安睿安定开混合 C	1.50	0.25	0.0	0.0	2.5
003513	中邮消费升级混合	1.50	0.25	1.0	1.5	1.5
003516	国泰融安多策略混合	1.50	0.15	1.2	1.5	1.5
003550	泰达宏利改革动力 C	1.50	0.25	0.0	0.0	0.5
003554	泰达同顺大数据量化 C	1.50	0.25	0.0	0.0	0.5
003559	平安大华量化成长 A	1.50	0.25	1.2	1.5	1.5
003560	平安大华量化成长 C	1.50	0.25	0.0	0.0	1.5
003561	诺德成长精选混合 A	1.50	0.25	1.0	1.2	1.5
003562	诺德成长精选混合 C	1.50	0.25	0.0	0.0	1.5
003563	工银瑞信国际原油	1.50	0.28	0.0	1.5	0.5
003567	华夏行业景气混合	1.50	0.25	1.2	1.5	1.5
003580	泰康沪港深混合	1.50	0.20	1.2	1.5	1.5
003581	新疆前海联合国民健康	1.50	0.25	1.2	1.5	1.5
003582	中金量化多策略混合	1.50	0.25	1.0	1.5	1.5
003586	先锋精一混合 A	1.50	0.15	1.2	1.5	1.5
003587	先锋精一混合 C	1.50	0.15	0.0	0.0	0.5
003593	国泰景气行业混合	1.50	0.25	1.2	1.5	1.5
003598	华商润丰混合	1.50	0.25	1.2	1.5	1.5
003620	招商睿乾混合	1.50	0.25	1.2	1.5	2.0
003622	创金合信成长股票 A	1.50	0.25	1.2	1.5	1.5
003623	创金合信成长股票 C	1.50	0.25	0.0	0.0	0.5
003624	创金合信精选股票 A	1.50	0.25	1.2	1.5	1.5
003625	创金合信精选股票 C	1.50	0.25	0.0	0.0	0.5
003634	嘉实农业产业股票	1.50	0.25	1.2	1.5	1.5
003658	长盛量化多策略混合	1.50	0.25	1.2	1.5	1.5
003659	山西证券策略精选混合	1.50	0.25	1.2	1.5	1.5

续表

代码	基金名称	管理费率/%	托管费率/%	最大认购费率/%	最大申购费率/%	最大赎回费率/%
003670	中融物联网主题混合	1.50	0.20	1.2	1.5	1.5
003704	光大保德信事件驱动	1.50	0.25	1.2	1.5	1.5
003715	宝盈消费主题混合	1.50	0.25	1.2	1.5	1.5
003717	中银量化精选混合	1.50	0.25	1.2	1.5	1.5
003745	广发多元新兴股票	1.50	0.25	1.2	1.5	1.5
003769	中银品质生活混合	1.50	0.25	1.2	1.5	1.5
003834	华夏能源革新股票	1.50	0.25	1.2	1.5	1.5
003835	鹏华沪深港新兴成长	1.50	0.25	1.2	1.5	1.5
003857	前海开源周期优选 A	1.50	0.25	1.2	1.5	1.5
003858	前海开源周期优选 C	1.50	0.25	1.2	1.5	0.5
003865	创金合信量化多因子 C	1.50	0.25	0.0	0.0	1.5
003940	银华盛世精选灵活	1.50	0.25	1.2	1.5	1.5
003954	华泰柏瑞价值精选 30	1.50	0.25	1.2	1.5	1.5
003956	南方现代教育股票	1.50	0.25	1.2	1.5	1.5
003959	平安大华量化混合 A	1.50	0.25	1.2	1.5	1.5
003960	平安大华量化混合 C	1.50	0.25	0.0	0.0	0.5
003984	嘉实新能源新材料 A	1.50	0.25	1.2	1.5	1.5
003985	嘉实新能源新材料 C	1.50	0.25	0.0	0.0	1.5
003993	前海开源沪港深核心	1.50	0.25	1.2	1.5	1.5
004000	泰达宏利睿选稳健混合	1.50	0.25	1.2	1.5	1.5
004044	金鹰转型动力混合	1.50	0.25	1.2	1.5	1.5
004065	中融量化多因子混合 A	1.50	0.15	1.2	1.5	1.5
004075	交银施罗德医药创新	1.50	0.25	1.2	1.5	1.5
004076	国联安锐意成长混合	1.50	0.25	1.2	1.5	1.5
004091	博时沪港深价值优选 A	1.50	0.25	1.2	1.5	1.5
004092	博时沪港深价值优选 C	1.50	0.25	0.0	0.0	0.5

续表

代码	基金名称	管理费率/%	托管费率/%	最大认购费率/%	最大申购费率/%	最大赎回费率/%
004098	前海开源港股通50	1.50	0.25	1.2	1.5	1.5
004099	前海开源沪港深混合	1.50	0.25	1.2	1.5	1.5
004112	创金合信国企活力混合	1.50	0.25	1.2	1.5	1.5
004119	广发创新驱动混合	1.50	0.25	1.2	1.5	1.5
004135	申万菱信量化成长混合	1.50	0.25	1.2	1.5	1.5
004139	中邮军民融合混合	1.50	0.25	1.0	1.5	1.5
004142	招商盛合混合A	1.50	0.25	1.2	1.5	1.5
004143	招商盛合混合C	1.50	0.25	1.2	1.5	1.5
004148	圆信永丰多策略精选	1.50	0.20	1.2	1.5	1.5
004166	东方价值挖掘灵活配置	1.50	0.25	1.2	1.5	1.5
004183	富国产业升级混合	1.50	0.25	1.2	1.5	1.5
004187	嘉合睿金定开混合A	1.50	0.25	1.2	1.5	1.5
004188	嘉合睿金定开混合C	1.50	0.25	0.0	0.0	0.5
004189	华商民营活力混合	1.50	0.25	1.2	1.5	1.5
004205	东方支柱产业灵活配置	1.50	0.25	1.2	1.5	1.5
004211	金鹰周期优选混合	1.50	0.25	1.2	1.5	1.5
004212	中融量化智选混合A	1.50	0.25	1.2	1.5	1.5
004218	前海开源裕和定开混合	1.50	0.20	1.0	1.2	2.0
004221	长信量化先锋混合C	1.50	0.25	0.0	0.0	1.5
004223	金信多策略精选混合	1.50	0.15	1.2	1.5	1.5
004224	南方军工改革混合	1.50	0.25	1.2	1.5	1.5
004229	鹏华新能源产业	1.50	0.25	1.2	1.5	1.5
004231	中欧行业成长混合C	1.50	0.25	0.0	0.0	1.5
004232	中欧价值发现混合C	1.50	0.25	0.0	0.0	1.5
004233	中欧盛世成长混合C	1.50	0.25	0.0	0.0	1.5
004234	中欧数据多因子混合C	1.50	0.25	0.0	0.0	1.5

续表

代码	基金名称	管理费率/%	托管费率/%	最大认购费率/%	最大申购费率/%	最大赎回费率/%
004235	中欧价值智选 C	1.50	0.25	0.0	0.0	1.5
004236	中欧新动力混合 C	1.50	0.25	0.0	0.0	1.5
004237	中欧新蓝筹混合 C	1.50	0.25	0.0	0.0	1.5
004241	中欧时代先锋股票 C	1.50	0.25	0.0	0.0	1.5
004244	东方周期优选混合	1.50	0.25	1.2	1.5	1.5
004249	安信中国制造 2025 混合	1.50	0.25	1.2	1.5	1.5
004250	银河量化优选混合	1.50	0.25	1.2	1.5	1.5
004263	华安沪港深灵活配置	1.50	0.25	1.2	1.5	1.5
004266	招商沪港深科技	1.50	0.25	1.2	1.5	1.5
004278	东方红智逸沪港深	1.50	0.20	1.2	1.2	2.0
004292	鹏华沪深港互联网	1.50	0.25	1.2	1.5	1.5
004314	前海开源新硬件主题 A	1.50	0.25	1.2	1.5	1.5
004315	前海开源新硬件主题 C	1.50	0.25	1.2	1.5	0.5
004316	前海沪港深裕鑫混合 A	1.50	0.25	1.2	1.5	1.5
004317	前海沪港深裕鑫混合 C	1.50	0.25	1.2	1.5	0.5
004320	前海开源沪港深混合	1.50	0.25	1.2	1.5	1.5
004321	前海开源沪港深混合	1.50	0.25	1.2	1.5	1.5
004332	恒生前海沪港深混合	1.50	0.25	1.2	1.5	1.5
004341	农银汇理尖端科技混合	1.50	0.25	1.2	1.5	1.5
004351	汇丰晋信珠三角区域	1.50	0.25	1.2	1.5	1.5
004352	北信瑞丰研究精选	1.50	0.25	1.2	1.5	1.5
004355	嘉实丰和混合	1.50	0.25	1.2	1.5	1.5
004357	南方智慧精选混合	1.50	0.25	1.2	1.5	1.5
004358	华泰柏瑞国企改革混合	1.50	0.25	0.0	1.5	1.5
004359	创金合信量化核心 A	1.50	0.25	1.2	1.5	1.5
004360	创金合信量化核心 C	1.50	0.25	0.0	0.0	0.5

续表

代码	基金名称	管理 费率/%	托管 费率/%	最大认购 费率/%	最大申购 费率/%	最大赎回 费率/%
004390	平安大华转型创新 A	1.50	0.25	1.2	1.5	1.5
004391	平安大华转型创新 C	1.50	0.25	0.0	0.0	1.5
004393	安信合作创新主题混合	1.50	0.25	1.2	1.5	1.5
004394	华泰柏瑞量化创优混合	1.50	0.25	1.2	1.5	1.5
004396	中银文体娱乐混合	1.50	0.25	1.2	1.5	1.5
004397	长盛信息安全量化混合	1.50	0.25	1.2	1.5	1.5
004403	平安大华股息精选 A	1.50	0.25	1.2	1.5	1.5
004404	平安大华股息精选 C	1.50	0.25	0.0	0.0	1.5
004423	华商研究精选灵活配置	1.50	0.25	1.2	1.5	1.5
004429	南方文旅休闲混合	1.50	0.25	1.2	1.5	1.5
004434	博时逆向投资混合 A	1.50	0.25	1.2	1.5	1.5
004435	博时逆向投资混合 C	1.50	0.25	0.0	0.0	1.5
004448	博时汇智回报混合	1.50	0.25	1.2	1.5	1.5
004456	兴银消费新趋势混合	1.50	0.25	1.2	1.5	1.5
004475	华泰柏瑞富利混合	1.50	0.25	1.2	1.5	1.5
004476	景顺沪港深领先科技	1.50	0.25	1.2	1.5	1.5
004477	嘉实沪港深回报混合	1.50	0.25	1.2	1.5	1.5
004480	华宝智慧产业混合	1.50	0.25	1.2	1.5	1.5
004481	华宝第三产业混合	1.50	0.25	1.2	1.5	1.5
004482	泰达宏利港股通优选 A	1.50	0.25	1.0	1.2	1.5
004483	泰达宏利港股通优选 C	1.50	0.25	0.0	0.0	0.5
004489	鹏华量化混合	1.50	0.25	1.0	1.2	1.5
004492	信诚至信混合	1.50	0.25	1.2	1.5	1.5
004495	博时量化平衡混合	1.50	0.25	1.2	1.5	1.5
004496	前海开源多元混合 A	1.50	0.25	1.2	1.5	1.5
004497	前海开源多元混合 C	1.50	0.25	1.2	1.5	1.5

续表

代码	基金名称	管理 费率/%	托管 费率/%	最大认购 费率/%	最大申购 费率/%	最大赎回 费率/%
004505	博时新兴消费主题混合	1.50	0.25	1.2	1.5	1.5
004508	融通新动力混合	1.50	0.25	1.6	1.8	1.5
004510	九泰久盛量化混合 C	1.50	0.25	0.0	0.0	0.5
004514	鹏华新科技传媒混合	1.50	0.25	1.2	1.5	1.5
004536	嘉实中小企业量化混合	1.50	0.25	1.2	1.5	1.5
004549	富安达消费主题混合	1.50	0.25	1.2	1.5	1.5
004569	招商制造业转型混合 C	1.50	0.25	0.0	0.0	1.5
004573	新华鑫泰混合	1.50	0.25	1.2	1.5	1.5
004576	新华恒益量化混合	1.50	0.25	1.2	1.5	1.5
004587	中金丰沃混合 A	1.50	0.10	1.0	1.5	1.5
004588	中金丰沃混合 C	1.50	0.10	0.0	0.0	0.5
004592	安信量化多因子混合 A	1.50	0.25	1.2	1.5	1.5
004606	上投摩根优选多因子	1.50	0.25	1.2	1.5	1.5
004616	中欧电子信息产业股票	1.50	0.25	1.2	1.5	1.5
004635	中信建投睿利混合 C	1.50	0.25	0.0	0.0	1.5
004640	华夏节能环保股票	1.50	0.25	1.2	1.5	1.5
004641	万家量化睿选混合	1.50	0.25	1.0	1.5	1.5
004649	国开泰富开航混合	1.50	0.25	1.2	1.5	1.5
004666	长城久嘉创新成长混合	1.50	0.25	1.2	1.5	1.5
004670	长盛分享经济主题混合	1.50	0.25	1.2	1.5	1.5
004671	中融核心成长混合	1.50	0.25	1.2	1.5	1.5
004677	博时战略新兴产业混合	1.50	0.25	1.2	1.5	1.5
004680	前海开源沪港深混合	1.50	0.20	1.2	1.5	1.5
004683	建信高端医疗股票	1.50	0.25	1.2	1.5	1.5
004685	金元顺安元启混合	1.50	0.10	1.2	1.5	1.5
004686	华夏研究精选股票	1.50	0.25	1.2	1.5	1.5

续表

代码	基金名称	管理费率/%	托管费率/%	最大认购费率/%	最大申购费率/%	最大赎回费率/%
004694	天弘策略精选混合 A	1.50	0.10	1.0	1.0	1.5
004698	博时军工主题股票	1.50	0.25	1.2	1.5	1.5
004702	南方金融主题混合	1.50	0.25	1.2	1.5	1.5
004703	南方兴盛先锋混合	1.50	0.25	1.2	1.5	1.5
004712	中金丰鸿混合 A	1.50	0.10	1.0	1.5	1.5
004713	中金丰鸿混合 C	1.50	0.10	0.0	0.0	0.5
004714	中金丰颐混合 A	1.50	0.10	1.0	1.5	1.5
004715	中金丰颐混合 C	1.50	0.10	0.0	0.0	0.5
004716	信诚量化阿尔法股票	1.50	0.25	1.2	1.5	1.5
004730	建信量化事件驱动股票	1.50	0.25	1.2	1.5	1.5
004734	中欧瑾灵混合 A	1.50	0.10	1.2	1.5	1.5
004735	中欧瑾灵混合 C	1.50	0.10	0.0	0.0	1.5
004740	中欧瑞丰混合 C	1.50	0.25	0.0	0.0	1.5
004741	农银汇理区间混合	1.50	0.25	1.2	1.5	1.5
004745	长盛创新驱动混合	1.50	0.25	1.2	1.5	1.5
004748	天弘策略精选混合 C	1.50	0.10	0.0	0.0	1.5
004777	国都消费升级混合	1.50	0.15	1.2	1.5	1.5
004783	中融量化智选混合 C	1.50	0.25	0.0	0.0	0.5
004784	招商稳健优选股票	1.50	0.25	1.2	1.5	1.5
004785	中融量化多因子混合 C	1.50	0.15	0.0	0.0	0.5
004805	长信消费精选行业量化	1.50	0.25	1.2	1.5	1.5
004806	长信先机两年定开混合	1.50	—	0.0	0.0	1.5
004812	中欧先进制造股票 A	1.50	0.25	1.2	1.5	1.5
004813	中欧先进制造股票 C	1.50	0.25	0.0	0.0	1.5
004814	中欧红利优享混合 A	1.50	0.25	1.2	1.5	1.5
004815	中欧红利优享混合 C	1.50	0.25	0.0	0.0	1.5

续表

代码	基金名称	管理 费率/%	托管 费率/%	最大认购 费率/%	最大申购 费率/%	最大赎回 费率/%
004848	中欧睿泓定开混合	1.50	0.25	1.2	1.5	1.5
004851	广发医疗保健股票	1.50	0.25	1.2	1.5	1.5
004858	长信量化多策略股票 C	1.50	0.25	0.0	0.0	1.5
004868	交银股息优化混合	1.50	0.25	1.2	1.5	1.5
004871	中银金融地产混合	1.50	0.25	1.2	1.5	1.5
004881	中银量化价值混合	1.50	0.25	1.2	1.5	1.5
004890	中邮健康文娱混合	1.50	0.25	1.2	1.5	1.5
004895	华商鑫安混合	1.50	0.25	1.2	1.5	1.5
004905	华泰生物医药混合	1.50	0.25	1.2	1.5	1.5
004925	长信低碳环保量化股票	1.50	0.25	1.2	1.5	1.5
004934	圆信永丰消费混合	1.50	0.20	1.2	1.5	1.5
004935	国都智能制造混合	1.50	0.15	1.2	1.5	1.5
004958	圆信永丰优享生活混合	1.50	0.20	1.2	1.5	1.5
004959	圆信永丰优悦生活混合	1.50	0.20	1.2	1.5	1.5
004975	交银施罗德恒益混合	1.50	0.25	1.2	1.5	1.5
004986	鹏华策略回报混合	1.50	0.25	1.2	1.5	1.5
004995	广发品牌消费股票	1.50	0.25	1.2	1.5	1.5
004997	广发高端制造股票	1.50	0.25	1.2	1.5	0.8
005000	泰康泉林量化混合 A	1.50	0.25	1.2	1.5	1.5
005001	交银持续成长主题混合	1.50	0.25	1.2	1.5	1.5
005004	交银品质升级混合	1.50	0.25	1.2	1.5	1.5
005009	申万菱信行业轮动股票	1.50	0.25	1.2	1.5	1.5
005027	光大多策略优选混合	1.50	0.25	1.0	1.0	1.5
005028	鹏华研究精选混合	1.50	0.25	1.2	1.5	1.5
005041	人保研究精选混合 A	1.50	0.20	1.2	1.5	1.5
005042	人保研究精选混合 C	1.50	0.20	0.0	0.0	1.5

续表

代码	基金名称	管理费率/%	托管费率/%	最大认购费率/%	最大申购费率/%	最大赎回费率/%
005043	国寿安保健康混合 A	1.50	0.25	1.2	1.5	1.5
005044	国寿安保健康混合 C	1.50	0.25	0.0	0.0	0.5
005053	银河量化价值混合	1.50	0.25	1.2	1.5	1.5
005055	华泰量化阿尔法混合	1.50	0.25	1.2	1.5	1.5
005067	融通逆向混合	1.50	0.25	1.2	1.5	1.5
005075	富国研究量化精选混合	1.50	0.25	1.2	1.5	1.5
005076	创金合信优选回报混合	1.50	0.25	1.2	1.2	1.5
005080	海富通量化多因子 C	1.50	0.25	0.0	0.0	1.5
005081	海富通量化多因子 A	1.50	0.25	1.2	1.5	1.5
005084	平安大华量化混合 A	1.50	0.25	1.2	1.5	1.5
005085	平安大华量化混合 C	1.50	0.25	0.0	0.0	1.5
005094	万家臻选混合	1.50	0.25	1.2	1.5	1.5
005095	国泰量化成长混合 A	1.50	0.20	1.2	1.5	1.5
005096	国泰量化成长混合 C	1.50	0.20	0.0	0.0	1.5
005104	富荣福康混合 A	1.50	0.15	1.2	1.5	1.5
005105	富荣福康混合 C	1.50	0.15	0.0	0.0	1.5
005106	银华农业产业股票	1.50	0.25	1.2	1.5	1.5
005108	圆信永丰双利优选混合	1.50	0.20	1.2	1.5	1.5
005109	汇安多策略混合 A	1.50	0.20	1.2	1.5	1.5
005110	汇安多策略混合 C	1.50	0.20	0.0	0.0	1.5
005111	泰康泉林量化混合 C	1.50	0.25	0.0	0.0	1.5
005115	国泰量化价值混合 A	1.50	0.20	1.2	1.5	1.5
005116	国泰量化价值混合 C	1.50	0.20	0.0	0.0	1.5
005119	银华智荟内在价值混合	1.50	0.25	1.2	1.5	1.5
005120	上投摩根量化混合	1.50	0.25	1.2	1.5	1.5
005123	南方优享分红混合	1.50	0.25	1.2	1.5	1.5

续表

代码	基金名称	管理费率/%	托管费率/%	最大认购费率/%	最大申购费率/%	最大赎回费率/%
005126	银河量化稳进混合	1.50	0.25	1.2	1.5	1.5
005133	兴业量化精选混合	1.50	0.20	1.2	1.5	1.5
005136	华安幸福生活混合	1.50	0.25	1.2	1.5	1.5
005137	长信量化价值精选混合	1.50	0.25	1.2	1.5	1.5
005142	中融沪港深混合 A	1.50	0.25	1.2	1.5	1.5
005143	中融沪港深混合 C	1.50	0.25	0.0	0.0	1.5
005146	兴银丰润混合	1.50	0.20	1.2	1.5	1.5
005147	兴银瑞景混合	1.50	0.20	1.2	1.5	1.5
005161	华商上游产业股票	1.50	0.25	1.2	1.5	1.5
005164	富荣福锦混合 A	1.50	0.15	1.2	1.5	1.5
005165	富荣福锦混合 C	1.50	0.15	0.0	0.0	1.5
005175	国寿安保消费混合	1.50	0.25	1.2	1.5	1.5
005176	富国精准医疗混合	1.50	0.25	1.2	1.5	1.5
005188	海富通量化前锋股票 C	1.50	0.25	0.0	0.0	1.5
005189	海富通量化前锋股票 A	1.50	0.25	1.2	1.5	1.5
005197	工银瑞信沪港深混合 A	1.50	0.25	1.2	1.5	1.5
005198	工银瑞信沪港深混合 C	1.50	0.25	0.0	0.0	1.5
005207	南方高端装备混合 C	1.50	0.25	0.0	0.0	1.5
005209	东吴双三角股票 A	1.50	0.25	1.2	1.5	1.5
005210	东吴双三角股票 C	1.50	0.25	0.0	0.0	1.5
005211	银河智慧混合	1.50	0.25	1.2	1.5	1.5
005225	广发量化多因子混合	1.50	0.25	1.2	1.5	1.5
005226	山西证券改革混合	1.50	0.25	1.2	1.5	1.5
005233	广发睿毅领先混合	1.50	0.25	1.0	1.2	1.5
005241	中欧时代智慧混合 A	1.50	0.25	1.2	1.5	1.5
005242	中欧时代智慧混合 C	1.50	0.25	0.0	0.0	1.5

续表

代码	基金名称	管理 费率/%	托管 费率/%	最大认购 费率/%	最大申购 费率/%	最大赎回 费率/%
005244	国泰聚优价值混合 A	1.50	0.20	1.2	1.5	1.5
005245	国泰聚优价值混合 C	1.50	0.20	0.0	0.0	1.5
005247	国都量化精选混合	1.50	0.15	1.2	1.5	1.5
005250	银华估值优势混合	1.50	0.25	1.2	1.5	1.5
005251	银华多元动力混合	1.50	0.25	1.2	1.5	1.5
005255	浦银安盛港股通混合	1.50	0.25	1.2	1.5	1.5
005258	景顺长城量化平衡混合	1.50	0.25	1.2	1.5	1.5
005259	建信龙头企业股票	1.50	0.25	1.2	1.5	1.5
005264	国都多策略混合	1.50	0.15	1.0	1.2	1.5
005265	博时厚泽回报混合 A	1.50	0.25	1.2	1.5	1.5
005266	博时厚泽回报混合 C	1.50	0.25	0.0	0.0	1.5
005267	嘉实价值精选股票	1.50	0.25	1.2	1.5	1.5
005268	鹏华优势企业股票	1.50	0.25	1.2	1.5	1.5
005269	华泰柏瑞港股通混合	1.50	0.25	1.2	1.5	1.5
005270	太平改革红利混合	1.50	0.25	1.2	1.5	1.5
005275	中欧创新成长混合 A	1.50	0.25	1.2	1.5	1.5
005276	中欧创新成长混合 C	1.50	0.25	0.0	0.0	1.5
005278	中欧优势行业混合	1.50	0.25	1.2	1.5	1.5
005281	中科沃土转型升级混合	1.50	0.25	1.2	1.5	1.5
005299	万家成长优选混合 A	1.50	0.25	1.2	1.5	1.5
005300	万家成长优选混合 C	1.50	0.25	0.0	0.0	1.5
005303	嘉实医药健康股票 A	1.50	0.25	1.2	1.5	1.5
005304	嘉实医药健康股票 C	1.50	0.25	0.0	0.0	1.5
005310	广发电子信息传媒股票	1.50	0.25	1.2	1.5	1.5
005328	前海开源价值策略股票	1.50	0.25	1.2	1.5	1.5
005335	浙商全景消费混合	1.50	0.25	1.2	1.5	1.5

续表

代码	基金名称	管理费率/%	托管费率/%	最大认购费率/%	最大申购费率/%	最大赎回费率/%
005351	汇添富行业整合混合	1.50	0.25	1.2	1.5	1.5
005352	鹏扬景泰成长混合 A	1.50	0.25	1.0	1.2	1.5
005353	鹏扬景泰成长混合 C	1.50	0.25	0.0	0.0	1.5
005355	中金金序量化混合 A	1.50	0.25	0.8	1.5	1.5
005356	中金金序量化混合 C	1.50	0.25	0.0	0.0	1.5
005357	富国国企改革混合	1.50	0.25	1.2	1.5	1.5
005358	东方阿尔法精选混合 A	1.50	0.25	1.2	1.5	1.5
005359	东方阿尔法精选混合 C	1.50	0.25	0.0	0.0	1.5
005360	汇安资产轮动混合	1.50	0.25	1.2	1.5	1.5
005379	汇添富价值创造混合	1.50	0.25	1.2	1.5	1.5
005381	泰康睿利量化混合 A	1.50	0.25	1.2	1.5	1.5
005382	泰康睿利量化混合 C	1.50	0.25	0.0	0.0	1.5
005385	银河量化配置混合	1.50	0.25	1.2	1.5	1.5
005395	泓德臻远回报混合	1.50	0.25	1.2	1.5	1.5
005396	中金丰硕混合	1.50	0.15	1.0	1.5	1.5
005400	万家潜力价值混合 A	1.50	0.25	1.2	1.5	1.5
005401	万家潜力价值混合 C	1.50	0.25	0.0	0.0	1.5
005402	广发资源优选股票	1.50	0.25	1.2	1.5	1.5
005403	南方融尚再融资混合	1.50	0.25	1.2	1.5	1.5
005404	创金合信价值混合 C	1.50	0.25	0.0	0.0	1.5
005409	华泰柏瑞战略新兴混合	1.50	0.25	1.2	1.5	1.5
005418	申万菱信量化驱动混合	1.50	0.25	1.2	1.5	1.5
005421	中欧嘉泽混合	1.50	0.25	1.2	1.5	1.5
005434	鹏华睿投混合	1.50	0.20	1.2	1.5	1.5
005437	易方达易百智能混合 A	1.50	0.25	1.2	1.5	1.5
005438	易方达易百智能混合 C	1.50	0.25	0.0	0.0	1.5

续表

代码	基金名称	管理费率/%	托管费率/%	最大认购费率/%	最大申购费率/%	最大赎回费率/%
005443	国金量化多策略混合	1.50	0.25	1.2	1.5	1.5
005444	光大精选 18 个月混合	1.50	0.25	1.5	1.5	1.5
005445	华宝价值发现混合	1.50	0.25	1.2	1.5	1.5
005449	华夏行业龙头混合	1.50	0.25	1.2	1.5	1.5
005450	华夏稳盛混合	1.50	0.25	1.2	1.5	1.5
005457	景顺长城量化小盘股票	1.50	0.25	1.2	1.5	1.5
005472	富国价值驱动混合 A	1.50	0.25	1.2	1.5	1.5
005473	富国价值驱动混合 C	1.50	0.25	0.0	0.0	1.5
005474	泰康均衡优选混合 A	1.50	0.20	1.2	1.5	1.5
005475	泰康均衡优选混合 C	1.50	0.20	0.0	0.0	1.5
005481	银华瑞泰混合	1.50	0.25	1.2	1.5	1.5
005482	博时创新驱动混合 A	1.50	0.25	1.2	1.5	1.5
005483	博时创新驱动混合 C	1.50	0.25	0.0	0.0	1.5
005486	平安大华量化混合 A	1.50	0.25	1.2	1.5	1.5
005487	平安大华量化混合 C	1.50	0.25	0.0	0.0	1.5
005492	农银汇理研究驱动混合	1.50	0.25	1.2	1.5	1.5
005493	鑫元价值精选混合 A	1.50	0.25	1.2	1.2	1.5
005494	鑫元价值精选混合 C	1.50	0.25	0.0	0.0	1.5
005495	创金合信科技成长 A	1.50	0.25	1.2	1.5	1.5
005496	创金合信科技成长 C	1.50	0.25	0.0	0.0	1.5
005498	银华积极成长混合 A	1.50	0.25	1.2	1.5	1.5
005502	华泰紫金智能量化	1.50	0.25	1.2	1.5	1.5
005504	汇添富沪港深大盘价值	1.50	0.25	1.2	1.5	1.5
005520	国投瑞银创新医疗混合	1.50	0.25	1.2	1.5	1.5
005521	华安红利精选混合	1.50	0.25	1.2	1.5	1.5
005526	工银新生代消费混合	1.50	0.25	1.2	1.5	1.5

资料来源:天天基金网。